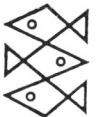

Über dieses Buch Viele Menschen haben den Wunsch, sich wenigstens in großen Zügen mit typischen Pflanzen der näheren Umgebung vertraut zu machen und darüber hinaus Pflanzen der botanischen Gärten kennenzulernen. Dabei fragen sie in erster Linie nach schönen oder auch absonderlichen Exemplaren, nach solchen, denen sie allenthalben begegnen oder die durch ihre Seltenheit berühmt sind.

Diese Bedürfnisse vieler Naturfreunde haben die Konzeption des Lexikons bestimmt: die gezielte Auswahl, die Systematik, die klare Gliederung, die schnell auffindbare Detailinformation, die realistischen und vielfältigen Farbabbildungen, das ausführliche Register, das handliche Format.

Eine Einführung erläutert Zusammenhänge und Fachbegriffe. Danach werden die Pflanzen in anschaulichen Beschreibungen vorgestellt, die Namen, Fachnamen, systematische Zugehörigkeit, Vorkommen, Blütezeiten ebenso einschließen wie besondere Hinweise beispielsweise auf Giftigkeit oder Naturschutzbestimmungen.

Die Autoren Heinz Jüngling und Siegmund Seybold sind Botaniker. Die Illustrationen zu dem Buch schuf Angela Paysan nach natürlichen Vorlagen.

Das
Fischer Lexikon
der Pflanzen
in Farbe

Mit 900 farbigen Abbildungen

Von
Heinz Jüngling und Siegmund Seybold

Illustrationen von Angela Paysan

Fischer Taschenbuch Verlag

Gesamtbearbeitung: Angela Roßmann

Fischer Taschenbuch 4531
Mai 1983
Fischer Taschenbuch Verlag GmbH, Frankfurt am Main
© 1977 Lexikographisches Institut, München
Reproduktion der Tafeln: W. Berger, Stuttgart
Satz und Druck: Mandruck München
Bindearbeiten: G. Lachenmaier, Reutlingen
Printed in Germany
1680-ISBN-3-596-24531-1

Inhaltsübersicht

Hinweise für den Leser

In diesem Buch werden etwa 750 mitteleuropäische Arten vorgestellt, einschließlich einiger häufig gepflanzter »Ausländer«, die meisten von ihnen auch im Bild. Die Auswahl enthält, so gut dies möglich ist, die auffälligsten und häufigsten Arten. Aus den Gruppen ähnlicher Arten wurde jeweils wenigstens ein typischer Vertreter gebracht, bei den Hahnenfüßen, Nelken und Glockenblumen sogar eine kleine Anzahl von ähnlichen Arten. Die Pflanzenarten sind entsprechend ihrer Verwandtschaft geordnet. Auf die typischen Merkmale wichtiger Gruppen wird in knappen, einführenden Beschreibungen und Abbildungen hingewiesen. Manche Arten haben so eindeutige Merkmale, daß man sie durch den bloßen Vergleich mit den Abbildungen identifizieren kann, so z. B. der Rote Fingerhut. Bei den meisten Arten wird man den beschreibenden Text mit heranziehen müssen. Manche Arten kann selbst der Botaniker nicht leicht bestimmen.
Wenn eine Pflanze giftig ist, so ist dies im Text gesagt, außerdem steht das Giftzeichen neben ihrer Abbildung (⚕). Doch selbst mit einem Buch in der Hand, ohne praktische Erfahrung, kann man z. B. den hochgiftigen Knollenblätterpilz vom ähnlichen, ungiftigen Champignon nicht sicher unterscheiden. Bei Verdacht auf Giftigkeit ist größte Vorsicht am Platz!
Wer deutsche oder fachsprachliche Namen sucht, findet sie im Register am Ende des Bandes.

Das Pflanzenreich: ein Systemüberblick

Die Wissenschaft lehrt, daß alle Pflanzen ursprünglich aus einfachsten Formen hervorgegangen, und daß ähnliche Arten oder Gruppen deshalb miteinander verwandt sind (soweit ihre Ähnlichkeit nicht auf nachträglicher Anpassung an besondere Umweltbedingungen beruht). Sehr nahe Verwandte desselben Ursprungs faßt man in Gattungen zusammen, verwandte Gattungen in Familien. Diesen sind übergeordnet Ordnungen, Klassen und schließlich die großen Abteilungen des Pflanzenreiches.

Der nachfolgende, vereinfachte Systemüberblick enthält alle 7 Abteilungen des Pflanzenreiches; von den rund 360000 Arten, die es auf der Erde gibt, gehören 250000 zu den Samenpflanzen. Da bis heute noch nicht alle Beziehungen zwischen den Gruppen des Systems geklärt werden konnten, findet man dieses in Fachbüchern etwas unterschiedlich dargestellt. In diesem Band wird deshalb meist nur von »Gruppen« gesprochen, nicht aber von Ordnungen, Klassen usw.

Seit Carl von Linné (1707–1778) ist es üblich, jeder Pflanze einen doppelten fachsprachlichen Namen zu geben, der aus dem Lateinischen oder Griechischen abgeleitet wird. So heißt die Himbeere »Rubus idaeus«, wobei der Gattungsname »Rubus« allen Arten der Gattung eigen ist, der Artname »idaeus« nur der Himbeere. Der Gattungsname wird groß, der Artname klein geschrieben. Um in Zweifelsfällen auf die Urbeschreibung zurückgreifen zu können, wird dem Artnamen der Name des Erstbeschreibers beigefügt, also »Rubus idaeus Linnaeus« oder abgekürzt »Rubus idaeus L.« In diesem Buch wurde auf diese Autorennamen verzichtet.

Im 18. und 19. Jahrhundert wurde manche Pflanze von mehreren Wissenschaftlern unabhängig voneinander benannt, und es ist oft nicht einfach, den zuerst aufgestellten, also gültigen Namen anzugeben. Manchmal ist es sinnvoll, nicht die Art, sondern nur die Gattung zu bezeichnen. Man setzt dann hinter den Gattungsnamen »spec.« (Abkürzung von »species«). »Russula spec.« auf Seite 48 bedeutet, daß hier keine bestimmte Täublingsart gemeint ist, weil die Arten sehr schwer unterscheidbar sind.

System der Pflanzen

1 Blaualgen

2 Bakterien

3 Algen: Grünalgen – Braunalgen – Rotalgen

4 Pilze: Algenpilze
        Höhere Pilze: Schlauchpilze – Ständerpilze
   Flechten (sie werden den Pilzen beigeordnet)

5 Moose: Lebermoose – Laubmoose

6 Farnpflanzen: Bärlappgewächse – Schachtelhalmgewächse – Farne

7 Samenpflanzen: Nacktsamer
        Bedecktsamer: Zweikeimblättrige Pflanzen
        Einkeimblättrige Pflanzen

Was man beim Bestimmen von Pflanzen beachten muß

Will man eine Pflanze bestimmen, dann gilt es, vorerst festzustellen, zu welcher großen Gruppe sie gehört, danach, zu welchen Untergruppen. Mit einigen Grundkenntnissen kann man die große Gruppe oft recht leicht erkennen.

Bestimmend für die äußere Erscheinung der Pflanzen ist die Art ihrer Ernährung. Im Gegensatz zu den Tieren sind sie in der Lage, aus anorganischen Stoffen ihrer Umgebung – aus Luft, Wasser und Bodenbestandteilen – körpereigene (organische) Substanz aufzubauen, d. h. zu assimilieren. Die Sonnenstrahlung liefert ihnen die nötige Energie dazu. Mit Hilfe ihres Blattgrüns, des Chlorophylls, vermögen sie diese Energie zur Synthese der organischen Substanzen zu nutzen. Es ist verständlich, daß Pflanzen Blattgrün führende Gebilde mit möglichst großer Oberfläche – nämlich Blätter – entwickelten und daß sie keine Fortbewegungsorgane benötigen, dafür aber Organe zur Verankerung im Boden und Gewebe, die ihnen Standfestigkeit verleihen.

Die einfachsten Pflanzen – und erdgeschichtlich die ältesten – sind allerdings nicht ortsfest verwurzelt; als Einzeller leben sie im Wasser. Ihnen folgten mehrzellige und vielzellige Pflanzen im Wasser, auf die unsere heutigen Algen zurückgehen. Dieser Band enthält nur wenige Algenarten als Beispiele (S. 32–35).

Der wichtigste Entwicklungsschritt führte vom Wasser auf das Land. Dort bewohnten die Pflanzen naturgemäß die feuchteren Gebiete. Zur Verwandtschaft der ersten Landbewohner zählen die Moose und Farnpflanzen. Farne besitzen bereits richtige Blätter, mit denen sie assimilieren. Ihr Körper ist aber noch nicht so reich differenziert wie der der Samenpflanzen.

Die Fortpflanzung erfolgt bei Moosen und Farnpflanzen auf einem recht umständlichen Weg. Sie bilden Sporen (keine Blüten), aus denen anders aussehende Pflanzen hervorgehen (S. 60–61; 64–65). Erst auf diesen Pflanzen entstehen die Organe zur geschlechtlichen Fortpflanzung. Aus der befruchteten Eizelle wächst wieder eine sporenliefernde Pflanze. Man spricht von einem Generationswechsel.

Moose (S. 60–63)

Pflanze entweder ein kleines Stämmchen mit winzigen Blättchen [1, 2] oder ein lappiges, grünes, dem Boden anhaftendes Gebilde [3]. An der Spitze der Stämmchen oft Stiele mit Sporenkapseln [1a]. Noch keine echten Wurzeln [1b].

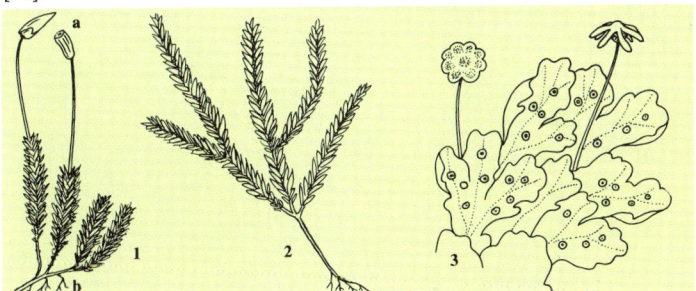

Farnpflanzen (S. 64–69)
Mit Wurzel, Stamm und Blättern. Drei Gruppen: Bärlapp-, Schachtelhalm-
und Farngewächse.

Bärlappgewächse (S. 64–67)
Bis 30 cm hoch; in Mitteleuropa nur wenige Arten; Wälder, Heiden, Moore.
Sprosse [4] gabelig verzweigt, am Boden kriechend; Blätter borstig bis
schuppenförmig, am Stengel schraubig angeordnet; an den Triebspitzen
oft grünlichgelbe Sporenähren [4a].

Schachtelhalme (S. 64–67)
10–150 cm hoch; Wälder, Moorwiesen, Teiche, Äcker. Bau unverkennbar
[5]: die längsgerippten, hohlen Stengel sind in Knoten und Zwischenstücke
gegliedert; an den Knoten können symmetrisch nach mehreren Richtungen
ebenso gegliederte Seitenäste entspringen [5a]. Zieht man an einem Zwischenstück, so löst es sich aus dem darunter liegenden Knoten und hinter-
läßt einen schachtelartigen Hohlraum. Die Pflanzen sind meist grün, da das
Blattgrün zur Assimilation in der Rinde liegt. Die Blätter sind nämlich zu
bräunlichen oder grünen Schuppenresten [6] an den Knoten reduziert.
Sporenähren [5b] sitzen an der Spitze von verzweigten oder unverzweigten
Trieben.

Farngewächse (S. 64–69)
Bis 2 m hoch; meist Schatten- und Feuchtigkeitspflanzen. Blätter (Wedel)
verhältnismäßig groß, meist mehrfach gefiedert (S. 67, 4), seltener einfach
gefiedert [7], gelegentlich ungeteilt ganzrandig (S. 69, 2); sie entspringen am

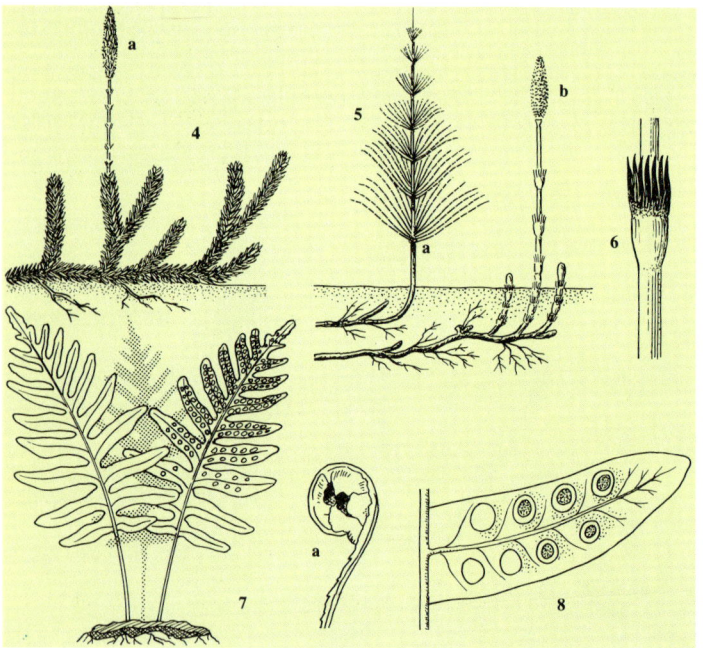

Boden oft in Rosetten; junge Blätter fast immer eingerollt [7a]; Sporenbehälter meist an der Blattunterseite, z. B. als bräunliche Punktreihen [8].

Pilze (S. 36–55)
Sie nehmen eine Sonderstellung unter den Pflanzen ein, denn sie besitzen kein Blattgrün und somit auch keine assimilierenden Blätter. Oft sind sie sehr auffällig gefärbt und von schwammig-weicher Beschaffenheit. Ihre Lebenssubstanz entnehmen sie als Moderbewohner organischen Stoffen ihrer Unterlage oder als Parasiten anderen Lebewesen. Viele sind in Hut und Stiel gegliedert. *Röhrenpilze* (S. 38–43) tragen an der Hutunterseite Poren ähnlich einem Schaumgummibelag [9], *Blätterpilze* (S. 38–39, 44–51) vom Hutrand zur Mitte ziehende Lamellen [10]; seltener findet man *Leistenpilze* (S. 38–39, 50–51) [11] oder *Stachelpilze* (S. 38–39, 52–53) [12]. *Boviste* (S. 38–39, 54–55) haben ballonförmige Köpfe [13].

Flechten (S. 56–59)
Ihr Körper besteht aus einem Pilz und einer Alge, die miteinander in Symbiose leben. Dementsprechend besitzen sie keine Blätter. Sie bilden meist trockene, lederige, lappige Überzüge auf Felsen und Baumrinde. Häufige Typen sind *Krustenflechten* [14], welche wie eine Kruste ihre Unterlage überziehen; *Laubflechten* [15], die blattartig gelappt sind; strauchähnlich verzweigte, nur mit schmaler Basis festgewachsene *Strauchflechten* [16], z. B. die von Baumzweigen hängenden *Bartflechten* [17] oder *Becherflechten* [18], die zierliche Becher [18a] oder Trichter tragen.

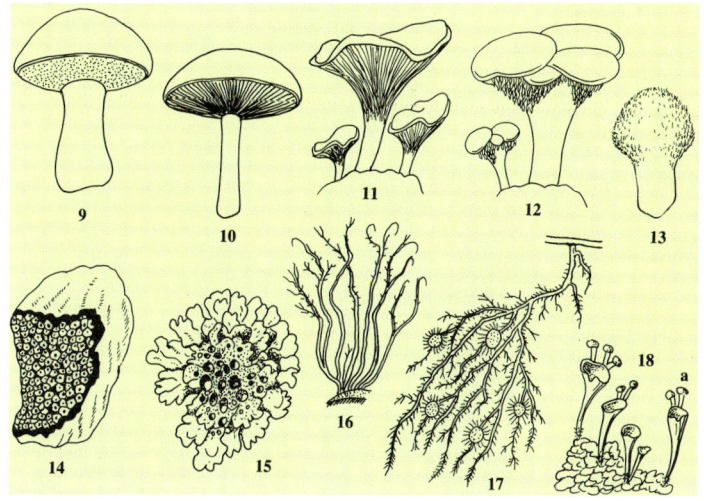

Bakterien, Algen, Moose, Farnpflanzen, Pilze und Flechten, bei denen neue Individuen meist aus einzelligen Keimen (z. B. Sporen) hervorgehen, werden auch als *Sporenpflanzen* den nachfolgenden Samenpflanzen gegenübergestellt.

Blüten- oder Samenpflanzen (S. 70–333)
Die am weitesten entwickelten Landpflanzen [19] sind charakterisiert durch
den Besitz von Blüten [19a], aus denen Samen hervorgehen [19b]. Im Verlauf ihrer Entwicklung tritt keine selbständig lebende, Sporen liefernde
Generation auf, sondern die ganze Fortpflanzung vollzieht sich im Innern
bestimmter Blütenteile. Aus der befruchteten Eizelle entwickelt sich ein gut
geschützter Same. Die etwa 250000 Arten von Samenpflanzen (zwei Drittel
aller Arten überhaupt) beherrschen heute das Festland. Sie sind es für gewöhnlich, die unser Auge auf Spaziergängen erfreuen und unser Interesse
wecken. Aus diesem Grund konzentriert sich dieser Band vor allem auf die
Samenpflanzen.
Samenpflanzen bestehen aus Wurzel und Sproß (S. 25); der Sproß bringt die
Blätter (S. 26) und Blüten (S. 29) hervor. Man unterteilt die Samenpflanzen
in Nacktsamer und Bedecktsamer.

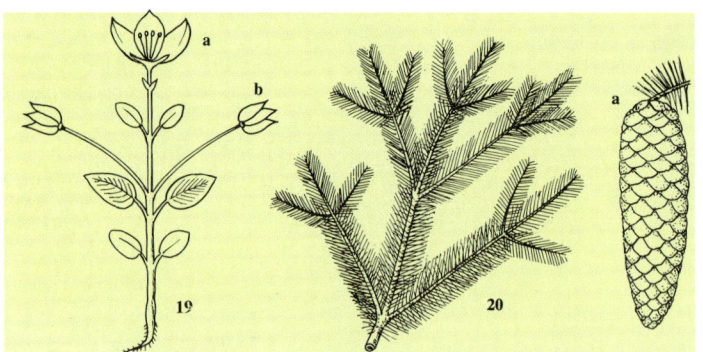

Nacktsamer (S. 70–75): Die Samenanlagen liegen frei (nackt) auf Frucht-
schuppen, die Pollenkörner können leicht zu ihnen gelangen (S. 70, 3). Die
Gruppe wird in unseren Breiten nur durch Nadelbäume [20] vertreten. Ihre
Samen reifen meist in Zapfen [20a]. Erstaunlicherweise gehört auch der
Ginkgo (S. 75, 4) mit laubblattähnlichen, fächerförmigen Blättern zu den
Nacktsamern.
Bedecktsamer (S. 76–333): Die Samenanlagen sind in ein Gehäuse, den
Fruchtknoten, eingeschlossen (S. 77, 2c). Die Blüten haben sich mit einer
Fülle von Farben und Formen an ihre Bestäuber (vor allem Insekten) ange-

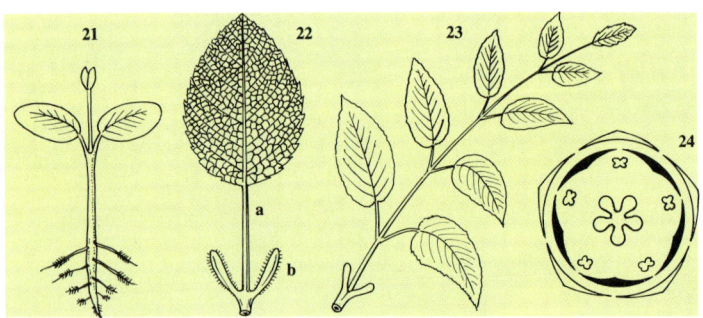

paßt; daneben gibt es einfachere Blüten, deren Bestäubung der Wind vermittelt (z. B. S. 180). Auch die Früchte und die in ihnen enthaltenen Samen zeigen große Mannigfaltigkeit. Man unterscheidet Zweikeimblättrige und Einkeimblättrige Pflanzen.

Zweikeimblättrige Pflanzen (S. 76–293) keimen fast ausnahmslos mit zwei Keimblättern [21]. Die Zugehörigkeit zu dieser Gruppe kann man aber meist auch an den Laubblättern (S. 77, 8) erkennen: diese [22, 23] sind meist netznervig, vielgestaltig, oft deutlich gestielt [22a] und an der Stielbasis mit Nebenblättern [22b] versehen; oft sind die Blätter auch zusammengesetzt [23]. Die Blüten sind oft nach der Zahl fünf [24], weniger häufig nach der Zahl vier aufgebaut.

Einkeimblättrige Pflanzen (S. 294–333) keimen mit einem Keimblatt [25]. Die Laubblätter sind meist parallelnervig [26a] bis bogennervig [26b]; ihre Form ist einfach, ganzrandig, vielfach linear oder elliptisch. Die Blätter sind meist ungestielt, Nebenblätter fehlen. Blüten sind vorherrschend nach der Zahl drei oder einem Mehrfachen von drei aufgebaut [27]. – Bei uns nur krautige Arten.

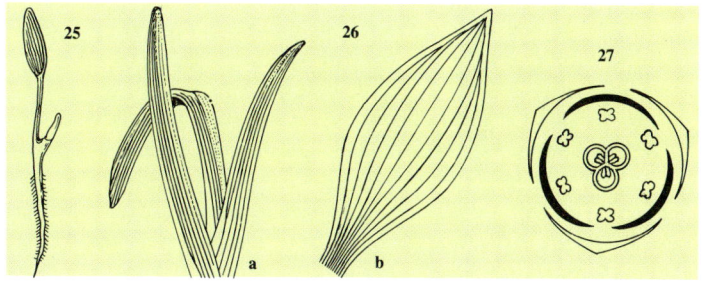

Markante Familien der Zweikeimblättrigen Pflanzen
Kreuzblütler (S. 98–109): Vier getrennte Blütenblätter stehen einander kreuzförmig gegenüber, in den Lücken (außen) befinden sich vier Kelchblätter, dazu (innen) sechs Staubblätter und ein oberständiger Fruchtknoten [28]; Früchte: Schoten [29], Schötchen oder Gliederschoten [30]. – Kräuter.

Schmetterlingsblütler (S. 134–147): Ihre zweiseitig-symmetrischen Blüten erinnern an sitzende Tagfalter [31]. Fünf verschieden geformte Kronblätter: oben die »Fahne« [31a], an den Seiten die beiden »Flügel« [31b], unten zwei meist miteinander verwachsene Blätter, die das »Schiffchen« [31c] bilden; im Schiffchen verborgen zehn Staubfäden (neun davon meist zu einer Röhre

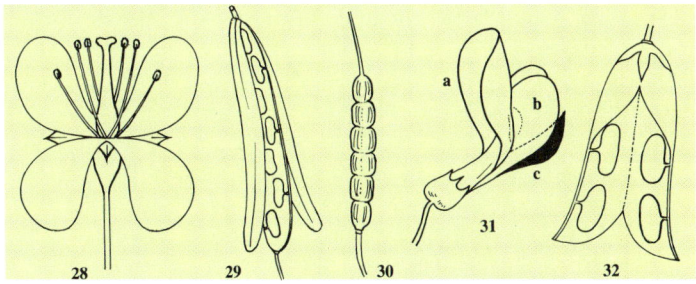

verwachsen). Früchte: meist Hülsen [32] wie von Erbse und Bohne bekannt. Blätter oft gefiedert (dreizählig wie bei vielen Kleearten, S. 141, oder mehrzählig wie bei der Robinie, S. 143, 2), an den Blattstielen Nebenblätter (S. 135, 6c). – Holzgewächse und Kräuter.

Doldengewächse (S. 170–177): Viele kleine, meist weiße oder gelbe Einzelblüten sind zu einfachen [33] oder zusammengesetzten Dolden [34] vereint; Einzelblüten [35] bestehen aus fünf getrennten Kronblättern und fünf Staubgefäßen, die um ein rundliches Polster stehen, das die beiden Griffel trägt. Blätter in der Regel stark zerteilt mit scheidigen Blattstielen (S. 177, 1). – Krautige Pflanzen, vielfach würzig riechend.

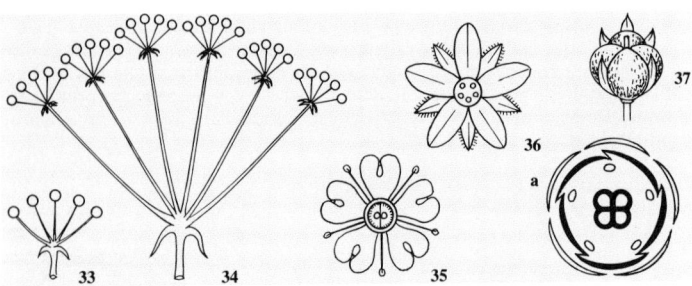

Rauhblattgewächse (S. 222–225): Fünf Blütenblätter, die miteinander verwachsen sind, Blüte sternförmig symmetrisch [36], fünf Staubblätter; Frucht aus vier im Quadrat angeordneten Nüßchen, schon zur Blütezeit im Kelch sichtbar [37]; Blütendiagramm [36a]; Blätter stark rauh behaart. – Kräuter.

Lippenblütler (S. 226–237): Ihre zweiseitig-symmetrischen Blüten erinnern an Tiermäuler mit Lippen [38, 39]; Blütenblätter miteinander verwachsen;

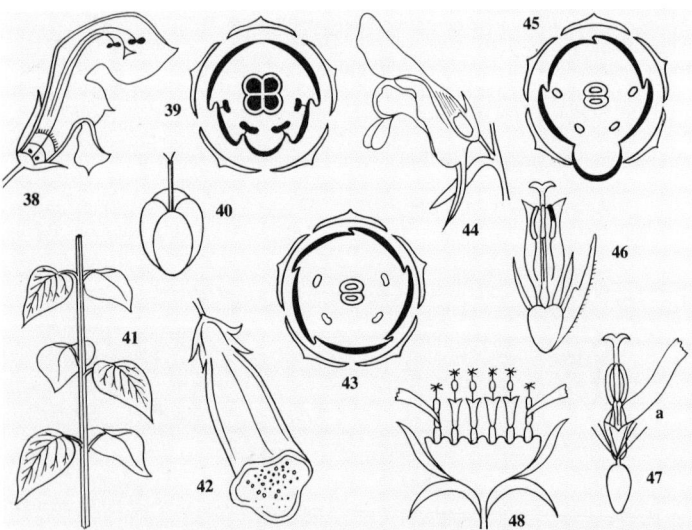

meist vier Staubgefäße. Früchte: vier kleine Nüßchen, in Quadratform am Grund des Kelches angeordnet und bereits zur Blütezeit im Kelch erkennbar [40]. Stengel vierkantig, Blätter kreuzweise gegenständig [41]. – Halbsträucher, Stauden, Kräuter; oft aromatisch riechend.

Rachenblütler (S. 242–255): Blütenblätter verwachsen; Blüte oft rachenähnlich [44], röhrenförmig [42] ähnlich den Lippenblüten, aber Fruchtknoten nicht vierteilig; Blütendiagramm [43, 45].

Korbblütler (S. 272–293): Ihre Blütenköpfe bestehen aus zahlreichen kleinen Einzelblüten [46, 47], die von einer gemeinsamen Hülle wie von einem Körbchen zusammengehalten werden [48]. Einzelblüten als Röhrenblüten [46] oder als Zungenblüten [47] ausgebildet: Bei den Röhrenblüten bilden die fünf Blütenblätter im unteren Teil eine Röhre und enden in fünf sternförmig angeordneten Kronzipfeln; die Staubbeutel an der Blüte sind ebenfalls zu einer Röhre verwachsen, die Staubfäden aber frei. Bei den Zungenblüten sind die Kronzipfel einseitig zu einer Zunge [47a] ausgezogen. – Krautige Pflanzen.

Markante Familien der Einkeimblättrigen Pflanzen

Liliengewächse (S. 296–307): Blütenhülle meist aus drei äußeren und drei inneren Blütenblättern gebildet [27, 49]; 2×3 Staubblätter; Fruchtknoten oberständig, dreifächerig mit nur einem Griffel; Liliengewächse besitzen Knollen, Zwiebeln oder Wurzelstöcke. – Kräuter.

Süßgräser (S. 310–311, 314–323): Sie werden meist einfach »Gräser« genannt; Stengel mit verdickten Knoten, meist rund [50].

Sauergräser (S. 310–313): Stengel meist dreikantig [51], Pflanzen oft an feuchten Standorten.

Orchideen (S. 324–333): Blüten zweiseitig-symmetrisch [52], mit besonders ausgebildeter Lippe, oft mit Sporn; Fruchtknoten unterständig, oft gedreht.

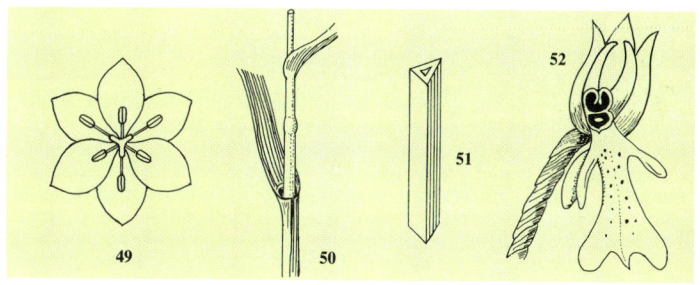

Was ist eine Pflanze?

Diese Frage ist nicht so leicht zu beantworten, wie man zunächst glaubt; gilt es doch, Merkmale zu nennen, die auf alle Pflanzen zutreffen. Wurzeln, Stengel, grüne Blätter, Blüten und Früchte, wie man sie z. B. bei der Sonnenblume, Tulpe oder Eiche trifft, scheinen solche Merkmale darzustellen. Wer diesen Band durchblättert, wird aber bald unsicher: Er findet darin auch Pflanzen ohne Blüten (z. B. Algen, Moose, Farne), ohne Wurzeln, auch Gewächse ohne Gliederung in Stengel und Blätter (z. B. die Flechten und Pilze).
Nicht einmal die Befestigung an einen bestimmten Wuchsort ist für alle Pflanzen gegeben, kennt man doch mikroskopisch kleine Algen, die sich wie Tiere aktiv vorwärtsbewegen. Aber das Blattgrün ist doch allen Pflanzen gemeinsam, jene wunderbare chemische Verbindung, die sie befähigt, aus dem Kohlendioxid der Luft, Wasser und Mineralsalzen mit Hilfe der Sonnenenergie Nährstoffe selbst herzustellen? – Und die Pilze? Sie haben kein Blattgrün, und dennoch gehören sie zu den Pflanzen! Wir merken schon: Je ursprünglicher und »primitiver« eine Pflanzengruppe ist, um so schwieriger wird es, sie von den Tieren abzugrenzen. Das ist verständlich, wenn man bedenkt, daß alle Lebewesen, Tiere und Pflanzen, aus einer gemeinsamen Wurzel entstanden sind und sich im Laufe von Jahrmillionen zu weit auseinanderstrebenden Ästen fortentwickelt haben. Charles Darwin (1809–1882) hat diesem Gedanken zum Durchbruch verholfen. Seitdem weiß man, daß die Einteilung der Lebewesen in Tiere und Pflanzen zwar praktisch, aber auch künstlich ist, und daß die Frage, was nun eigentlich eine Pflanze sei, immer nur annähernd beantwortet werden kann.

Wie lebt eine Pflanze?

Bei der Betrachtung der Lebensweise soll hier im allgemeinen von Blütenpflanzen (S. 70) ausgegangen werden. Das wichtigste Merkmal der Pflanzen im Unterschied zu den Tieren ist der Besitz von *Blattgrün* oder *Chlorophyll.* Tiere gewinnen die zum Leben notwendige Energie aus der pflanzlichen und tierischen Nahrung, die sie zu sich nehmen. Pflanzen leben gewissermaßen von der Energie der Sonnenstrahlen. Aus dem Kohlendioxid der Luft, aus Wasser und darin gelösten Salzen erzeugen sie mit Hilfe dieser Energiequelle und unter Mitwirkung des Blattgrüns ihre eigene Nahrung in Form von Zucker. Der Vorgang heißt *Photosynthese* und ist grundlegend wichtig.
Aus Zucker bilden die Pflanzen dann alle weiteren *Nährstoffe* wie Stärke, Fett, Eiweiß – überhaupt fast alle Stoffe, aus denen sie bestehen. Aus einer Buchecker, die kaum ein Gramm wiegt, wird schließlich eine tonnenschwere Buche! Woher stammt ihr Gewicht? Zur Hauptsache aus umgewandeltem Kohlendioxid der Luft, wenn man von dem durch die Wurzeln aufgenommenen Wasser und den darin gelösten Nährsalzen absieht.
Da alle Nahrung, die Mensch und Tier zu sich nehmen, letztlich auf Pflanzenprodukte zurückgeht, hängt alles Leben von der Photosynthese ab. Trotz intensivster Forschungen ist es noch nicht restlos geglückt, den Vorgang der Photosynthese aufzuklären. Auch Kohle, Holz und Erdöl gehen auf pflanzliche Stoffe zurück und damit auf durch Pflanzen eingefangene Sonnenenergie.

Pflanzen sind – wie alle Lebewesen – aus mikroskopisch kleinen Kammern, *Zellen,* aufgebaut. Die Zellen sind ihrerseits in eine große Zahl verschieden-artiger Räumlichkeiten gegliedert, welche notwendig sind, damit die Vor-gänge zur Herstellung der verschiedenen Stoffe nebeneinander ablaufen kön-nen, ohne sich gegenseitig zu stören. Die Zellen sind gegeneinander durch Zellwände abgegrenzt, die mit *Zellulose* verstärkt werden. Dadurch erhalten die Pflanzen ihre Standfestigkeit. Zellulose ist ein Hauptbestandteil des Hol-zes und die Grundlage für Papier. Einen Beweis für die Festigkeit der Zellu-lose liefern z. B. die Mammutbäume, die bis zu 110 m hoch werden, und die noch höheren Eukalyptusbäume Australiens.

Damit alle Lebensvorgänge in den Zellen ablaufen können, muß in ihnen genügend Wasser vorhanden sein. Da die Pflanzen (wie die Tiere) in der Urzeit nur im Wasser lebten, und damals ihre grundlegenden inneren Vor-gänge festgelegt wurden, müssen sie zum Leben auf dem Land im Innern genügend Wasser enthalten. Das Problem der *Wasserversorgung* lösen sie mit Hilfe der Wurzeln, die Wasser aufsaugen, und mit Hilfe der Wasserleitungen im Stamm und in den Blättern (Blattadern). Im Wasser gelöst werden auch die Nährsalze aufgenommen. Damit das kostbare Wasser nicht einfach aus den Zellen verdunstet, sind alle Oberflächen einer Pflanze mit einem beson-deren Überzug abgedichtet.

Auf den Blattflächen bleiben verschließbare *Spaltöffnungen* frei, aus denen das Wasser verdunsten kann. Gleichzeitig dienen diese Spaltöffnungen auch dazu, das gasförmige Kohlendioxid in die Pflanze einzulassen. Aus verschie-denen Gründen muß die Weite der Öffnungen regulierbar sein. Bei großer Hitze z. B. muß Wasser verdunstet werden, auch wenn es knapp ist, damit die Pflanze sich abkühlt. Selbst wenn die Luft sehr feucht ist, muß Wasser abge-geben werden können, sonst erhält die Pflanze keinen Nachschub an den im Wasser gelösten Nährsalzen. Für diesen Fall haben einige Pflanzen wie z. B. der Frauenmantel (S. 126) die Möglichkeit, Wasser aus bestimmten Öffnun-gen am Rand der Blätter auszupressen. Es sieht aus, als hätte sich der Tau in Tropfen niedergeschlagen, doch stammt dieses Wasser aus der Pflanze selbst. Die Wassermengen, die eine Pflanze verdunstet, können recht beträchtlich sein. Eine große Birke gibt täglich etwa 60–70 l Wasser, maximal sogar 400 l Wasser in die Luft ab. Auf diese Weise tragen große Waldgebiete auch zur Formung des Klimas bei. Die Versorgung mit Wasser geschieht bei Blüten-pflanzen überwiegend durch das Wurzelwerk. Bei Pflanzen, die an trockenen Orten gedeihen, kann es sehr weit ausgedehnt sein. Bei den Getreidearten Weizen, Roggen, Hafer und Gerste, die großenteils ursprünglich in Steppen-gebieten zu Hause sind, reicht auch in Kultur das Wurzelwerk sehr tief – in günstigen Fällen etwa 2–3 m, und die Gesamtlänge aller kleinsten Würzel-chen einer Pflanze beträgt bis zu 80 km. Der Teil der Pflanze, der unter dem Boden wächst, ist also wesentlich umfangreicher als der über dem Boden. Es gibt Pflanzen, deren Wurzeln 10 m tief in die Erde dringen.

Unter den *Nährsalzen,* die die Pflanze mit der Wurzel aufnimmt, sind stick-stoff- und phosphorhaltige Verbindungen (Nitrate, Phosphate) besonders wichtig. Da bei allen wichtigen Vorgängen in der Pflanze Eiweißstoffe betei-ligt sind, und Eiweiß immer Stickstoff enthält, muß die Pflanze Stickstoffver-bindungen in größerer Menge aufnehmen. Bei Kulturpflanzen unterstützt man das durch Düngen. Elementarer Stickstoff ist zwar in der Luft in großer Menge enthalten, kann aber in dieser Form von der Blütenpflanze nicht ver-wertet werden.

Einige Bakterien jedoch können das. Diese Bakterien leben mit Pflanzen aus der Familie der Schmetterlingsblütler (S. 134) in einer Arbeitsgemeinschaft (Symbiose). Die Pflanzen bilden an den Wurzeln kleine Knötchen, in denen diese Bakterien den Luftstickstoff verwerten. Auf diese Weise gewinnen Schmetterlingsblütler Stickstoffdünger. Deshalb pflanzt man auf ausgelaugten Böden oft Klee, Lupinen (S. 136) oder Luzerne (S. 138) zur Bodenverbesserung an. Vielleicht hat diese besondere Eigenschaft der Schmetterlingsblütler dazu beigetragen, daß sie sich zu einer der größten Familien unter den Blütenpflanzen entwickeln konnten. Der fortwährende Verbrauch von Stickstoff für die Bildung der Eiweißstoffe wird ausgeglichen durch Lebewesen, die das Eiweiß der toten Pflanzen wieder aufarbeiten können. Diese wichtige Tätigkeit wird von niederen Pflanzen, von Fäulnisbakterien und von Pilzen geleistet. Es gibt in diesen Pflanzengruppen die erstaunlichsten Spezialisten zur Aufarbeitung sonst nicht verwertbarer Stoffe. Die *Photosynthese*, für welche die Pflanze das Blattgrün braucht, findet hauptsächlich in den Blättern statt. Wie kommen aber z. B. die Wurzeln zu den nötigen Baustoffen? Hierfür besitzt die Pflanze ein besonderes Röhrensystem, in dem der bei der Photosynthese entstandene Zucker, soweit er nicht an Ort und Stelle notwendig ist, transportiert wird. Dieses Röhrensystem ist den Röhren des Wasserleitungssystems unmittelbar benachbart und führt bis zu den letzten Verästelungen der Blattadern und Wurzeln.
Auf diesem Weg müssen vor allem die Früchte und Samen ernährt und die Vorratskammer des Wurzelstocks, der Knollen, Zwiebeln und der Baumstämme aufgefüllt werden. Dort wird der Zucker in Fette und in wasserunlösliche Kohlenhydrate, z. B. Stärke, zur *Speicherung* umgewandelt. Manche Tiere (z. B. die Blattläuse) wissen diese Transportwege auszunutzen. Sie stechen die Röhren, die nahe an der Oberfläche liegen und saugen den zukkerhaltigen Saft heraus.
Mit den in den Speicherorganen angehäuften Reserven überdauert eine *ausdauernde* oder *perennierende* Pflanze ungünstige Jahreszeiten: bei uns den Winter, in anderen Klimazonen z. B. die Trockenzeit. Der Winter bringt zwei Gefahren mit sich, gegen die sich die Pflanzen schützen müssen: die Kälte und die Trockenheit. Bei zu großer Kälte droht das Wasser in den Zellen zu gefrieren; dabei zerstört es die Zellen. Außerdem wird der Nachschub von Wasser aus dem Boden verhindert, während gleichzeitig der Wind die Pflanzen austrocknet. Der Schnee selbst bietet meist keine Gefahr; er kann sogar nützlich sein, da er vor zu starker Austrocknung und strengem Frost abschirmt.
Wodurch wird eine Pflanze vor diesen Gefahren geschützt? Einjährige Arten überwintern in Form von Samen. Viele ausdauernde Pflanzen ziehen sich in den Boden zurück, ihre oberirdischen Teile sterben ab. Da sie in der kommenden Vegetationsperiode neue Triebe bilden müssen, brauchen sie größere *Speicherorgane* in Form von Zwiebeln (Türkenbund S. 300, Blaustern S. 302), Knollen (Herbstzeitlose S. 297, Knolliger Hahnenfuß S. 92) oder Wurzelstöcken (Buschwindröschen S. 86, Salomonsiegel S. 304).
Andere Arten – darunter die meisten Pflanzen unserer Flora – ziehen sich nur bis an die Erdoberfläche zurück und bilden dort Knospen oder Rosetten. Durch die Bodennähe und den Schnee sind sie dann hinreichend geschützt. Wegerich (S. 256), Löwenzahn (S. 290), Erdbeere (S. 126) sind Beispiele dafür. Auch manche Sträucher, selbst wenn sie nicht die ausgesprochen lederigen Blätter der immergrünen Pflanzen haben, versuchen den Winter mit Laub zu überdauern. Ist der Winter kalt, sterben Teile davon ab, ist er mild, so hat die Pflanze beim Neuaustrieb schon einen Vorsprung. Am schwierig-

sten haben es die Bäume; ihre Äste ragen frei in die Luft. Die meisten werfen ihre Blätter ab und dichten die Abbruchstellen mit Kork ab. Einige Arten – z. B. die Nadelbäume – bringen es fertig, auch in dieser Zeit ihre Blätter zu behalten. Diese sind besonders derb und ledrig. Die Oberfläche der Nadel ist, gemessen an ihrem Volumen, sehr klein. Die Nadelbäume halten sogar im hohen Norden und im Hochgebirge durch. Das erfordert eine genaue Kontrolle über die Abgabe der so knappen Wasservorräte. Besondere innere Einrichtungen befähigen sie dazu.

Wie entwickelt sich eine Pflanze?

Samen sind lebende Pflanzen. Doch sind bei ihnen alle Lebensvorgänge wie in einem Winterschlaf verlangsamt, um eine günstige Zeit zur Keimung abzuwarten. Diese kann schon durch genügende Feuchtigkeit bewirkt werden. Die Samen nehmen Wasser auf, quellen, und ihre Lebensvorgänge beschleunigen sich wieder. Bisher haben die Reservestoffe zum Leben des Samens ausgereicht, aber nun werden sie schnell verbraucht. Deshalb ist es für ihn wichtig, möglichst rasch zur Wasserversorgung durch eine eigene Wurzel und zur Produktion von Nährstoffen durch die Keimblätter überzugehen. Manche Pflanzen wie die Orchideen (S. 324) haben in den Samen gar keine Nährstoffreserven. Sie brauchen zur Keimung einen Pilz als »Amme«, der sie mit allen nötigen Stoffen versorgt.
Pflanzen, die auf anderen Arten schmarotzen, müssen sich wenigstens während der Ruhezeit der Samen selbständig ernähren. Nach der Keimung müssen sie möglichst rasch wieder einen geeigneten »Wirt« zu ihrer Ernährung finden. Der Keimling einer Mistel (S. 188) etwa muß länger als ein Jahr ohne Wasserzufuhr auskommen, bis seine Wurzel eine Wasserleitung unter der Rinde eines Baumes angezapft hat.
Ist die Keimung gelungen, so wachsen Wurzel und Sproß in die Länge, und durch Verzweigungen auch in die Breite. Die Wurzelhaare, die am aktivsten bei der Aufnahme des Wassers tätig sind, verbrauchen sich sehr rasch und müssen durch neue ersetzt werden. Sie bilden sich nur in der Nähe der Wurzelspitze. Damit immer genügend Wurzelhaare da sind, muß die Wurzel sich verzweigen und an den Enden ständig weiterwachsen.
Ist die Pflanze einjährig, so gelangt sie noch im gleichen Jahr zur Blüte. Jede Pflanze hat ihre festgelegte *Blütezeit*. Woran aber erkennt sie, daß es Zeit zum Blühen ist? Durch Versuche hat man festgestellt, daß Pflanzen sich nach der Tageslänge richten können. Viele Herbstblüher entwickeln Blüten nur bei kürzerer Belichtung, sie sind *Kurztagpflanzen,* Sommerblüher *Langtagpflanzen.* Durch künstliche Beleuchtung (oder Verdunklung) in Kulturen kann man Pflanzen zum Blühen bringen oder auch am Blühen hindern.
Blüten- und Blattentwicklung sind im allgemeinen gegensätzliche Vorgänge. Soll eine Pflanze nur große Blätter entwickeln wie beim Kohl (S. 106) oder beim Kopfsalat (vgl. S. 292), so muß man das Blühen (das Schießen) verhindern. Setzt eine Pflanze zum Blühen an, entwickelt sie meist nur noch kleine Blättchen (Hochblätter), oder die Blätter verdorren; nun ist die Fruchtbildung die Hauptsache.
Die *Bestäubung* der Blüte ist eine Voraussetzung für die Entwicklung der Frucht. Sie kann auf sehr verschiedene Weise geschehen: durch den Wind,

das Wasser, Insekten, Vögel, Fledermäuse, auch durch die Pflanze selbst. Da der Bestäubungsvorgang für die Fortpflanzung so wichtig ist, sind vielfältigste Hilfseinrichtungen entstanden, die für seinen sicheren Ablauf sorgen. Die ganze Pracht der Blütenformen und -farben wird ja nicht für das Auge des Menschen hervorgebracht, sondern damit Tiere den Weg zu den Blüten finden. Düfte dienen der Fernanlockung; auffällige Farben und Tupfen an Blütenblättern kennzeichnen den Weg; Rachenblüten und lippenförmige Blüten bieten einen Landeplatz für Insekten; Blütenröhren sind für langrüsselige Arten bestimmt. Nektar und Blütenstaub sind die Belohnung, um derentwillen die Besucher kommen.

Bei Windbestäubung können diese Lockmittel entfallen. Wichtig ist hier nur, daß der Blütenstaub in großen Mengen gebildet wird, weil immer viel davon verlorengeht. Die Pollenkörner müssen für den Flug günstig gebaut sein. Darum tragen z. B. die Pollenkörner der Kiefer (S. 70) besondere Luftsäcke, um länger schweben zu können. Die Narbe, die den Pollen aufnehmen soll, muß ihn festhalten; sie ist oft federförmig, rauh oder klebrig.

Die *Befruchtung*, die der Bestäubung folgt, ist bei den Blütenpflanzen ein recht komplizierter Vorgang. Das Pollenkorn, das kein totes Gebilde, sondern ein Lebewesen ist, keimt auf der Narbe aus, bildet einen langen Schlauch und drei Zellkerne. Einer dieser Kerne wandert zur Eizelle und verschmilzt mit ihrem Kern: damit beginnt die Keimesentwicklung einer neuen Pflanze. Der zweite Kern vereinigt sich mit dem Kern einer besonderen Nebenzelle der Eizelle. Daraus entwickelt sich das Nährgewebe für den jungen Keimling. Der dritte Kern geht zugrunde. Es gibt hier also stets zwei Befruchtungen: aus der einen geht die Jungpflanze, der Embryo, aus der anderen ihr Nährgewebe hervor.

Der *Embryo* im Samen ist meist mit einem reichlichen Vorrat an Nährgeweben versehen, damit er längere Zeit selbständig leben kann. In dieser Zeit soll die Verbreitung des Samens und damit der Pflanze erfolgen. Um die *Samenverbreitung* erfolgreich zu gestalten, sind verschiedenste Einrichtungen entstanden. Ähnlich wie bei der Bestäubung gibt es auch hier Anpassungen an die Verbreitung durch Wind, durch Wasser, Tiere und durch Schleudereinrichtungen der Pflanzen selbst.

Samen, die durch den Wind verbreitet werden, müssen leicht sein. Wegen der mitgeführten Nährstoffe können sie aber nicht zu klein sein. Manche sind mit Schirmen und Schrauben als Anhängsel versehen, um fallschirm- oder hubschrauberartig treiben zu können.

Samen, die durch das Wasser verbreitet werden, sind oft nicht benetzbar. Sie schwimmen auf dem Wasser, ohne dort gleich zu keimen.

Viele recht verschiedenartige Früchte werden durch Tiere verbreitet. Sie können durch bunte Farben auffallen und süß schmecken (z. B. Kirschen). Die in diesen Früchten liegenden Samen sind klein und werden unverdaut wieder ausgeschieden. Inzwischen hat das Tier neue Orte aufgesucht, und so werden die Samen verbreitet. Bei anderen Früchten, etwa der Walnuß, besteht zwar das Risiko, daß auch der wertvolle Same selbst gefressen wird, doch wenn das Tier Vorräte anlegt, bleiben immer wieder einzelne vergessene Samen übrig und können keimen. Wieder andere Früchte sind mit Borsten oder Haken versehen und verfangen sich dadurch im Fell von Tieren. Wenn diese sich putzen, fallen die Samen ab. Manche Samen können, wenn sie mit Wasser in Berührung kommen, eine schleimige oder klebrige Hülle entwickeln. Sie werden dann mit den Füßen von Tieren und Menschen verbreitet wie beispielsweise der Wegerich (S. 256). Eine Schleudereinrichtung, die bei Berührung explodiert und die Samen wegspritzt, besitzt das Springkraut (S. 160). Auch aus Schoten oder Hülsen werden Samen weggeschleudert, wenn die Fruchtwand bei Trockenheit aufplatzt und sich dann zusammenrollt. Der Stengel der Schlüsselblume (S. 208) wird zur Fruchtzeit hart und holzig. Schon ein kräftiger Wind kann die Samen aus der offenen Kapsel schleudern, da der holzige Stiel federt. Viele Arten bauen auf den Sammeleifer der Ameisen. Sie bilden an den Samen besondere, weiche und wohlschmeckende Anhängsel, welche die Ameisen zum Verschleppen des ganzen Samens verlocken sollen.

Nicht jeder Same, der so verbreitet wird, gelangt zur Keimung oder gar zu Blüte und Fruchtbildung. Viele, ja die meisten Samen sterben vorher ab, wenn Keimstelle oder Witterung nicht günstig sind. Daher ist es wichtig, daß die Pflanzenarten größere Samenmengen entwickeln, um nicht auszusterben. Besonders notwendig ist das bei einjährigen Pflanzen; sie blühen und fruchten ja nur einmal in ihrem kurzen Leben.

Die Pflanze und ihre Umwelt

Keine Pflanzenart lebt ganz für sich allein, jede ist mit anderen Arten vergesellschaftet. Da Pflanzen nur dort gedeihen können, wo ihnen Boden und Klima zusagen, trifft man immer wieder bestimmte Pflanzenarten – solche nämlich, welche ähnliche Ansprüche stellen – gemeinsam an. Sie bilden eine *Pflanzengesellschaft*.

Nach dem äußeren Eindruck unterscheidet man zwischen Wald, Wiese, Moor, Acker und anderen Gruppierungen. Man kann noch feinere Unterschiede machen: Schluchtwälder, Steppenheidewälder, Flachmoore, Hochmoore, Fettwiesen, Magerwiesen und vieles mehr. Diese Pflanzengesellschaften näher kennenzulernen, ist für jeden wichtig, der nach bestimmten Pflanzen suchen will. Besonders die seltenen Arten wird man nur in »ihrer« Pflanzengesellschaft finden.

Die meisten mitteleuropäischen Pflanzengesellschaften werden vom Menschen mehr oder weniger mitgestaltet. In den Wäldern wird Holz geschlagen, auf den Wiesen gemäht, auf den Äckern gepflügt. Nur steile Felswände im Hochgebirge sind noch ungefähr so bewachsen, wie sie es waren, bevor unser Gebiet besiedelt wurde. Die *Kulturlandschaft* würde sich allmählich in eine *Naturlandschaft* zurückbilden, wenn der Einfluß des Menschen aufhörte. In unserer Naturlandschaft wäre fast alles mit Wald bedeckt. Auf Wiesen und Äckern würden Bäume hochkommen und die lichtliebenden Arten verdrängen. Selbst an sonnigen und steilen Südhängen würde Wald stehen, dort wo heute nur Pflanzen wachsen, die große Dürre aushalten. Auch an Flüssen und Seen würde der Wald oft bis zum Ufer reichen. Nur in Moorgebieten, an steilen Felshängen, im Hochgebirge, an der Meeresküste und an Salzstellen des Binnenlandes könnte kein Wald gedeihen.

Dieser *Wald* wäre jedoch nicht, wie heute, Nadelwald, sondern überwiegend Laubwald. Erst durch die Forstwirtschaft sind bei uns Fichte, Kiefer und Douglasie so weit verbreitet worden. Natürliche Kiefern-, Tannen- und Fichtenwälder gäbe es nur in wenigen Gebieten. In den Laubwäldern würde hauptsächlich die Buche vorherrschen. Sie ist in weiten Gebieten der konkurrenzfähigste Laubbaum, gegen den sich andere Arten wie Eiche, Hainbuche, Linde, Ahorn schwer behaupten können. Nur an Standorten, an denen es zu naß oder zu trocken ist, sind andere Baumarten im Vorteil.

Der Einfluß des Menschen auf die heutige Kulturlandschaft ist an verschiedenen Standorten nicht gleich stark. Die Pflanzenwelt der Äcker ist stärker verändert als die der Wiesen, und diese wieder stärker als die der Wälder. Man unterscheidet danach *naturnahe* Gesellschaften, wie Wälder und Moore, von *naturfernen* Gesellschaften, wie Äckern, Weinbergen und Schuttplätzen. Auch an naturfernen Standorten können sich charakteristische Pflanzengesellschaften bilden, wenn die Art, wie der Mensch den Standort beeinflußt, für längere Zeit dieselbe bleibt.
Für die Ausbildung einer Pflanzengesellschaft ist neben dem Klima der *Boden* sehr wichtig. Auf gedüngtem Boden stellen sich andere Pflanzen ein als auf nicht gedüngtem. Auf kalkreichem Boden findet man andere Pflanzen als auf kalkarmem und sandigem. Die Welt der im Boden lebenden Bakterien, Pilze, Würmer und Insekten ist bei Kalkreichtum eine andere als bei Kalkmangel. Von diesen Lebewesen hängen die Blütenpflanzen ab. Wer auf diese Unterschiede im Boden nicht achtet, tut sich bei der Suche nach seltenen Arten schwer.
Pflanzengesellschaften lassen sich meist an bestimmten, darin vorkommenden *Leitpflanzen* oder *Charakterpflanzen* erkennen. Man muß trotzdem immer die Gesamtheit der Arten beachten; eine Art allein ist nicht für eine bestimmte Gesellschaft maßgebend.
Einige wenige Gesellschaften seien hier als Beispiel angeführt:
1. Der *Schluchtwald*. Er findet sich an steilen Nord- oder Osthängen und in schmalen, tiefen Tälern. Hier gedeihen z. B. Bergulme, Bergahorn, Esche, Silberblatt und Hirschzunge.
2. Der *Steppenheidewald*. Er kommt an Süd- und Westhängen vor. Hier findet man z. B. Traubeneiche, Pfirsichblättrige Glockenblume, Schwalbenwurz und Echte Schlüsselblume.
3. *Hochmoore* sind durch Torfmoosarten, durch Wollgrasarten und durch den Sonnentau charakterisiert.
4. In *Flachmooren* gedeihen zahlreiche Seggenarten, dazu Sumpfherzblatt, Breitblättriges Wollgras, Breitblättriges Knabenkraut und als Seltenheit die Mehlprimel.
5. *Trockenrasen* stehen an Süd- oder Westhängen. In ihnen finden sich sehr viele verschiedene und auch seltene Arten wie Küchenschelle, Sonnenröschen, Karthäusernelke, Taubenskabiose, Silber- und Golddistel, Wundklee, Helmknabenkraut, Deutscher Enzian und Fransenenzian.
6. Die *Fettwiese* ist stets gut gedüngt. Auf ihr findet man Glatthafer, Wiesenstorchschnabel, Wiesenklee, Bärenklau und Löwenzahn.
In einer Pflanzengesellschaft leben auch bestimmte Tierarten, die sich von den Pflanzen ernähren oder die Pflanzen bestäuben. Sie bilden miteinander eine *Lebensgemeinschaft*. Die Lebensgemeinschaften sind untereinander vielfältig verflochten und brauchen sich gegenseitig. Dieses Ineinandergreifen untersucht ein besonderer Zweig der biologischen Wissenschaften, die *Ökologie*.

Naturschutz

Wer seinen Garten liebt, überlegt sich sorgfältig, wo und wie er dort Pflanzen pflückt. Eine wertvolle und empfindliche Pflanze knickt er auf keinen Fall; auch den Flieder, der jedes Jahr neu blüht, plündert er nicht, bis dieser Schaden leidet. Vom wilden Mohn, der sich selbst aussät, läßt er reichlich Blüten zur Samenbildung stehen. Selbst von den Tulpen, die er jedes Jahr neu pflanzt, schneidet er nur so viele, daß der Garten seine Schönheit nicht verliert. Heute, wo sehr viele naturhungrige Menschen schnell die Erholungsgebiete ihrer Umgebung erreichen können, werden die Wälder, Wiesen, Flußauen immer mehr zu einem großen, gemeinsamen Garten, der von uns allen mit Einfühlung, Verstand und Fairneß behandelt sein will.
Darüber hinaus fühlen wir uns immer mehr für die Natur auf der ganzen Erde verantwortlich, und es kommt uns erschreckend zum Bewußtsein, daß die Natur heute fast überall und in wachsendem Maß bedroht ist.
In jenen Gebieten, die schon seit Jahrhunderten oder Jahrtausenden weitgehend kultiviert sind, hat sich die Natur in dieser Zeit an verschiedene Formen der Kultur anpassen können. So sind auch viele unserer mitteleuropäischen Pflanzengesellschaften entstanden. Sie haben im Lauf ihrer Entwicklung an Artenreichtum und Schönheit zugenommen; ein natürliches Gleichgewicht hat sich eingespielt.
Aber durch die rasch fortschreitenden Veränderungen in der Land- und Forstwirtschaft, durch den Bau von Straßen und die Erschließung von immer neuen Wohngebieten wird die Natur heute überall zu neuen Anpassungen gezwungen. Vielerorts konnten sich nur die robusteren Arten behaupten, während manche schöne Pflanzenarten – und mit ihnen auch Tiere – verschwunden sind.
Wie stark die Verarmung unserer Flora fortschreitet, hat eine Untersuchung für das Gebiet der Bundesrepublik Deutschland gezeigt, wonach von den 2350 Arten der dort vorkommenden Blütenpflanzen 56 ganz verschwunden sind und 180 unmittelbar vor dem Aussterben stehen. 170 Arten sind stark gefährdet, weitere 507 Arten gefährdet. Insgesamt sind also fast 40% der Arten mehr oder weniger bedroht.
Ein großer Teil unserer Flora ist gefährdet, wenn es nicht gelingt, durch Naturschutzgebiete den Reichtum der noch vorhandenen Arten wenigstens in Kerngebieten zu erhalten. Deshalb ist es dort verboten, irgendwelche Pflanzen zu pflücken, auszugraben oder zu beschädigen. Darüber hinaus stehen die besonders gefährdeten Arten überall unter gesetzlichem Schutz. Sie dürfen nirgends gepflückt oder ausgegraben werden.
Jedes Land hat seine eigenen Bestimmungen. So kann eine Art in einem Land geschützt sein, im anderen nicht. Zur Vereinfachung wurden in diesem Band alle solchen Arten ohne nähere Angaben als »geschützt« bezeichnet. Man sollte sie im allgemeinen auch dort, wo sie nicht geschützt sind, weder pflücken noch ausgraben, denn sie könnten dadurch in weiteren Gebieten selten werden.
Wieweit eine Art tatsächlich gefährdet ist, sieht man ihr oft nicht ohne weiteres an. Für den engen Bereich der Heimat, und im Lauf von Jahren, kann man das zum Teil selbst prüfen. Welcher aufmerksame Beobachter hat das nicht schon erlebt: Er trat auf eine Wiese, auf der Tausende von Blumen einer Art blühten; als er ein paar Jahre später wieder dorthin kam, waren die Blumen verschwunden! Die Art war an dieser Stelle ausgerottet. Um die Gefährdung einer Art für große Gebiete zu überblicken, braucht man Spezialisten. Sie sind es, die den Schutz von Arten vorschlagen, auch

wenn diese Arten in manchen Gebieten noch gar nicht bedroht zu sein scheinen.
Auch bei nicht geschützten Arten sollte man nur so viele Blumen nehmen, daß der nächste Wanderer sich noch freuen kann. Man darf aber nicht vergessen, daß die Erde »kleiner«, die Zahl der Erholungssuchenden aber größer wird. An einem einzigen Sonntag können ganze Blumenfelder am Stadtrand abgeerntet werden, wenn jeder nur einen Strauß nach Hause trägt.
Und wenn man nur ein Exemplar einer Pflanze mitnimmt – mit Wurzeln, um es im Garten einzupflanzen? Abgesehen davon, daß dies besonders schnell zur Ausrottung führen kann, wird man enttäuscht sein! Es lohnt sich nicht, irgendwelche schön blühenden Arten in seinen Garten zu verpflanzen, ohne ihre spezifischen Anforderungen zu kennen. Auch wirken sie im Garten oft unscheinbar und gehen dort meistens früher oder später zugrunde. Es ist viel besser, aus Samen gezüchtete Pflanzen dieser Arten in etwas größerer Zahl vom Gärtner zu beziehen – zusammen mit geeigneten Ratschlägen für ihre Pflege.
Zum Schluß noch eine Frage: Warum ist es bedeutungsvoll, Arten zu erhalten, selbst wenn sie für den Menschen nicht nützlich sind? Erstens deshalb, weil eine Art, die einmal ausgestorben ist, nie wiederkehren kann. Sie wurde im Lauf von Jahrmillionen, was sie heute ist. Dieser Werdegang läßt sich nicht künstlich im Labor wiederholen.
Zweitens kann man nicht wissen, welche Arten vielleicht doch noch für den Menschen wertvoll werden. So hat die Kartoffel in Europa zuerst eine Zeit erlebt, in der sie überhaupt nicht geschätzt wurde, bis sie dort zur unersetzlichen Kulturpflanze wurde. Man hat bei vielen Arten untersucht, ob sie sich für Heilzwecke eignen, hat aber bis heute nicht einmal 2% aller Blütenpflanzen der Welt prüfen können.
Schließlich hat jede Art im Naturhaushalt ihre Bedeutung. Fällt eine Art in ihrer Lebensgemeinschaft aus, kann das für weitere Arten ebenfalls das Ende bedeuten. So kann in ungünstigen Fällen eine Lebensgemeinschaft, die vielleicht für den Menschen wichtig ist, durch den Ausfall einer einzigen Art entscheidend geschädigt werden.

Die wichtigsten Fachausdrücke bei Blütenpflanzen

Die Hauptteile einer Blütenpflanze sind Wurzel, Sproßachse, Blatt und Blüte; aus der Blüte geht die Frucht hervor.

Die Wurzel

Wurzeln sind blattlose unterirdische Pflanzenorgane. Auch der Sproß kann teilweise unter der Erde wachsen. Im Unterschied zu den echten Wurzeln trägt er Blattreste. Man nennt den unterirdischen Teil eines Sprosses *Wurzelstock* (1). Ist die Wurzel auffallend verdickt, bezeichnet man sie als *Knolle* (2), der verdickte Wurzelstock heißt *Sproßknolle*, eine verdickte senkrechte Hauptwurzel nennt man *Rübe* (3). *Zwiebeln* (4) dagegen sind keine Wurzeln, sie werden von einer Anzahl unterirdischer Speicherblätter gebildet.

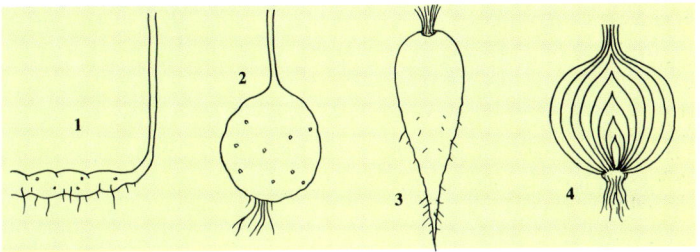

Der Sproß

Der Sproß besteht aus *Sproßachse* (5) und Blättern oder blattartigen Organen. Die Sproßachse ist bei den Kräutern als Stiel oder Stengel, bei Bäumen und Sträuchern als Stamm ausgebildet. Sie kann rund sein; kantig, z. B. *vier-* (7) oder *dreikantig* (8); *geflügelt* (9), wenn die Kanten zu Leisten ausgewachsen sind; *gefurcht* (6), wenn Rillen über die Oberfläche laufen. Nach dem Alter, das die Sproßachse erreicht, unterscheidet man *Kräuter* und Holzpflanzen (*Bäume*, *Sträucher*). Bei den Holzpflanzen überdauert die Sproßachse mehrere Jahre. Bei den Kräutern wird sie nur ein Jahr alt, kann aber trotzdem verholzt sein. *Stauden* sind Kräuter, die mehr als zwei Jahre alt werden, also *ausdauernd* sind. *Halbsträucher* sind kleine Sträucher mit sehr kurzen (wenige cm hohen) ausdauernden Sprossen.
Eine Sproßachse wird als *niederliegend* oder *kriechend* (12) bezeichnet, wenn sie fast ganz dem Boden anliegt, als *aufsteigend* (11), wenn sie bogenförmig hochgewachsen ist. Bildet sie bei jeder Verzweigung zwei ungefähr gleich starke Äste, so ist sie *gabelig-ästig* (10). Werden Seitentriebe nur in zwei Reihen am Haupttrieb gebildet, so liegt eine *zweizeilige* Anordnung vor. Manche Bäume entwickeln jedes Jahr zweierlei Triebe. Die einen sind auffallend kurz und bilden meist Blüten (*Kurztriebe*), die anderen sind lang und tragen meist nur Blätter (*Langtriebe*). Bleibt eine verzweigte Pflanze niedrig und ist so gleichmäßig gewachsen, daß durch die zahlreichen Sproßenden ein Kissen entsteht, nennt man sie *Polsterpflanze*. Seitensprosse, die dem Boden entlang kriechen, sich bewurzeln, und eine Jungpflanze bilden, heißen *Ausläufer*. Manche Pflanzen bringen auch in Blattachseln Knospen hervor, die abfallen und neue Pflanzen treiben: diese Knospen heißen *Brutknöllchen* oder *Brutzwiebeln*.

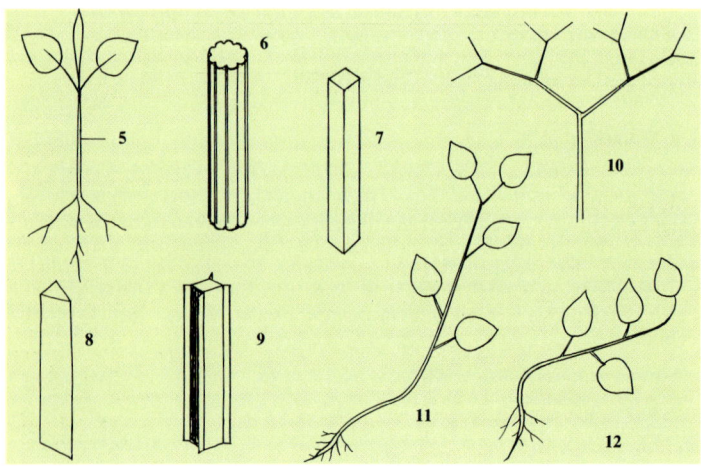

Das Blatt

1. Blattstellung

Die Blätter können auf viererlei Weise am Sproß angeordnet sein: Sind alle Blätter am Grunde gehäuft *(Blattrosette)*, so nennt man die Blattstellung *grundständig* (13). Entspringt jedes Blatt getrennt für sich am Sproß, so spricht man von *wechselständiger* Stellung (14). Entspringen immer zwei Blätter einander gegenüber, ist die Stellung *gegenständig* (15); sind es drei oder mehr, ist sie *quirlständig* (16). Bei gegenständiger Blattstellung können die Paare alle übereinander stehen, oder jedes Paar bildet mit dem nächsten einen rechten Winkel. In diesem Fall heißt die Blattstellung *gekreuzt-gegenständig* (17). Die Stelle der Sproßachse, an der die Blätter entspringen, nennt man den *Knoten*.

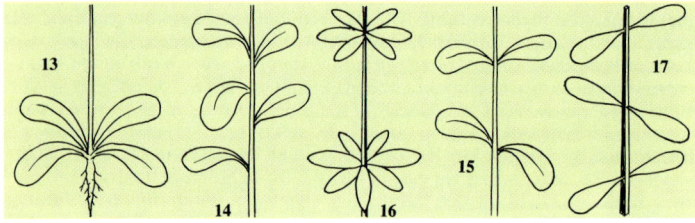

2. Gliederung des Blattes

Ein vollständiges Blatt (18) besitzt drei Teile: den *Blattgrund* (d), den *Blattstiel* (b) und die *Blattspreite* (a). Mit dem Blattgrund sitzt das Blatt am Stengel. An dieser Stelle können seitlich kleine Blättchen, die *Nebenblätter* (c) entspringen. Aber nicht jedes Blatt hat Nebenblätter. Wenn der Blattgrund den Sproß noch ein Stück weit umhüllt, spricht man von einer *Blattscheide*. Ein Blattstiel ist nicht immer vorhanden. Fehlt er, heißt das Blatt *sitzend*, sonst *gestielt*. Wenn bei einem sitzenden Blatt die Blattspreite den Sproß ganz oder teilweise umfaßt, nennt man das Blatt *stengelumfassend*.

Als Blattspreite bezeichnet man den flächigen Teil des Blattes. Er kann aus einer einfach umrissenen Fläche bestehen oder aus mehreren Teilflächen zusammengesetzt sein; danach nennt man das Blatt *einfach* oder *zusammengesetzt (geteilt)*. Nach dem Verlauf der Blattnerven (Blattadern) trennt man *parallelnervige* (19) und *bogennervige* (20) von *fiedernervigen* (21) und *netznervigen* (22) Blättern.

Auch der Blattrand kann ganz verschieden ausgebildet sein. Ist der Rand glatt, nennt man ihn *ganzrandig* (23). Er heißt *gesägt* (24), wenn die Vorsprünge und die Buchten spitz sind. Sind nur die Vorsprünge spitz und die Buchten rund, so ist der Rand *gezähnt* (25); wenn die Vorsprünge rund und die Buchten spitz sind, *gekerbt* (26). Sind beide Elemente rund, spricht man von einem *gebuchteten* Rand (27). Manchmal tragen bei einem gesägten Rand die Vorsprünge selbst noch einmal kleine Spitzen; diesen Fall nennt man *doppelt gesägt* (28) (entsprechend *doppelt gekerbt*). Einfache Blätter beschreibt man auch nach der Form ihres Umrisses: sie können *nadelförmig*, *linealisch* (29), *lanzettlich* (30), *eiförmig* (31), *kreisrund*, *elliptisch* (32), *rautenförmig* (33), *nierenförmig* (34), *herzförmig* (35), *pfeilförmig* (36) oder *spießförmig* (37) sein. Ist der Blattstiel in der Mitte der Spreite angewachsen, nennt man das Blatt *schildförmig* (38). Ist die Spitze des Blattes verlängert, ist es *stachelspitzig*, auch wenn diese Spitze nicht sticht. *Ausgerandete* Blätter (39) tragen statt der Spitze eine Einbuchtung.

Zusammengesetzte Blätter bestehen aus deutlich getrennten Teilblättchen. Sie sind *gefingert*, wenn die Teilblättchen sternförmig aus einem Punkt entspringen (42); sind diese entlang der Mittelrippe angeordnet, nennt man sie gefiedert. Ein Blatt ist *paarig gefiedert* (40), wenn ein Endblättchen fehlt; es ist *unpaarig gefiedert* (41) wenn das Endblättchen vorhanden ist.

Doppelt gefiedert (44) ist ein Blatt, dessen Teilblättchen selbst wieder gefiedert sind. Es gibt aber auch drei- und mehrfach gefiederte Blätter. Ein aus drei Teilblättchen zusammengesetztes Blatt (Kleeblatt) kann man als gefiedert oder gefingert ansehen, man spricht besser von einem *dreiteiligen* Blatt. Ist hier jedes Teilblatt wieder dreiteilig, nennt man es *zweifach dreiteilig* (47). Ein Sonderfall ist auch das *unterbrochen gefiederte* Blatt (43). Bei ihm wechseln größere und kleinere Fiederblättchen ab. Häufig kann man ein Blatt weder als ungeteilt noch als zusammengesetzt bezeichnen, weil die Teilblättchen nicht gut getrennt sind. Man nennt diese Blätter *fiederschnittig* (45). Laufen die Einschnitte sternförmig auf einen Punkt zu, so spricht man von einem *handförmigen* Blatt (46), z. B. beim Hahnenfuß. Ein seltener Spezialfall ist das *fußförmige* Blatt (48), dessen Achse quer zum Blattstiel liegt (z. B. Nieswurz, Christrose).

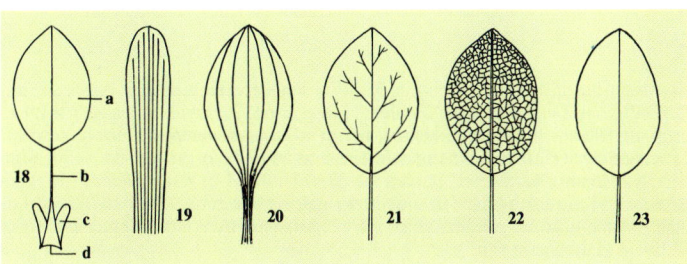

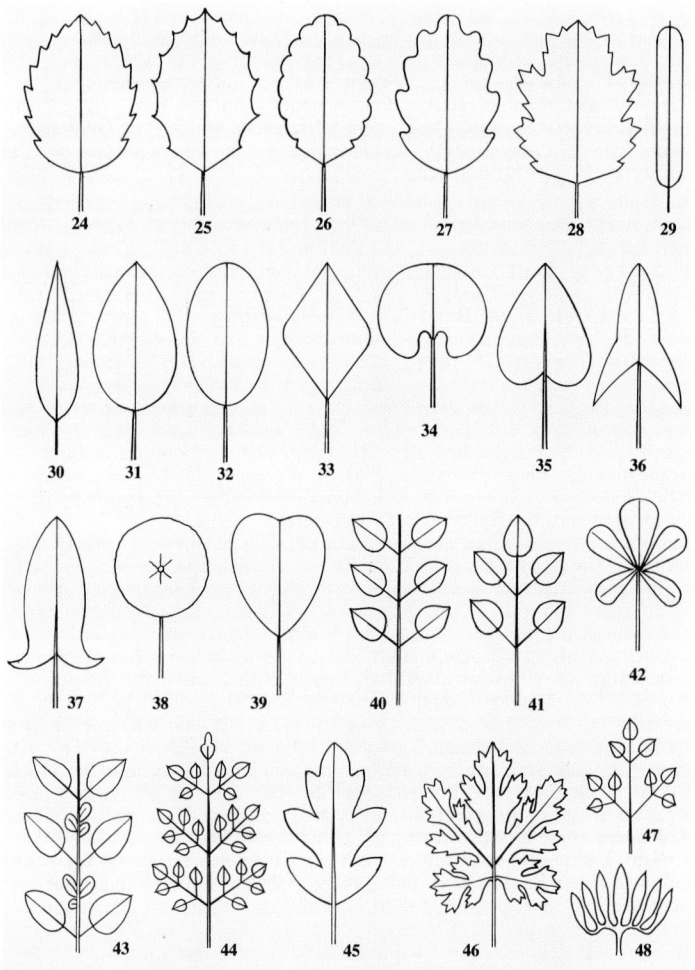

3. Behaarung

Blätter und andere Pflanzenteile können Haare verschiedener Art in unterschiedlicher Dichte tragen. Fehlen Haare ganz, ist das Blatt *kahl;* trägt es nur am Rand abstehende Haare, nennt man es *bewimpert.* Haare sind oft unverzweigt (einfach), was man meist erst in der Vergrößerung sieht. Sind sie sternförmig verzweigt, heißen sie *Sternhaare* (49). *Drüsenhaare* (50) sind Haare mit einem Köpfchen, das klebrige Stoffe oder Öl enthält. Diese Öle verursachen, wenn sie in der Luft verdunsten, den besonderen Duft der Pflanze (ätherische Öle).

Blätter können in sehr verschiedener Weise umgestaltet sein. Ist die Blattspreite zurückgebildet, kann aus dem verbleibenden Blattstiel eine *Ranke*, verholzt er, ein *Dorn* werden. Einfach gestaltete, oft schuppenförmige Blätter, die in der Nähe der Blüten stehen, nennt man *Hochblätter* (51). Sitzt in ihrer Achsel eine Blüte, heißen sie *Deckblätter* oder *Tragblätter*. Ähnlich gestaltete Blätter am Grund des Stengels oder am Wurzelstock heißen *Niederblätter*.

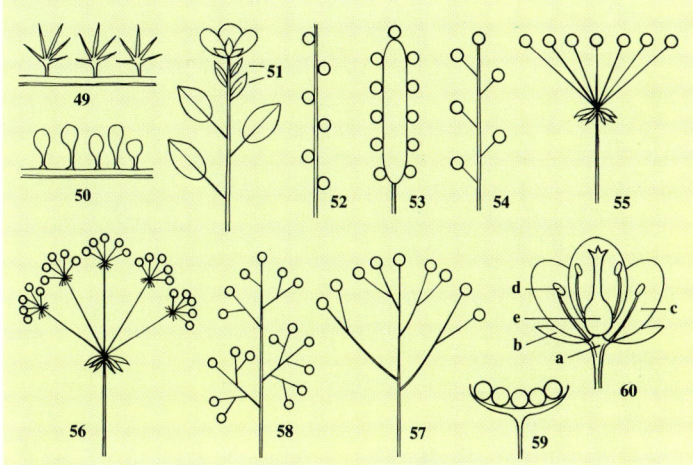

Die Blüte

1. Der Blütenstand

Bei vielen Pflanzen stehen die Blüten nicht einzeln, sondern mehrere bilden zusammen einen Blütenstand. Sitzen ungestielte Einzelblüten entlang einer Achse, nennt man den Blütenstand eine *Ähre* (52), ist die Blütenachse auffallend verdickt, einen *Kolben* (53). Sitzen gestielte Blüten entlang einer Achse, spricht man von einer *Traube* (54).
Eine einfache *Dolde* (55) ist ein Blütenstand, bei dem gestielte Blüten derart von einem Punkt ausstrahlen, daß die Blüten in einer Ebene stehen. Entspringen die Blütenstiele nicht von einem Punkt, enden aber dennoch in gleicher Höhe, liegt eine *Scheindolde (Trugdolde)* (57) vor. Bei einer *zusammengesetzten Dolde* (56) trägt jeder Doldenstrahl ein *Döldchen*. Die Deckblätter der Dolde werden *Hülle*, die der Döldchen *Hüllchen* genannt.
Ein Blütenstand heißt *Rispe* (58), wenn seine Achse mehrfach verzweigt ist und an jedem Ende eine gestielte Einzelblüte trägt. Sitzen zahlreiche ungestielte Blüten dicht beieinander am Ende eines Sprosses, nennt man den Blütenstand *Köpfchen* (59). Ein *Blütenquirl* ist eine Ansammlung von Blüten an den Knoten von gegenständigen oder quirlständigen Blättern. Manchmal scheint ein Blütenstand auf den ersten Blick eine Ähre zu sein. Bei näherer Prüfung sind aber die Einzelblüten gestielt, die Stiele manchmal sogar verzweigt; man spricht dann von einer *Scheinähre*. Die oft hängenden, weichen und später abfallenden Blütenstände unserer Waldbäume bezeichnet man auch als *Kätzchen*. Ein Blütenstand ist *einseitswendig*, wenn alle Blüten sich nach einer Seite neigen.

2. Die Einzelblüte

Eine Blüte (60) ist das verkürzte Ende eines Sprosses. Auf dem *Blütenboden* (a) sitzen dicht beieinander Kreise blattförmiger Organe. Ganz außen befindet sich der *Kelch* (b), meist aus grünen Blättchen gebildet, es folgen die *Blütenblätter:* die *Blütenkrone* (c). Kelch- und Blütenblätter bilden zusammen die *Blütenhülle,* diese ist also meist doppelt. Sind Kelch- und Blütenblätter gleichgestaltet, wie das z. B. bei der Tulpe der Fall ist, bezeichnet man sie gemeinsam als *Blütenhüllblätter.* Weiter innen folgen die *Staubblätter* (d) und schließlich die *Fruchtblätter,* die zusammen den Fruchtknoten (e) bilden. Trotz der Vielfalt an Blütenformen ist diese Reihenfolge immer dieselbe.

Eine Blüte ist in ihrer Form *strahlig,* d. h. *sternförmig-symmetrisch* (61), wenn man sie durch Radialschnitte in mehr als zwei gleiche Teile zerlegen kann. Ergibt nur ein Schnitt zwei spiegelbildlich gleiche Hälften, nennt man die Blüte *zweiseitig-symmetrisch* oder *zygomorph* (62). Dabei spielen kleine Abweichungen keine Rolle, denn es gibt nie zwei gleiche Hälften.

Die Kelchblätter sind bei den meisten Blüten aus Hochblättern hervorgegangen. Sie können einzeln am Blütenboden oder miteinander verwachsen sein. Oft sind sie auch an der Frucht noch zu sehen. Ganz selten kommt außerhalb des Kelches noch eine zweite Reihe von Hüllblättern vor, die man als *Außenkelch* (63, Blüte von unten gesehen) bezeichnet. Wenn Kelchblätter blattartige Leisten tragen (wie beim geflügelten Stengel, S. 21), nennt man sie *geflügelt.*

Die Blütenblätter (Kronblätter) können *getrennt* oder miteinander *verwachsen* sein. Sie bilden zusammen die *Blütenkrone.* Bei einer verwachsenen Krone (67) heißt der Teil, der als Röhre zusammengewachsen ist, *Blütenröhre* oder *Kronröhre* (a); daran schließen sich die *Kronzipfel* (b) an. Die Stelle, an der die Röhre in die Zipfel übergeht, heißt *Schlund* (c). Sehr selten sind im Schlund besondere Höcker sichtbar, die *Schlundschuppen.* Sind in einer zweiseitig symmetrischen Blüte nur zwei größere Kronzipfel vorhanden, spricht man von einer *Ober-* und einer *Unterlippe.* Trägt ein Blütenblatt eine sackförmige, geschlossene Ausbuchtung, so liegt ein *Sporn* (66) vor.

Staubblätter (64) bestehen aus einem *Staubfaden* (a), der an der Spitze die *Staubbeutel* (b) mit dem *Pollen* (Blütenstaub) trägt. Die Staubblätter bilden oft einen doppelten Kranz und stehen mit Kelchblättern und Blütenblättern auf Lücke. In manchen Fällen sind Staubblätter auch in nektarabsondernde *Honigblätter* oder bei gefüllten Blüten in Blütenblätter umgewandelt und unfruchtbar geworden.

Die *Fruchtblätter* (65) bilden den *Fruchtknoten* (a), der *Griffel* (b) trägt. An der Spitze der Griffel befinden sich *Narben* (c). Im Innern des Fruchtknotens liegen die Samenanlagen. Wichtig ist die Stellung des Fruchtknotens im Vergleich zur Basis der übrigen Blütenteile. Liegt die Ansatzstelle der Blütenblätter unterhalb des Bodens des Fruchtknotens, heißt er *ober-*

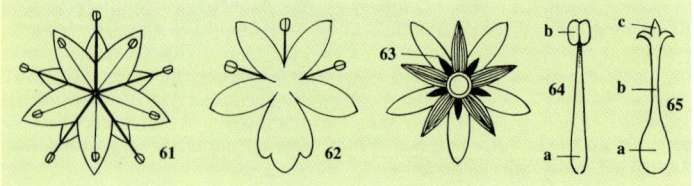

ständig (68). Ist er so tief in den Blütenboden eingesenkt und mit ihm verwachsen, daß die Blütenblätter neben der Spitze des Fruchtknotens oder noch höher entspringen, bezeichnet man ihn als *unterständig* (70). Entspringen Blütenblätter und Fruchtknoten etwa auf gleicher Höhe, so heißt der Fruchtknoten *mittelständig* (69).

Bei den meisten Arten sind die Blüten *zwittrig*, das heißt, sie tragen Staub- und Fruchtblätter. Eine Blüte ist männlich, wenn sie nur Staubblätter, weiblich, wenn sie nur Fruchtblätter enthält. Beide sind dann eingeschlechtig. Trägt eine Pflanze nur Blüten eines Geschlechtes, so nennt man die Art *zweihäusig*. Befinden sich männliche und weibliche Blüten getrennt auf derselben Pflanze, ist sie *einhäusig*.

Die für eine Familie typische Anordnung der Blütenteile wird in einem Grundriß *(Blütendiagramm)* dargestellt. Man sieht alle Teile wie von oben betrachtet im Querschnitt. Zur besseren Unterscheidung werden Kelchblätter grün, Blütenblätter rot, Staubblätter gelb und Fruchtblätter blau wiedergegeben.

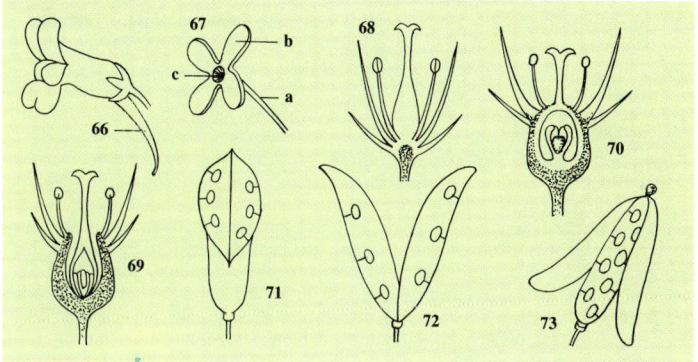

Die Frucht

An den Früchten kann man viele Arten sicher erkennen, doch bei den meisten Pflanzen wird die Blüte viel mehr beachtet als die Frucht. Man unterscheidet *Schließfrüchte* und *Öffnungsfrüchte*.

Schließfrüchte bleiben auch reif geschlossen. Ist ihr Äußeres fleischig, so nennt man sie *Beeren*. Stachelbeere, Heidelbeere, Tomate und Gurke sind Beeren. Sind sie außen hart, so heißen sie *Nüsse*. Steinfrüchte sind Beeren, die außen fleischig und innen hart sind (Kirsche).

Zu den Öffnungsfrüchten zählt man Balgfrucht, Hülse, Schote und Kapsel. Balgfrucht und Hülse sind aus einem einzelnen Fruchtblatt entstanden. Die *Hülse* (72) öffnet sich an beiden Nähten, die *Balgfrucht* (71) nur an einer Naht. Die *Schote* (73) besteht aus zwei verwachsenen Fruchtblättern, die durch eine Zwischenwand getrennt sind und sich an beiden Nähten öffnen. Eine reife *Kapsel* öffnet sich mit Löchern oder Spalten; sie ist aus zwei oder mehr als zwei miteinander verwachsenen Fruchtblättern hervorgegangen.

Viele kleine Einzelfrüchte können zu einem größeren Fruchtkörper vereinigt sein; diesen nennt man eine *Sammelfrucht*, so z. B. die Erdbeere: die Einzelfrüchte, winzige Nüßchen, sitzen auf einem fleischigen Gebilde, das aus dem Blütenboden hervorgegangen ist.

Algen *(Phycophyta)*

Algen stehen im Pflanzenreich auf niedriger Entwicklungsstufe. Es handelt sich um einfach gebaute Wasserpflanzen, die zwar keine Blütenorgane entwickeln, sich aber mit Hilfe von Blattgrün selbst ernähren können. Man ordnet sie in große, vor allem durch ihre Farbstoffe unterschiedene Gruppen, von denen hier nur die **Grünalgen** *(Chlorophyceae)*, **Braunalgen** *(Phaeophyceae)* und **Rotalgen** *(Rhodophyceae)* genannt seien. Die einfachsten Pflanzen, die **Blaualgen** *(Cyanophyta)* besitzen in ihren Zellen keinen echten Zellkern und stehen damit den **Bakterien** *(Bacteriophyta)*, die man auch zum Pflanzenreich rechnet, nahe. Da diese aber auf andere Lebewesen oder deren Produkte angewiesen sind und nicht ganz selbständig leben können, sieht man nicht in ihnen, sondern in den Blaualgen die ursprünglichsten aller Lebewesen. Aus den Blaualgen haben sich wahrscheinlich alle Lebewesen, auch die Tiere, entwickelt.

Unter den übrigen Gruppen spielen die Grünalgen eine besondere Rolle. Zu ihnen gehören auch einzellige Pflanzen, die sich im Wasser selbständig fortbewegen können. Andere dagegen bilden längere Fäden oder Bänder und haften fest auf einer Unterlage. Solche Arten waren wahrscheinlich die Vorfahren aller höheren Pflanzen. Soviel man heute weiß, leiten sich Moose und Farnpflanzen von Grünalgenarten ab, die zum Leben auf feuchtem Land übergegangen sind.

Algen bilden keine Blüten aus, können sich aber wie die höheren Pflanzen ungeschlechtlich und geschlechtlich vermehren. Die Fortpflanzungsvorgänge sind von Art zu Art sehr verschieden, doch kann man das Wesentliche am Beispiel der **Schlauchalge** *(Vaucheria)* leicht verstehen: Bei der ungeschlechtlichen Vermehrung bildet sich an dem querwandlosen Faden eine Verdikkung, in der eine vielgeißelige Schwärmspore heranwächst, schließlich ausschlüpft, sich auf dem Untergrund festsetzt und einen neuen Algenfaden treibt. Die Alge kann aber auch unscheinbare Geschlechtsorgane ausbilden, in denen sich entweder männliche zweigeißelige Geschlechtszellen oder ein weibliches Ei befinden. Aus der Vereinigung von männlicher und weiblicher Geschlechtszelle entsteht eine derbwandige Dauerzelle *(Zygote)*, die ungünstige Zeiten (Winter) überstehen kann und dann einen neuen Algenfaden treibt. Geschlechtliche und ungeschlechtliche Generation wechseln ab *(Generationswechsel)*.

Für das Leben im Meer und Süßwasser sind Algen sehr wichtig. Sie stellen die Nahrung vieler Tiere dar. Die größeren darunter, etwa die mehrere Meter bis über 100 m großen Braunalgen, bilden ganze Wälder unter Wasser und damit den Lebensraum zahlreicher Tierarten. Auch als Nahrungsmittel für das Vieh und selbst für den Menschen gewinnen Algen an Bedeutung. Man kennt heute mehr als 20000 Arten. Davon entfallen auf die Rotalgen etwa 3700, auf die Braunalgen 1500, auf die Grünalgen etwa 6000 Arten.

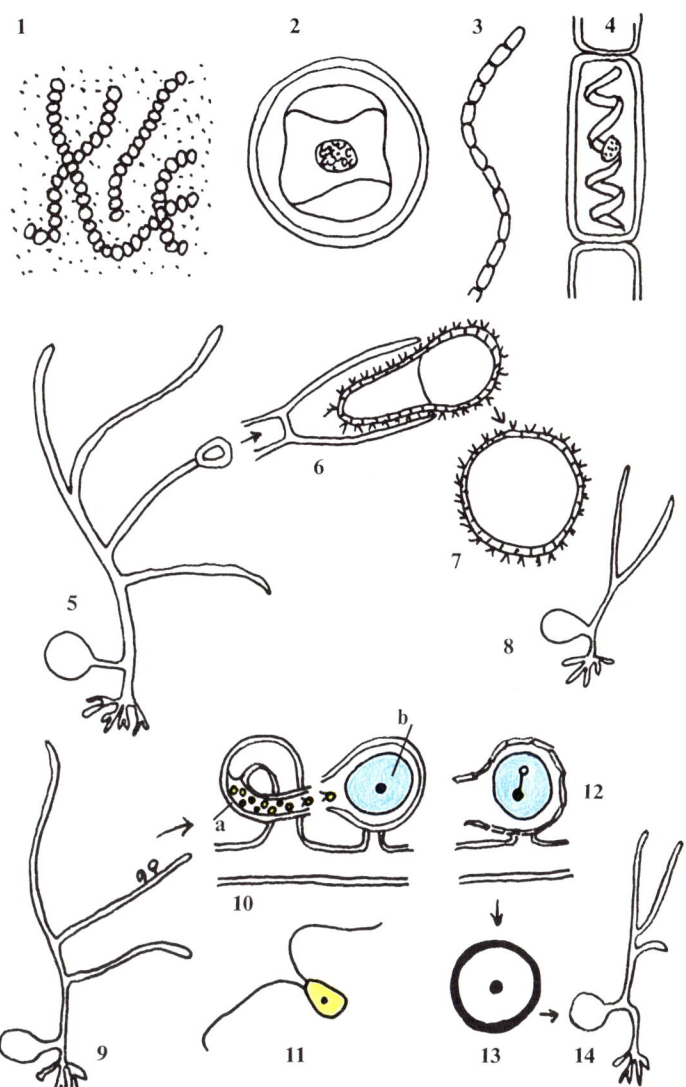

Algen: 1 Blaualge; **2** einzellige Grünalge (Chlorella); **3** vielzellige, fadenförmige Grünalge; **4** einzelne Zelle der Schraubenalge; **5–8** ungeschlechtliche, **9–14** geschlechtl. Vermehrung der Schlauchalge; **5** und **9** ganze
Pflanze, **6, 7, 8** ausschlüpfende und keimende Schwärmspore; **10a** männl.
Geschlechtsorgan, **10b** Eizelle, **11** männl. Geschlechtszelle, **12** Zygote mit
verschmelzenden Zellkernen, **13** Zygote mit dicker Wand, **14** keimend.

1 Gemeiner Knorpeltang *(Chondrus crispus)* Rotalgen

knorpeliger Tang,   Meeresküste
mehrfach in gleichmäßig breite Zweige gegabelt;
5–25 cm groß

Rotalgen sind fast ausschließlich Meeresalgen. Sie zeichnen sich durch besondere rote Farbstoffe vor anderen Algengruppen aus. Mit Hilfe dieser Farbstoffe können sie das in der Tiefe herrschende Licht verwerten. Wenn das Wasser genügend durchsichtig ist, können sie auch in größerer Tiefe vorkommen, im Atlantischen Ozean bis in 30 m Tiefe, in klarsten Meeren bis in 200 m Tiefe. Es gibt etwa 3700 Arten. Aus dem Knorpeltang gewinnt man *Karrageen*, einen gelatineartigen Stoff, der als reizmilderndes Mittel (Husten) und auch in Konditoreien (für Eis, Creme) verwendet wird.

2 Sägetang *(Fucus serratus)* Braunalgen

Tang gabelig verzweigt,   Meeresküste
am Rand gesägt, 50–150 cm lang

Auch die *Braunalgen* sind überwiegend Meeresalgen. Sie besitzen besondere braune Farbstoffe, die das ebenfalls vorhandene Blattgrün überdecken. Die Tangarten bilden breite bandförmige Lappen. Beim Sägetang sind diese gesägt, beim *Blasentang (Fucus vesiculosus)* sind sie ganzrandig und tragen an den Enden gasführende Schwimmblasen. Lange bandartige Lappen, die an einem Strang angeheftet sind, trägt die größte Braunalge, *Macrocystis pyrifera;* sie wird über 100 m lang und einige hundert Kilogramm schwer. Die männlichen und weiblichen Fortpflanzungsorgane bilden sich beim Sägetang an den Enden der Bänder. Männliche und weibliche Geschlechtszellen schwimmen frei im Wasser und bilden nach der Vereinigung einen neuen Tang.

3 Meersalat *(Ulva lactuca)* Grünalgen

Alge dünn,   Meeresküste
wellig kraus, 30–100 cm groß

Im Gegensatz zu den bisher genannten Algenarten sind die *Grünalgen* meist rein grün. Es gibt einzellige, frei schwimmende Arten und mehrzellige fädige oder bandförmige Arten. In der Mehrzahl leben sie im Süßwasser; der hier abgebildete Meersalat ist jedoch an Salzwasser gebunden. Früher wurde er gelegentlich als Salat gegessen. Seine Bänder sind nur zwei Zellagen dick. Aus jeder dieser Zellen können die Geschlechtszellen hervorgehen.

4 Gewöhnliche Armleuchteralge *(Chara vulgaris)* Armleuchteralgen

Alge mit quirlständigen Seitenästen;   Bäche, Quellen,
5–30 cm lang   Gräben, Teiche

Die *Armleuchteralgen (Charales)* bilden eine Gruppe der Grünalgen. Man findet sie in Bächen und Teichen. Ähnlich wie Schachtelhalme sind sie in Knoten und davon abgehende Seitenäste gegliedert. Oft machen Kalküberzüge sie recht brüchig. Ihre Geschlechtsorgane kann man mit bloßem Auge erkennen. Auffällig sind die orangeroten männlichen Organe, die weiblichen Organe dagegen unscheinbar braungrün.

Pilze *(Mycophyta)*

Bei aller Formenvielfalt haben die Pilze eines gemeinsam: Es fehlt ihnen das Chlorophyll, der grüne Blattfarbstoff. Mit dessen Hilfe und dem Sonnenlicht als Energiespender bilden grüne Pflanzen aus dem Kohlendioxid der Luft hochmolekulare organische Stoffe, z. B. Zucker und Stärke. Die Pilze können auf das Sonnenlicht verzichten, mußten aber andere Methoden entwickeln, um zu den lebensnotwendigen organischen Stoffen zu gelangen. So wurden sie zu Fäulnisbewohnern *(Saprophyten)*, die tote Pflanzenteile aufschließen, oder zu *Parasiten*, die lebende Organismen befallen. Einige umspinnen die Wurzeln der Waldbäume, erhalten von ihnen Kohlenhydrate und helfen dafür bei der Aufnahme von Wasser und Mineralsalzen *(Mykorrhizapilze)*.

Betrachten wir einen bekannten Hutpilz, z. B. den Champignon, einmal genauer: Was wir in der Hand haben, ist nicht die Pilzpflanze, sondern nur ein Teil von ihr, der Fruchtkörper. Die eigentliche Pilzpflanze besteht aus spinnwebfeinen, weißlichen Zellfäden *(Hyphen)*, die den Nährboden kreuz und quer durchwachsen. Dieses Pilzgeflecht *(Myzelium)* kann jahrelang im Boden wuchern. Unter günstigen Bedingungen schließen sich die Hyphen an bestimmten Stellen dichter zusammen und bilden den Fruchtkörper. Auf der Unterseite des Hutes sehen wir die Fruchtschicht (das *Hymenium*): Zahlreiche *Lamellen* oder *Blätter* verlaufen strahlenförmig vom Stiel zum Hutrand. Auf ihrer Außenseite werden auf mikroskopisch kleinen Ständerchen *(Basidien)* die *Sporen* gebildet. Ein einziger Fruchtkörper des Champignons kann etwa 2 Milliarden Sporen erzeugen, die einen Durchmesser von 0,005 mm (= fünf tausendstel Millimeter) haben und so leicht sind, daß sie vom leisesten Lufthauch weggetragen werden. Von der unvorstellbar großen Menge ausgestreuter Sporen fallen nur wenige auf einen zusagenden Nährboden und können auskeimen. Doch erst wenn die Zellfäden aus zwei verschiedengeschlechtigen Sporen aufeinandertreffen, kann eine neue Pilzpflanze entstehen und Fruchtkörper ausbilden. Alle Pilze, deren Sporen wie beim Champignon auf kleinen Ständerchen ausgebildet werden, faßt man als **Ständerpilze** zusammen. Sie bilden eine Untergruppe der *Höheren Pilze*. Nach der Form der Fruchtschicht, die zur Vergrößerung der Oberfläche lamellen-, röhren-, leisten- oder stachelförmig ausgebildet ist, kann man die Ständerpilze weiter unterteilen (S. 38/39).
Bei der anderen Untergruppe der Höheren Pilze, den **Schlauchpilzen,** finden sich in der Fruchtschicht neben unfruchtbaren Zellfäden charakteristische Schläuche, die jeweils 8, bei primitiven Formen auch noch mehr Sporen enthalten. Bei der Reife öffnen sich die Schläuche an der Spitze, die Wände ziehen sich zusammen, und die Sporen werden oft mehrere Zentimeter weit herausgeschleudert.
Wer Pilze zu Speisezwecken sammeln will, muß folgende Regeln beachten:
1. Es gibt kein allgemeines Kennzeichen, an dem man Speise- und Giftpilze unterscheiden kann. Man sammelt deshalb nur Pilze, die man ganz sicher kennt! Im Zweifelsfall geben die Pilzberatungsstellen in den größeren Städten Auskunft.
2. Man sammelt nur junge, festfleischige Exemplare. Alte, angefaulte oder angeschimmelte Speisepilze sind gefährlich.
3. Pilze gehören in einen luftdurchlässigen Korb. In Plastiktüten zersetzt sich ihr Eiweiß durch die Atmungswärme und wird giftig.
4. Pilzgerichte sollen nicht aufgewärmt werden.

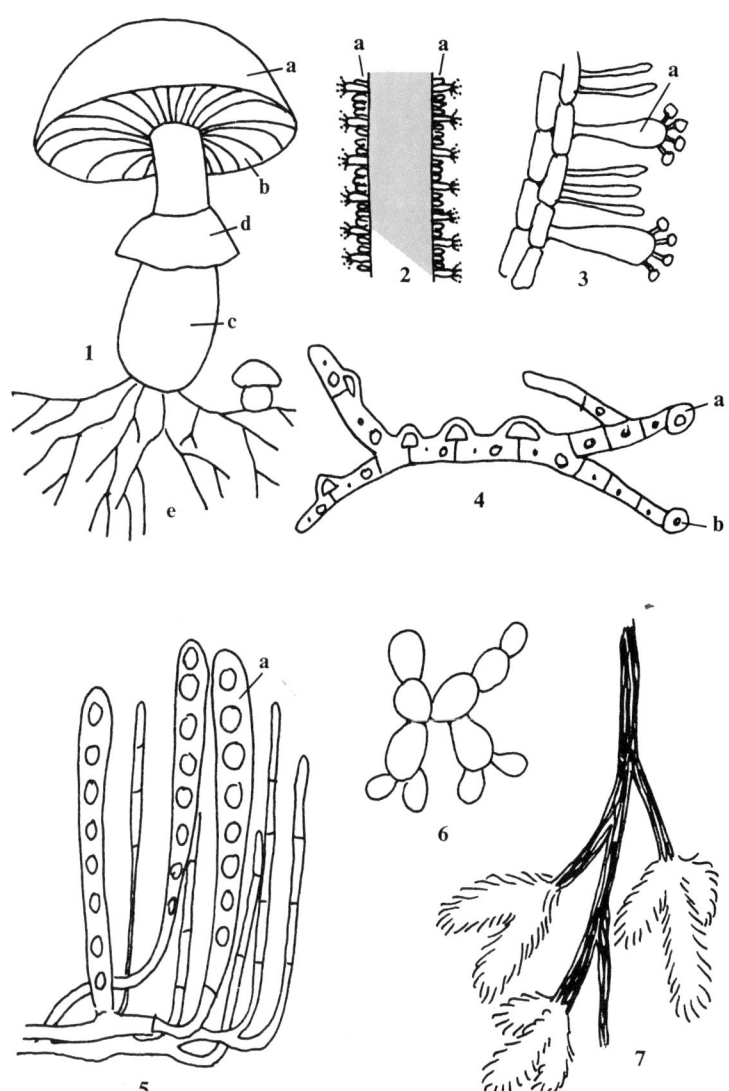

Pilze: 1 Blätterpilz: **a** Hut, **b** Lamellen, **c** Stiel, **d** Ring, **e** Pilzgeflecht (Myzel); **2** Querschnitt durch eine Lamelle: **a** Fruchtschicht (Hymenium); **3** Ausschnitt aus der Fruchtschicht: **a** Ständerchen (Basidien) mit Sporen; **4** keimende Sporen **a, b** treiben verschiedengeschlechtige Zellfäden, die sich vereinigen; **5** Ausschnitt aus der Fruchtschicht eines Schlauchpilzes: **a** Schläuche mit Sporen; **6** Hefepilz; **7** Pilzwurzel (Mykorrhiza).

Mit etwa 100000 bis jetzt bekannten Arten bilden die Pilze eine der größten Gruppen des Pflanzenreiches. Die meisten von ihnen sind mikroskopisch klein und fallen uns nur auf, wenn sie Pflanzenkrankheiten verursachen, Nahrungsmittel verderben oder unangenehme Hautkrankheiten erzeugen. Ohne Pilze wäre aber auch keine Gärung möglich, und ohne die segensreiche Wirkung der von Schimmelpilzen erzeugten Antibiotika (z. B. des Penicillins) wären wir gegen viele Krankheiten hilflos. In der Natur bauen die Pilze organische Stoffe ab und zerlegen sie so, daß sie den höheren Pflanzen wieder als Nahrung dienen können.

Das System der Pilze beruht auf einer Teilung in:

I. Algenpilze oder **Niedere Pilze** *(Phycomycetes)*

einfache oder verästelte Zellschläuche ohne Querwände; Vermehrung ungeschlechtlich durch Sporen, die am Ende der Fäden abgeschnürt werden, oder geschlechtlich durch Zygosporen, die aus der Verschmelzung von Zellfäden verschiedener Pflanzen entstehen.
Arten: *Köpfchenschimmel (Mucor mucedo)* auf Brot, *Kartoffelfäule (Phytophtora infestans)*, *Falscher Rebenmehltau (Plasmopara viticola)*.

II. Höhere Pilze *(Eumycetes)*

1. Schlauchpilze *(Ascomycetes)*

Die Sporen werden im Innern von schlauchförmigen Zellen gebildet. Hierher gehören *Morcheln, Lorcheln* (S. 54/55), *Trüffeln* und *Becherlinge*, aber auch der *Pinselschimmel (Penicillium)*, der *Polsterschimmel* der Obstbäume *(Monilia)*, der *Apfelschorf (Venturia)* und vielerlei *Hefepilze* (S. 37, Abb. 6).

2. Ständerpilze *(Basidiomycetes)*

Sporen auf kleinen Ständerchen (Basidien).
Nach der Form und Anordnung der Fruchtschicht unterscheidet man:
Blätterpilze: Lamellen auf der Hutunterseite (S. 44–51)
Röhrenpilze: auf der Hutunterseite kleine Röhren (S. 40–43)
Porlinge: harte Fruchtkörper, kleine Löcher auf der Hutunterseite (S. 42/43)
Stachelpilze: auf der Hutunterseite viele kleine Stacheln (S. 52/53)
Leistenpilze: auf der Hutunterseite verzweigte Leisten (S. 50/51)
Korallenpilze oder **Ziegenbärte:** Fruchtkörper strauchförmig (S. 52/53)
Bauchpilze: Sporen werden im Innern der Fruchtkörper gebildet (S. 54/55), hierher gehören auch die *Brand-* und *Rostpilze* mit mehreren tausend Arten, die gefährliche Krankheiten der Nutzpflanzen verursachen.

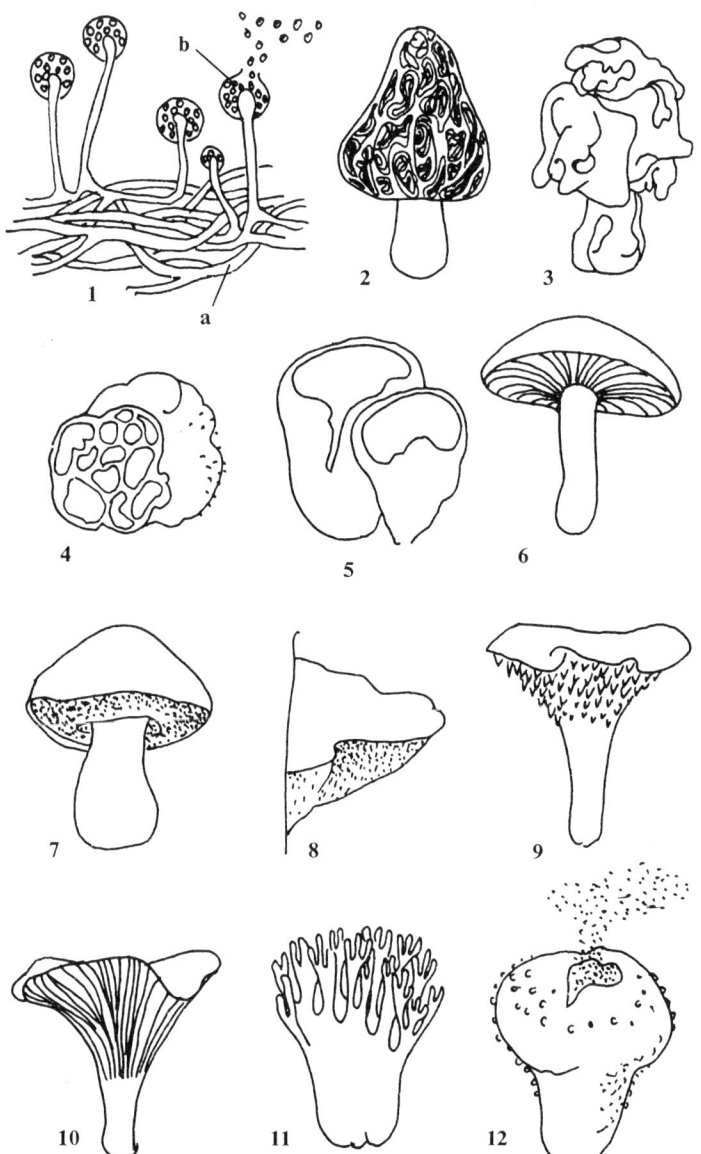

Pilze: 1 Algenpilz (Köpfchenschimmel): **a** Zellfäden, **b** Sporenbehälter;
2–5 Schlauchpilze: **2** Morchel, **3** Lorchel, **4** Trüffel, **5** Becherling; **6–12** Ständerpilze: **6** Blätterpilz, **7** Röhrenpilz, **8** Porling, **9** Stachelpilz, **10** Leisten-
pilz, **11** Korallenpilz, **12** Bauchpilz.

1 Steinpilz *(Boletus edulis)*   Röhrenpilze

groß, bis 30 cm hoch; Hut hell- bis   mehrere Rassen, in
dunkelbraun, bis 20 cm ⌀ ; Röhren in   Laub- u. Nadelwäldern
der Jugend weiß, später gelblich   Mai–Okt.

Schon im Mittelalter war dieser wertvolle Speisepilz bekannt und wurde für die Tafel der *Herren* gesammelt. Daher heißt er auch *Herrenpilz*. In vielen Gegenden ist er heute selten geworden. Das feste, *stein*harte Fleisch verfärbt sich nicht, kann auf jede erdenkliche Art zubereitet werden und eignet sich auch zum Konservieren. Leider sind äußerlich noch völlig intakte Pilze im Innern häufig von Pilzmücken- und Käferlarven zerfressen. Wer Steinpilze nicht genau kennt, kann hereinfallen: Er sammelt die täuschend ähnlichen *Gallenröhrlinge (Tylophilus felleus)*, die im Alter rosafarbene Röhren haben und gallenbitter schmecken. Im Zweifelsfall gibt eine kleine Kostprobe vom rohen Pilz Gewißheit.

2 Maronenröhrling *(Xerocomus badius)*   Röhrenpilze

mittelgroß, bis 12 cm hoch; Hut dunkelbraun;   Nadelwälder, oft unter
Röhren gelb, an Druckstellen grüngelb   Kiefern, häufig;
verfärbend; Stiel braun   Juli–Okt.

Wie fast alle Röhrenpilze mit gelben Röhren ist er ein guter Speisepilz. Die bläuliche Verfärbung des Fleisches beim Anschneiden tritt bei trocken gewachsenen Exemplaren oft nicht ein; sie beruht auf der Wirkung von Fermenten beim Zutritt von Luftsauerstoff und weist keinesfalls auf Giftstoffe hin. Die Meinung, Giftpilze verfärbten sich beim Kochen, ist gefährlicher Aberglaube.

3 Birkenröhrling *(Leccinum scabrum)*   Röhrenpilze

mittelgroß bis groß; Stiel bis 15 cm hoch,   Laubwälder, Heiden,
schlank, mit schwärzlichen Schuppen;   immer unter Birken;
Röhren schmutzigweiß   Juni–Okt.

Schon der Name weist auf die enge Bindung an eine bestimmte Baumart hin. Die Wurzeln der Birken werden vom Pilzfadengeflecht der Pilze umsponnen und können so bestimmte Mineralstoffe leichter aufnehmen. Der Pilz erhält dafür organische Verbindungen, die er selbst nicht herstellen kann. Birkenpilze sind gute Speisepilze, müssen aber sofort nach dem Sammeln verarbeitet werden, da sie schnell verderben. Das Fleisch des ähnlichen, eßbaren *Hainbuchenröhrlings (Leccinum griseum)* verfärbt sich violett.

4 Rotkappe *(Leccinum aurantiacum)*   Röhrenpilze

mittelgroß; Hut orange bis rotbraun;   Wälder, meist unter
Stiel mit bräunlichen Schuppen;   Zitterpappeln;
Fleisch blau bis schwarz verfärbend   Juli–Okt.

Mit ihren roten, käppchenförmigen Hüten sehen junge Rotkappen wie große Zündhölzer aus. Erst wenn sie älter sind, breiten sich die Hüte aus. Das feste Fleisch verfärbt sich beim Anschneiden blau und wird beim Kochen völlig schwarz. Rotkappen sind gute Speisepilze und eignen sich auch zum Trocknen. Sie werden selten von Insektenlarven befallen.

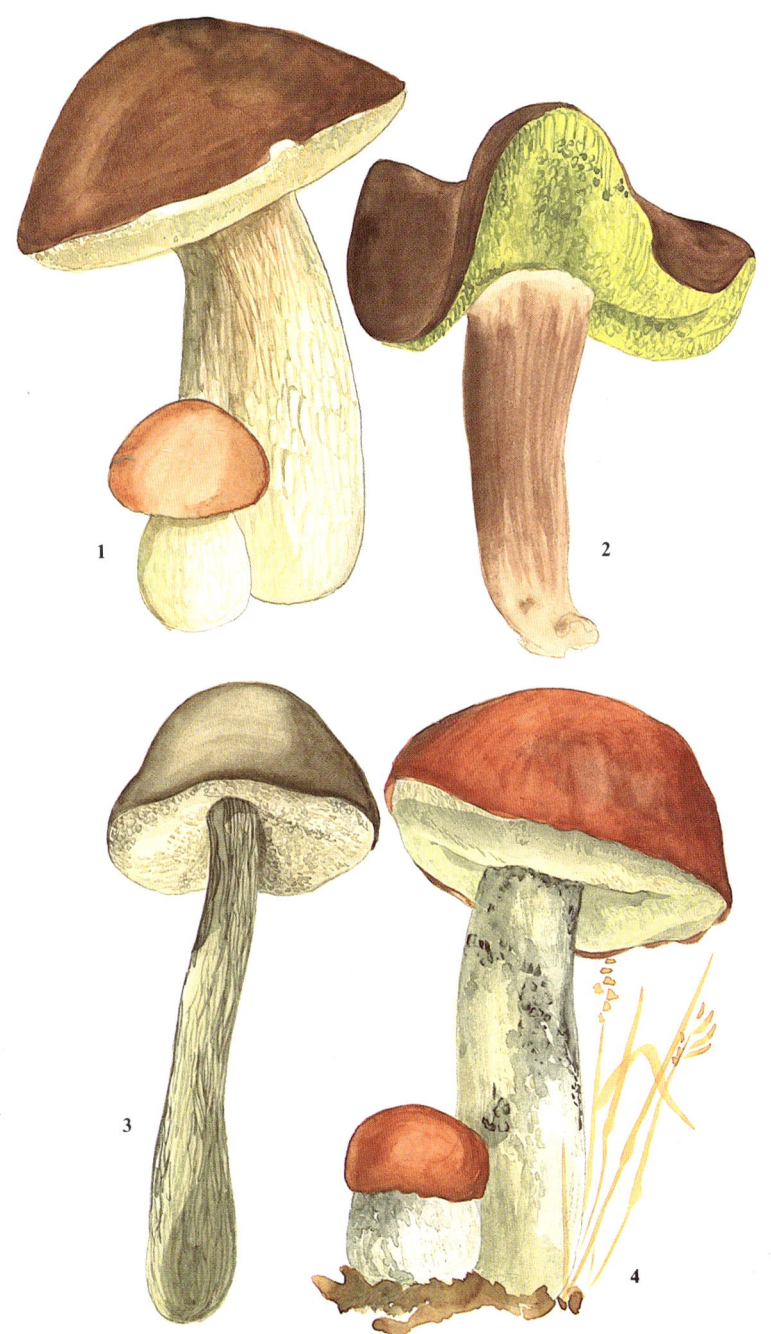

1 Goldröhrling *(Suillus grevillei)*
klein bis mittelgroß; Hut zitronengelb
bis goldbraun, bei Nässe schleimig;
Röhren und Fleisch gelb

Röhrenpilze
Wälder, Parks, Almen,
nur unter Lärchen;
Juli–Okt.

Goldröhrlinge sind gute Speisepilze, müssen aber bald nach dem Sammeln verarbeitet werden, weil das weiche Fleisch schnell unansehnlich wird. Die schleimige Huthaut sollte schon im Wald abgezogen werden. Der ähnliche *Butterröhrling (Suillus luteus)* hat ebenfalls einen vergänglichen Ring am Stiel, seine klebrig-schmierige Huthaut ist aber dunkelbraun. Er wächst nur unter Kiefern. Auch er ist ein guter Speisepilz.

2 Satanspilz *(Boletus satanas)*
groß; Hut silbergrau mit grünlichem Schimmer;
Röhren blutrot; Fleisch weißlich,
langsam blau anlaufend

Röhrenpilze
Lichte Laubwälder,
nur auf Kalkboden;
Juli–Okt.

Der farbenprächtige Pilz ist recht selten. Sein widerlicher, im Alter aasartiger Geruch sollte unerfahrene Pilzsammler eigentlich abschrecken; trotzdem kommen immer wieder Vergiftungen vor. Schon kleine Stücke verursachen Erbrechen und schwere Durchfälle. Da sich der Körper auf diese Weise schnell von dem Pilzgift befreit, sind bis jetzt keine tödlichen Vergiftungen bekanntgeworden, doch ist ärztliche Hilfe erforderlich. Der *Flockenstielige Hexenröhrling (Boletus erythropus)* hat ebenfalls rote Röhren, aber einen dunkelbraunen Hut. Er wächst in Nadelwäldern auf saurem Boden und ist eßbar, sollte aber wegen der Verwechslungsgefahr mit giftigen rotröhrigen Röhrlingen nur von guten Pilzkennern gesammelt werden.

3 Rotfußröhrling *(Xerocomus chrysenteron)*
klein bis mittelgroß; Hut samtig braun,
Fraßstellen rot; Stiel rötlich;
Fleisch blau anlaufend

Röhrenpilze
Nadel- und Laubwäl-
der, meist gesellig;
Juli–Okt.

Obwohl die Rotfußröhrlinge manchmal sehr häufig auftreten, sind sie nicht leicht zu sehen, da sich die Farbe des Hutes vom Untergrund kaum abhebt. Die Huthaut fühlt sich wie Wildleder an und reißt bei längerer Trockenheit kreuz und quer auf. Jüngere Pilze schmecken gut, sind aber oft madig und werden bei feuchtem Wetter schnell von einem Schimmelpilz befallen. Die ähnliche *Ziegenlippe (Xerocomus subtomentosus)* ist ebenfalls eßbar. Ihre goldgelben Röhren sind größer, der Stiel ist gelbbraun und zeigt im Gegensatz zum Rotfußröhrling keine Spur von Rot.

4 Schmetterlingsporling *(Trametes versicolor)*
konsolenförmig angeordnete, holzige
Fruchtkörper, verschiedenfarbig gezont,
mit glänzender Oberfläche

Porlinge
das ganze Jahr über an
Strünken verschiedener
Laubhölzer

Die *Porlinge* unterscheiden sich von den Röhrlingen dadurch, daß sich die Fruchtschicht (S. 36, 37) nicht vom meist korkigen Fruchtkörper ablösen läßt. Bei uns gibt es etwa 100 verschiedene Arten, deren Pilzfadengeflecht Holz durchwächst; einige Arten sind gefürchtete Holzschädlinge *(Weißfäule!)*.

1

2 ☠

3

4

1 Grüner Knollenblätterpilz (*Amanita phalloides*) Blätterpilze

mittelgroß; Hut olivgrün oder weiß; Laub- und Nadelwäl-
Lamellen immer weiß; am Stielgrund der, meist unter Eichen;
eine Knolle mit häutiger Scheide Juli–Okt.

Die meisten tödlichen Pilzvergiftungen gehen auf das Konto der Knollenblätterpilze. Erst 5 bis 40 Stunden nach der Mahlzeit treten die Symptome auf: heftige Brechdurchfälle, Kreislaufstörungen, Anschwellung der Leber. Die Zerstörung der Leber führt schließlich zum Tod. Wenn die Symptome auftreten, sind die Giftstoffe bereits ins Blut übergetreten, und ärztliche Hilfe kommt zu spät. Die hochwirksamen Gifte (*Phalloidin, Amanitin, Phalloin*) sind in kleinsten Mengen gefährlich, schon 50 g Pilzfleisch können einen Menschen töten. Dagegen ernähren sich Schnecken und Insekten von den Pilzen, ohne Schaden zu nehmen. Häufig werden Knollenblätterpilze mit den eßbaren Champignons (S. 46, Abb. 1) verwechselt, doch haben Champignons immer rosafarbene bis braune Lamellen und nie eine scheidige Knolle am Stielgrund. Allerdings steckt die Knolle des Knollenblätterpilzes manchmal so tief im Boden, daß man sie leicht übersieht.

2 Fliegenpilz (*Amanita muscaria*) Blätterpilze

mittelgroß bis groß; Hut rot, Laub- und Nadelwäl-
selten gelb oder bräunlich, mit warzigen, der, oft truppweise;
weißen Hüllresten; Lamellen weiß Juni–Okt.

Früher wurden die Hüte der bekannten »Glückspilze« in süßer Milch gekocht und zum Anlocken und Betäuben von Fliegen in den Wohnungen aufgestellt. Daher hat der schöne, aber giftige Pilz seinen Namen. Das *Muskarin* und andere noch unerforschte Giftstoffe machen sich bald nach dem Genuß bemerkbar: Krämpfe, Muskelzuckungen, Sehstörungen, Wahnvorstellungen treten nach 15 bis 30 Minuten auf; ärztliche Hilfe ist erforderlich!

3 Perlpilz (*Amanita rubescens*) Blätterpilze

mittelgroß bis groß; Hut hellrötlich bis braun; Laub- und Nadelwäl-
Fleisch an Druck-, Schnitt- und der, oft häufig;
Fraßstellen rötlich anlaufend Juni–Okt.

In der Familie *Wulstlinge*, zu der gefährliche Giftpilze gehören, nimmt der Perlpilz eine Sonderstellung ein. Roh ist er zwar auch giftig, gekocht aber ein schmackhafter Speisepilz. Wer ihn nicht genau kennt, sollte ihn meiden, denn nur zu leicht wird er mit dem giftigen Pantherpilz verwechselt. Zwar ist die rötliche Verfärbung des Fleisches an der Luft ein sicheres Erkennungszeichen, doch ist wegen der lebensgefährlichen Doppelgänger äußerste Vorsicht geboten.

4 Pantherpilz (*Amanita pantherina*) Blätterpilze

mittelgroß; Hut grau bis schwarzbraun, Nadel- und Laubwäl-
mit weißen, flockigen Hüllresten; der, ziemlich häufig;
Fleisch und Lamellen weiß bleibend Juli–Okt.

Auch dieser Vertreter der Wulstlinge ist ein gefährlicher Giftpilz. Ähnlich wie der Fliegenpilz enthält er das Nervensystem erregende und lähmende Giftstoffe, die ohne ärztliche Hilfe tödlich wirken können.

1   2   3   4

1 Champignon *(Agaricus spec.)*

mittelgroß, bis 12 cm hoch; Hut weißlich;
Lamellen immer rosa, im Alter
schokoladenbraun; Stiel mit Ring

Blätterpilze
Wiesen und Weiden,
auch im Wald;
Mai–Nov.

Es gibt bei uns mehrere Champignonarten. Besonders die auf Wiesen und Weiden wachsenden Egerlinge sind bekannte, wohlschmeckende Speisepilze. Vorsicht ist bei den im Wald wachsenden Arten geboten. Immer wieder kommen Verwechslungen mit Weißen Knollenblätterpilzen vor. Champignons erkennt man leicht an den rosafarbenen Lamellen und an dem anis- oder mandelartigen Geruch des Fleisches. Der leicht giftige *Karbolegerling* *(Agaricus xanthodermus)* riecht beim Kochen unangenehm nach Tinte oder Karbol, Schnittstellen im unteren Teil des Stiels laufen augenblicklich chromgelb an. Wer die Pilze nicht kennt, sollte sich unbedingt darauf beschränken, gekaufte *Zuchtchampignons* *(Agaricus hortensis)* zu verwenden.

2 Riesenschirmling *(Macrolepiota procera)*

sehr groß, bis 30 cm hoch;
Hut grob braunschuppig, bis 25 cm ⌀ ;
Stiel mit leicht verschiebbarem Ring

Blätterpilze
Laub- und Nadelwäl-
der, oft bei Ameisen-
nestern; Juli–Okt.

Dieser Riese unter den einheimischen Pilzen, auch *Parasol* genannt, kann kaum mit einer giftigen Art verwechselt werden. Jung (»Trommelschlegelform«) ist er ein wohlschmeckender Speisepilz von nußartigem Geschmack. Das Fleisch der älteren Pilze eignet sich besonders zum Panieren und Braten; die holzigen Stiele sind nicht verwendbar. Ähnlich, aber nicht ganz so groß ist der ebenfalls eßbare *Rötende Schirmling* *(Macrolepiota rhacodes)*. Sein Fleisch läuft nach Verletzungen langsam rötlich an.

3 Schopftintling *(Coprinus comatus)*

bis 15 cm hoch; Hut walzenförmig,
filzig-schuppig; Lamellen im Alter schwarz,
tintenartig zerfließend

Blätterpilze
Wegränder, Wiesen,
Rasen, meist gesellig;
Apr.–Nov.

Schopftintlinge sind gute Speisepilze, solange sie noch weiße Lamellen haben. Doch löst Alkoholgenuß während oder nach der Mahlzeit die Antabuswirkung aus: Herzklopfen, Hitzegefühl, Verfärbung des Gesichts. (*Antabus*, ein Medikament bei Alkoholentziehungskuren, enthält ähnliche Substanzen wie die Tintlinge.)

4 Pfeffermilchling *(Lactarius piperatus)*

großer, weißer Blätterpilz mit festem,
sprödem Fleisch und brennend scharfer,
weißer Milch

Blätterpilze
häufig in Laubwäldern,
meist in Gruppen;
Juli–Nov.

Sowohl der Pfeffermilchling als auch der sehr ähnliche *Wollige Milchling* *(Lactarius vellereus)* gehören zu den häufigsten und auffallendsten Pilzen der herbstlichen Laubwälder. Beide sind wegen ihres brennend scharf schmeckenden Fleisches ungenießbar. Doch wird der Pfeffermilchling – mit Speck und Zwiebeln gebraten – in den Balkanländern trotzdem gegessen. Man schreibt ihm harntreibende Wirkung zu.

1

2

3

4

1 Echter Reizker *(Lactarius deliciosus)*

Blätterpilze

mittelgroß, Hut orange, mit dunkleren Zonen;
an Schnitt- und Bruchstellen
tritt orangerote Milch aus

Nadelwälder, auf
feuchtem Boden;
Aug.–Nov.

Wenn man auf die orange- bis blutrote Milch und die grünspanfarbigen
Druckstellen achtet, kann man die Echten Reizker, von denen es mehrere
Arten gibt, nicht mit anderen Pilzen verwechseln. Sie sind gute Speisepilze,
eignen sich aber nicht zum Kochen und Dünsten, weil sie dabei bitter
werden. Der ähnliche *Birkenreizker (Lactarius torminosus)* wächst gern
unter Birken und hat weiße, brennend scharfe Milch. Er ist roh giftig, nur
nach geeigneter Vorbehandlung (Wegschütten des Kochwassers) genießbar
und sollte nicht verwendet werden.

2 Täublinge *(Russula spec.)*

Blätterpilze

mittelgroße bis große Blätterpilze
ohne Milchsaft und ohne Ring;
Lamellen meist brüchig, Fleisch hart

Laub-und Nadelwälder,
meist gesellig;
Juni–Nov.

Nur der Spezialist kann die weit über 100 Arten der Täublinge unterscheiden, die mit ihren roten, blauen, violetten, grünen, gelben, weißen oder
mehrfarbigen Hüten unsere Wälder bevölkern. Für die Küche genügt die
Täublingsregel: Alle mild schmeckenden Täublinge sind eßbar! Eine winzig
kleine Kostprobe vom rohen Pilz (sofort wieder ausspucken!) verrät sehr
schnell, ob man einen Vertreter der brennend scharf schmeckenden Täub-
lingsarten vor sich hat, die leicht giftig, mindestens aber ungenießbar sind.
Allerdings gilt diese Regel nur für Täublinge; eine Kostprobe von anderen
rohen Pilzen kann lebensgefährlich sein! Deshalb ist Vorsicht geboten.

3 Violetter Rötelritterling *(Lepista nuda)*

Blätterpilze

mittelgroß, bis 10 cm hoch;
Hut im Alter bräunlich, Stiel und Lamellen
violett; Fleisch mit Rettichgeruch

Nadelwälder, gesellig,
oft in Hexenringen;
Aug.–Nov.

Im Spätherbst, wenn die meisten anderen Pilze bereits verschwunden sind,
erscheinen die Rötelritterlinge oft massenhaft und liefern noch eine gute
Ernte. Sie gehören zu den Speisepilzen, ihr Geschmack sagt aber nicht
jedermann zu. Verwechseln kann man sie mit dem *Lila Dickfuß (Cortinarius
traganus)*, der gelbliches Fleisch hat und nach Karbid riecht.

4 Hallimasch *(Armillariella mellea)*

Blätterpilze

kleiner bis mittelgroßer Blätterpilz
mit schuppigem Stiel,
immer büschelig auf Holz wachsend

an Baumstämmen,
Strünken und Wurzeln;
Aug.–Nov.

Der rohe Pilz ist giftig, abgekocht sind die Hüte eßbar, während die zähen
Stiele nicht verwendet werden können. Der Hallimasch zählt zu den gefährlichen Holzzerstörern: Das Pilzfadengeflecht durchwuchert das Holz der
Bäume und bringt sie zum Absterben *(Weißfäule)*. Das von den Pilzfäden
durchzogene Holz soll unter bestimmten Bedingungen in der Nacht leuchten.

1 Stockschwämmchen *(Kuehneromyces mutabilis)* Blätterpilze

kleiner Blätterpilz, Hut hellbraun,
feucht mit breitem, dunklen Rand;
Stiel zweifarbig

büschelig auf Laub-
holzstümpfen wach-
send; Apr.–Dez.

Von diesem guten, würzig schmeckenden Speisepilz kann man nur die Hüte verwenden. Die immer zweifarbigen, im oberen Teil hellen, unterhalb des vergänglichen, braunen Ringes rotbraunschuppigen Stiele sind holzig zäh. Stockschwämmchen eignen sich besonders zum Trocknen und ergeben pulverisiert eine gute Pilzwürze. In letzter Zeit werden sie immer häufiger auf eingegrabenem alten Laubholz gezüchtet und ergeben das ganze Jahr über reichliche Ernten.

2 Grünblättriger Schwefelkopf   Blätterpilze
(Hypholoma fasciculare)

kleiner Blätterpilz;
Hut, Lamellen und Fleisch schwefelgelb;
Sporenstaub schwarzviolett

büschelig auf Laub-
holzstümpfen, häufig;
Apr.–Dez.

Der Grünblättrige Schwefelkopf gilt als giftig und soll Bauchschmerzen und Durchfall verursachen. Wegen seines bitter schmeckenden Fleisches wird man ihn ohnehin kaum verwenden. Ein naher Verwandter, der *Rauchgrau-blättrige Schwefelkopf (Hypholoma capnoides)* mit graugelblichen bis rauchgrauen Lamellen wächst ebenfalls büschelig auf Holz und ist eßbar.

3 Pfifferling *(Cantharellus cibarius)*   Leistenpilze

klein bis mittelgroß; Hut trichterförmig,
oft verbogen; Leisten gelb,
weit am Stiel herablaufend

mehrere Rassen, in
Laub- und Nadelwäl-
dern; Juni–Okt.

Das Fleisch dieses bekannten Speisepilzes schmeckt roh nach Pfeffer, daher hat er seinen Namen. Er ist zwar sehr schmackhaft, aber zäh und schwer verdaulich; wer einen empfindlichen Magen hat, sollte auf den Genuß verzichten. Getrocknete Pfifferlinge werden sehr hart und können nicht mehr aufgeweicht werden. Leider sind die beliebten Pilze durch unvernünftiges Sammeln (Aufreißen des Moosrasens) im Umkreis der Städte schon so selten geworden, daß sie vielerorts vom Aussterben bedroht sind. Häufiger haben man einen Doppelgänger, den *Falschen Pfifferling (Hygrophoropsis aurantiaca)* mit orangegelben Lamellen und sehr dünnem Fleisch, der zwar eßbar, aber wenig schmackhaft ist. In südlichen Gegenden kommt der giftige *Leuchtende Ölbaumpilz (Omphalotus olearius)* vor. Er wächst büschelig an Stämmen von Eichen, Ölbäumen und Kastanien. Seine Lamellen leuchten im Dunkeln.

4 Herbsttrompete *(Craterellus cornucopioides)* Leistenpilze

mittelgroß; trompetenförmiger,
grauer bis schwarzer Fruchtkörper;
Fruchtschicht ohne Leisten, silbergrau

Buchenwälder, oft in
großen Herden;
Aug.–Nov.

Herbst- oder *Totentrompeten* können mit keinem Giftpilz verwechselt werden. Getrocknet und pulverisiert ergeben sie eine gute Pilzwürze, lassen sich aber auch frisch als Pilzgemüse zubereiten.

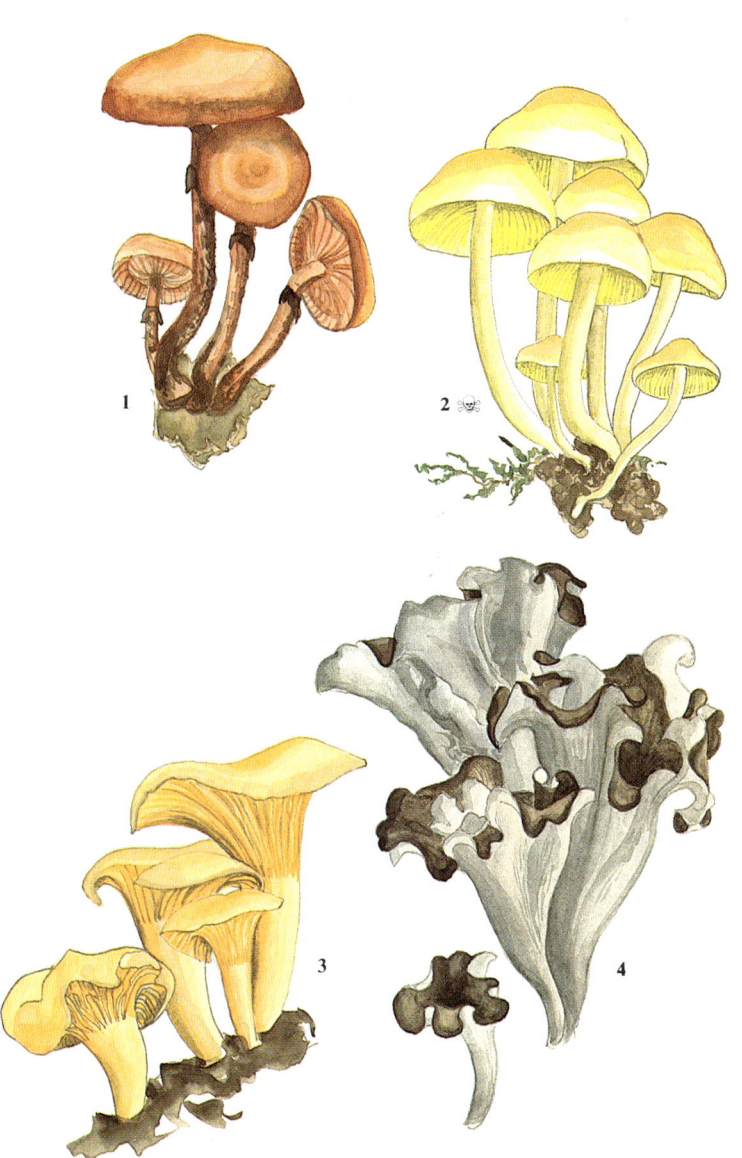

1 Semmelstoppelpilz *(Hydnum repandum)* — Stachelpilze

klein bis mittelgroß; Hut weißlich
bis dottergelb; Hutunterseite mit kleinen,
weichen Stacheln

Laubwälder, gesellig,
oft häufig;
Aug.–Nov.

Von oben sehen Semmelstoppelpilze oft blassen Pfifferlingen des Laubwaldes
täuschend ähnlich. Erst ein Blick auf die Hutunterseite zeigt die charakteristischen, zerbrechlichen Stacheln. Junge Exemplare schmecken gut, im
Alter werden sie aber bitter. Beim Zerschneiden der Pilze bildet sich durch
Zutritt des Luftsauerstoffs ein brauner Farbstoff, der tagelang an den
Fingern haftet und schwer zu entfernen ist. Der ähnliche, aber nie bittere
Rötliche Stoppelpilz (Hydnum rufescens) ist ebenfalls eßbar.

2 Klebriger Hörnling *(Calocera viscosa)* — Gallertpilze

kleine, leuchtend orangegelbe,
verästelte Fruchtkörper;
zäh, knorpelig, feucht klebrig

auf morschen Nadel-
holzstümpfen, häufig;
Juli–Dez.

Von Laien oft für einen Vertreter der *Korallenpilze* gehalten, gehört der
Klebrige Hörnling zu einer ganz anderen Familie. Er wächst nie auf dem
Erdboden, sondern steckt mit seiner verlängerten Basis oft tief im morschen
Holz. Wegen der knorpelartig-zähen Beschaffenheit seines Fleisches ist er
als Speisepilz unbrauchbar.

3 Krause Glucke *(Sparassis crispa)* — Korallenpilze

großer, kugelförmiger Fruchtkörper,
bis 40 cm breit und 30 cm hoch;
wie ein lockerer Blumenkohl

einzeln am Fuß alter
Kiefern, nicht häufig;
Aug.–Okt.

Die faust- bis kopfgroßen, badeschwammähnlichen Fruchtkörper mit den
blattartigen Zweigenden können kaum mit anderen Pilzen verwechselt werden. Jung sind sie wohlschmeckend, im Alter bitter, zäh und ungenießbar.
Vor der Zubereitung müssen sie gut gereinigt werden, da sich zwischen den
Ästen Sand ansammelt und die wirr verschlungenen Zweige vielerlei Insekten und Schnecken willkommene Schlupfwinkel bieten.

4 Koralle *(Clavaria spec.)* — Korallenpilze

mittelgroß bis groß; goldgelbe,
weißliche oder mehrfarbige,
reich verzweigte Fruchtkörper

Laub- und Nadelwäl-
der, oft gesellig;
Juli–Okt.

Es gibt bei uns etwa 20 verschiedene Arten, die in manchen Gegenden
auch als *Bärentatzen* bezeichnet werden. Für den Laien sind sie nicht leicht
zu unterscheiden. Einige von ihnen sind giftig und verursachen heftige,
kolikartige Darmstörungen. Wer Korallenpilze trotzdem sammelt, sollte
die folgenden Faustregeln beachten: Weiße, dickstrünkige Korallen, besonders solche mit roten und zerschlitzten Zweigenden, sind eßbar. Von den
gelben Arten sind nur die gleichmäßig gelb gefärbten eßbar. Alle schmutzfarbigen, gelbgrauen, violetten sowie alle bitter schmeckenden und alle
alten Korallen sind zu meiden.

1

2

3

4 ☠

1 Flaschenstäubling *(Lycoperdon perlatum)*   Bauchpilze
klein bis mittelgroß;   Wälder, Weiden,
Fruchtkörper weißlich bis graubraun,   gesellig; häufig;
umgekehrt birnen- oder flaschenförmig   Mai–Nov.

Bei den *Stäublingen* oder *Bovisten* befindet sich das sporenbildende Gewebe im Innern der Fruchtkörper. Bei jungen Pilzen ist das Fleisch noch weiß, bald färben es die reifenden Sporen aber gelblich bis braun. Drückt man einen alten Stäubling zusammen, entweicht eine Staubwolke, die aus Millionen von Sporen besteht. Alle weichfleischigen Stäublinge sind eßbar, solange das Fleisch noch weiß ist. Sie dürfen nicht gewaschen werden und schmecken

2 paniert und gebraten am besten. Der ähnliche **(2)** Beutelstäubling *(Calvatia*
3 *saccata)* wird bis 20 cm hoch. Giftig ist der hartfleischige **(3)** **Kartoffelbovist** *(Scleroderma vulgare)*, dessen Inneres beim Durchschneiden schwarzviolett marmoriert erscheint.

4 Speisemorchel *(Morchella esculenta)*   Scheibenpilze
mittelgroß; weiß gestielter   Auwälder, Lichtungen,
Fruchtkörper mit hellbrauner,   Wiesen, oft bei Eschen;
wabenartiger Fruchtschicht   Apr.–Juni

Bei allen auf den vorangegangenen Seiten behandelten Pilzen bilden sich die Sporen auf kleinen Ständern (Basidien), bei den *Morcheln* und *Lorcheln* entstehen sie in Schläuchen (S. 36–39). Die guten Speisepilze sind standorttreu und erscheinen jedes Jahr im Frühling an den gleichen Stellen. Die ähnliche *Spitzmorchel (Morchella conica)* hat einen zugespitzten Hut.

5 Frühjahrslorchel *(Helvella esculenta)*   Scheibenpilze
mittelgroß; auf weißem Stiel ein   sandige Nadelwälder
unregelmäßig lappiger, braunroter Hut;   auf kalkarmem Boden;
Fleisch zerbrechlich, wachsartig   März–Mai

Obwohl sie häufig als *Speiselorcheln* bezeichnet werden, enthalten die Lorcheln einen gefährlichen Giftstoff *(Helvellasäure)*, der sich beim Kochen verflüchtigt, daneben aber wahrscheinlich noch ein anderes Blutgift, das ähnliche Vergiftungen wie Knollenblätterpilze hervorruft und tödlich wirken kann. Durch mindestens 5 Minuten langes Kochen und Wegschütten des gifthaltigen Kochwassers kann das Gift entfernt werden, dennoch ist äußerste Vorsicht geboten. Trotz dieser Vorsichtsmaßnahmen sollten Lorcheln nur in kleinen Mengen genossen werden.

6 Stinkmorchel *(Phallus impudicus)*   Rutenpilze
Stiel 10–15 cm hoch,   Laub- und Nadelwäl-
mit morchelähnlichem, olivgrauem Käppchen; der, häufig;
aasartiger Geruch   Mai–Okt.

Aus der Jugendform, dem hühnereigroßen *Hexenei*, entwickelt sich oft innerhalb weniger Stunden der poröse Stiel, dessen sporentragendes Käppchen einen durchdringenden Geruch ausströmt. Die dadurch angelockten Aasfliegen verbreiten die klebrige Sporenmasse. Das Hexenei ist genießbar, wird als Pilzsülze verwendet und als Trüffelersatz verkauft.

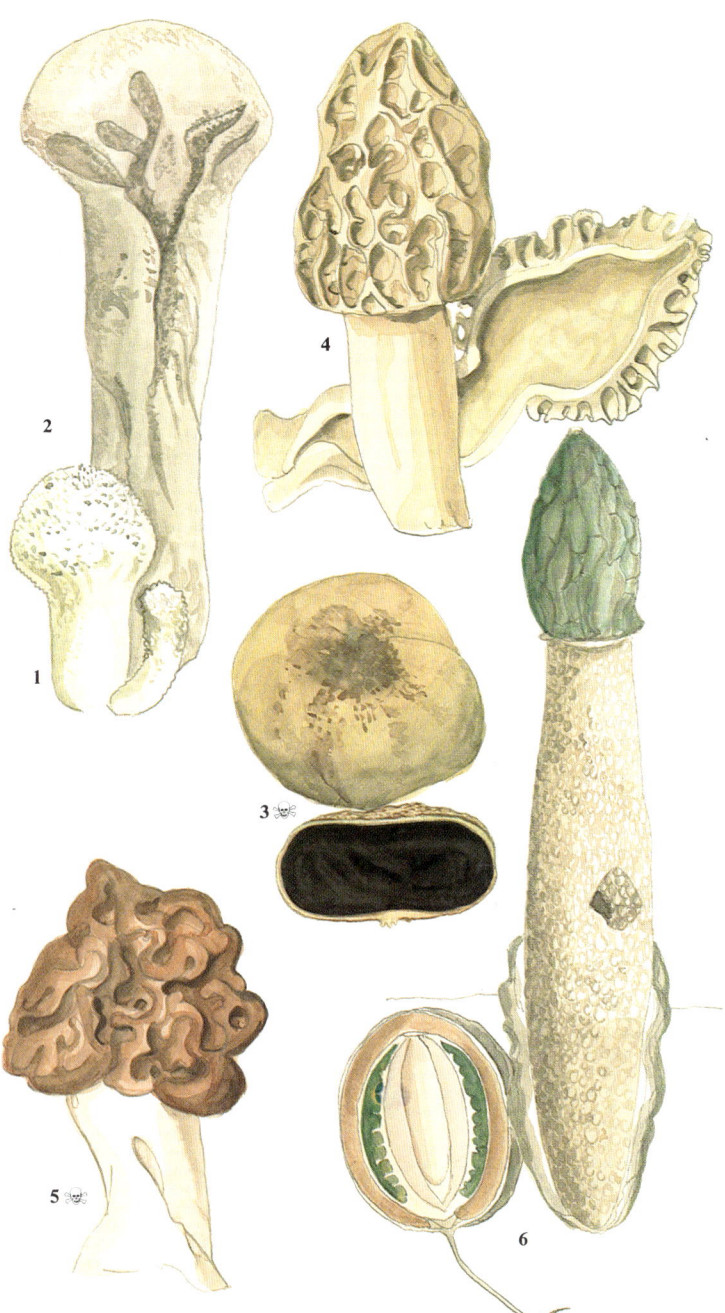

Flechten *(Lichenes)*

Flechten sind Doppelwesen. Sie bestehen aus dem Pilz und der Alge einer bestimmten Art, die in einer Gemeinschaft (Symbiose) leben. Da sie sich wie *ein* Lebewesen verhalten und weder dem einen noch dem anderen Partner allein ähnlich sehen, dazu weitere spezifische Eigenheiten zeigen, stellt man sie in eine besondere Gruppe und gibt ihnen auch eigene botanische Namen. Bei dieser Lebensgemeinschaft bildet der Pilz den Hauptanteil der Flechte, insbesondere das Äußere. Die Alge sitzt im Innern und ernährt beide. Auch für sie ist das Zusammenleben nützlich, da sie allein am gemeinsamen Standort oft nicht gedeihen könnte. Flechten können staub- oder krustenförmig sein, sich blattartig ihrer Unterlage andrücken oder kleine strauchförmige Körper bilden. Ihren Körper nennt man *Lager*. Sie wachsen auf der Rinde von Bäumen, denen sie aber keinen Schaden zufügen, auf Gestein oder auf der Erde. Auch an Steinen unter Wasser kommen bestimmte Arten vor. Flechten können sehr widerstandsfähig sein. Sie ertragen monatelange Dürre. Gegen schädliche Abgase der Luft sind sie jedoch auffallend empfindlich. Daher fehlen sie im Zentrum von Großstädten. Ihr Fehlen kann das Ausmaß der Luftverschmutzung anzeigen. Daß Flechten Doppelwesen sind, macht sich bei der Fortpflanzung bemerkbar. Der Pilz bildet dazu meist besondere Fruchtkörper *(Apothezien)* für sich allein. Die daraus hervorgehenden Sporen suchen sich wieder neu ihre Algen. Manchmal wird die Alge auch gleich zusammen mit den Sporen verbreitet. Es gibt auch Flechten, bei denen sich ein Pilz mit zwei verschiedenen Algen verbindet, oder bei denen ein weiterer Pilz in der Lebensgemeinschaft als Schmarotzer lebt. Selbst Flechten, die in anderen Flechten schmarotzen, hat man beobachtet. Man kennt insgesamt etwa 20000 Arten.

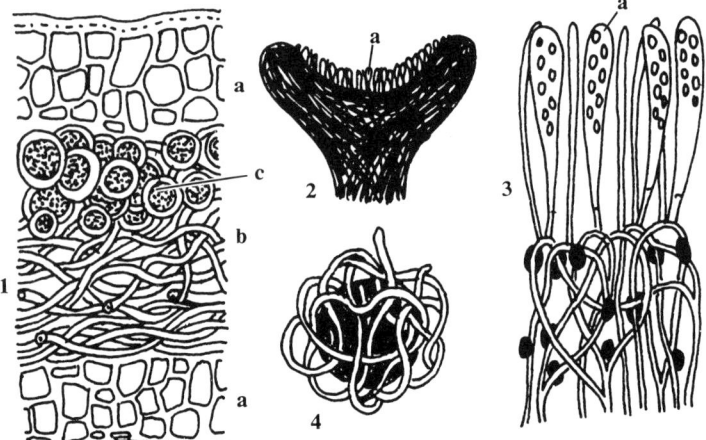

Flechten: 1 Querschnitt durch einen Flechtenkörper: **a** Rindenschicht (dichte Pilzfäden), **b** Markschicht (lockere Pilzfäden umspinnen Grünalgen **c**); **2** Längsschnitt durch einen Fruchtkörper (Apothezium): **a** Fruchtschicht; **3** Ausschnitt aus der Fruchtschicht: **a** Schlauch mit Pilzsporen; **4** Brutkörperchen (Soredie): Grünalge mit Pilzfäden.

1 Landkartenflechte *(Rhizocarpon geographicum)* Schwarznapfflechten

Lager krustenförmig, grünlichgelb,   auf kalkarmem Gestein
durch schwarze Linien in kleine
Felder aufgeteilt

Die Landkartenflechte ist im Hochgebirge recht häufig. Sie meidet aber kalkhaltiges Gestein. Ihr Lager wächst nur außerordentlich langsam, im Jahr etwa einen halben Millimeter. Man kann danach ihr Alter ungefähr errechnen. Die Landkartenflechte kann mehrere hundert Jahre alt werden. Das hat man an alten Grabsteinen feststellen können. Sie gehört zu den *Krustenflechten.* Ihr Lager ist auf und im Gestein so fest verankert, daß man sie kaum davon abzulösen vermag. Krustenflechten sind oft die ersten Pflanzen, die sich auf Felsgestein ansiedeln. Sie setzen sich in winzigen Spalten fest und lösen das Gestein durch Säuren oberflächlich auf.

2 Isländisches Moos *(Cetraria islandica)*   Schüsselflechten

bis 5 cm hoch, oberseits glänzend,   Heideboden
starr, am Rand borstig gewimpert

Diese moosähnliche Flechte ist von den Gebieten der nördlichen Tundra bis ins Hochgebirge verbreitet. In nördlichen Ländern stellte sie früher auch ein Nahrungsmittel dar. Da sie jedoch sehr bitter schmeckt, muß sie mehrfach gekocht oder zusammen mit Brot gebacken werden.

1 Bartflechte *(Usnea dasypoga)*

Bartflechten

an Nadelbäumen herabhängend,
bis 1 m lang, mit zahlreichen
rechtwinklig abstehenden Fasern

Bergwälder,
an Baumrinde

Die Familie der Bartflechten umfaßt die dunkelbraunen *Mähnenflechten*, deren Fasern beim Ziehen zerreißen, und die grauen Bartflechten. Bei letzteren löst sich beim Auseinanderziehen die Rindenschicht vom Mark, und das helle Innere wird sichtbar. Sie gedeihen nur in Gebieten, wo es durch Nebel und Regen genügend Luftfeuchtigkeit gibt. Die größte einheimische Art, *Usnea longissima*, eine sehr seltene Flechte höherer Gebirge, kann bis 8 m lang werden.

2 Becherflechte *(Cladonia pyxidata)*

Becherflechten

Becher 1–4 cm hoch, Stiel körnig-warzig

auf Erdboden

Die Becherflechten umfassen eine große Gruppe von Arten, die recht schwierig zu unterscheiden sind. Nicht alle haben solche offenen Becher wie die oben genannte Art. Manche bilden nur Spitzen oder kleine Keulen aus. Bei den meisten Arten entspringen diese Gebilde aus einem schuppenförmigen Lager. Bei der *Rentierflechte (Cladonia rangiferina)* sind diese Stiele wie ein Geweih verzweigt. In der baumlosen Tundra des hohen Nordens wird sie als Winterfutter von Rentieren verzehrt. Auch bei uns kommt sie auf mageren Heideflächen vor.

3 Gelbflechte *(Xanthoria parietina)*

Gelbflechten

Lager 2–10 cm breit,
meist mit zahlreichen Fruchtkörpern

Baumrinde, Gestein

Die Gelbflechte fällt besonders durch ihre Farbe auf. Nicht überall ist sie zu finden. In der Umgebung landwirtschaftlicher Gehöfte kommt sie am häufigsten vor. Anscheinend benötigt sie besonders den Staub der Feldwege, der auch reich an natürlichem Dünger ist.

4 Gemeine Schildflechte *(Hypogymnia physodes)*

Schüsselflechten

Lager grau, der Unterlage anliegend,
ohne Haftfasern; Lappen oberseits etwas gewölbt

Baumrinde, Gestein

Die Gemeine Schildflechte ist eine unserer häufigsten Flechten mit blattartigem Lager. Man findet sie in Wäldern an Laub- und Nadelbäumen. Da sie auch auf dünnen Ästen vorkommt, dient sie oft als Schmuck in Trockensträußen und Kränzen. Sie braucht genügend Licht und ist deshalb an einzeln stehenden Bäumen häufiger zu finden als im Waldesinnern. Ähnlich gefärbt ist die *Gefurchte Schildflechte (Parmelia sulcata)*, deren graues Lager jedoch Runzelleisten trägt und wie gehämmert aussieht. In Großstädten gehören beide Arten zu den widerstandsfähigsten *Blattflechten* und dringen mit am weitesten in Gebiete starker Luftverschmutzung vor.

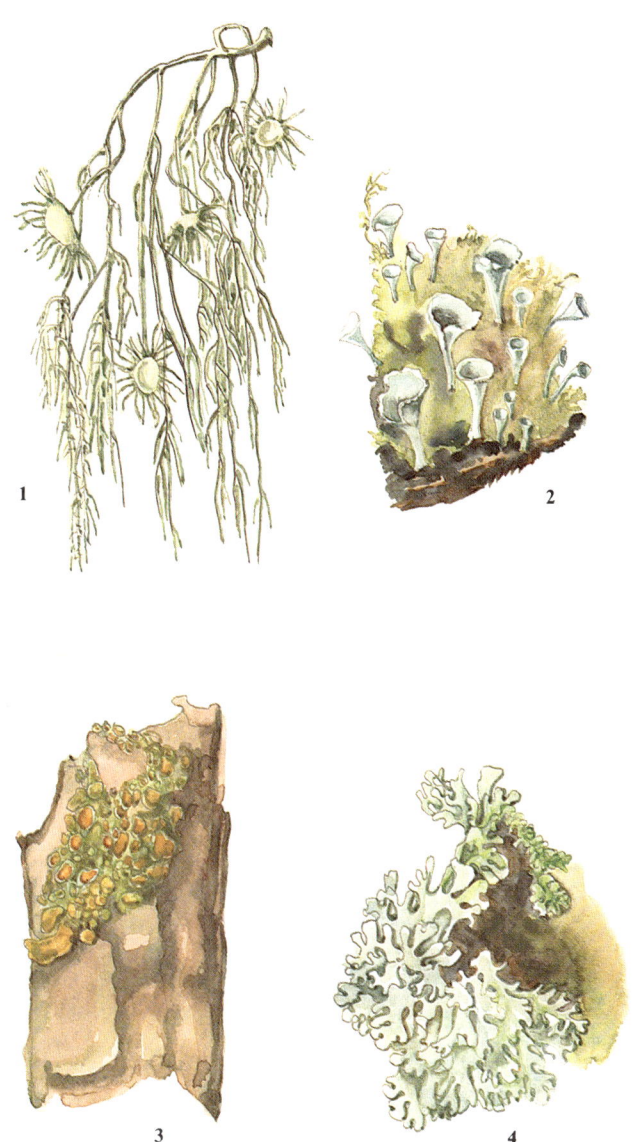

1

2

3

4

Moose *(Bryophyta)*

Es gibt etwa 25000 Arten. Man teilt sie in zwei große Gruppen ein, die **Lebermoose** *(Hepaticae)* und die **Laubmoose** *(Musci)*. Laubmoose sind in Stengel und spiralig angeordnete Blättchen gegliedert, und die Blätter haben oft eine Mittelrippe (bei Vergrößerung sichtbar!). Viele Lebermoose bestehen aus einem ungegliederten, bandartigen oder lappigen Pflanzenkörper *(Thallus)*, doch gibt es auch beblätterte Lebermoose mit zweizeilig angeordneten Blättchen ohne Mittelrippe.

Es lohnt sich, ein Moospflänzchen genauer zu betrachten, wenn möglich mit der Lupe. Am besten wählen wir eines unserer häufigsten und größten Moose des Waldbodens, das *Widertonmoos* (S. 63), ein Laubmoos. Schon bald verändert es sich im Trocknen: die spiralig abstehenden Blätter krümmen sich nach oben, es wird zum unansehnlichen graugrünen Besen. Aber keine Angst, es ist nicht vertrocknet und abgestorben! Taucht man es in Wasser, so hat es nach wenigen Minuten seine ursprüngliche Form und Farbe wiedergewonnen. Die Überlebensfähigkeit der Moose ist ganz erstaunlich. Man hat Laubmoose, die jahrelang getrocknet in Herbarien lagen, wieder zum Leben erwecken können. Der Versuch gelingt aber nur, wenn man die ganze Moospflanze ins Wasser taucht. Moose haben keine Wurzeln, sie nehmen das Wasser mit den Blättern auf. Die wurzelähnlichen Fäden *(Rhizoiden)* am unteren Teil der Pflanze dienen nur zum Festhalten. Die Fähigkeit der Moose, große Mengen Wasser aufzunehmen und langsam wieder abzugeben, spielt eine wichtige Rolle im Wasserhaushalt des Waldes. Ohne Moose würde das Wasser nach Regengüssen sehr schnell abfließen oder versickern, der Boden würde abgeschwemmt, und die höheren Pflanzen müßten vertrocknen.

Im Gegensatz zu den Blütenpflanzen (S. 70), deren Fortpflanzungsorgane, die Blüten, weithin sichtbar sind, spielt sich der Befruchtungsvorgang bei den Moosen (wie auch Algen, Pilzen, Flechten, Farnpflanzen) im »Verborgenen« ab. Man faßte sie deshalb früher als *Kryptogamen* (im Verborgenen sich Vermählende) zusammen. Heute stellt man sie als *Sporenpflanzen* den *Blütenpflanzen* gegenüber. Im Frühjahr findet man bei einiger Aufmerksamkeit Pflanzen des Widertonmooses, deren oberste Blättchen rötlich oder gelblich gefärbt und zu einer sternförmigen »Moosblüte« umgestaltet sind. Unter dem Mikroskop erkennt man darin flaschenförmige Gebilde, die männlichen Fortpflanzungsorgane *(Antheridien)*. Ihr Inneres ist angefüllt mit vielen kleinen Schwärmern, die sich mit Hilfe zweier Geißeln bewegen können. Andere Moospflanzen tragen an der Spitze zwischen zusammengeneigten Blättern die weiblichen Fortpflanzungsorgane mit den Eizellen *(Archegonien)*. Die männlichen Schwärmer oder *Spermatozoiden* schwimmen, durch den von den Eizellen abgeschiedenen Rohrzucker angezogen, im Regenwasser zu diesen hin und befruchten sie. Aus der befruchteten Eizelle entsteht aber nicht ein neues Moospflänzchen, sondern ein Sporenträger *(Sporophyt)*, ein blattgrünloses Gebilde aus Stiel und Sporenkapsel, das sich nicht selbst ernähren kann, sondern aus der Moospflanze herauswächst und auf ihr schmarotzt. Die im Innern der Sporenkapsel herangereiften *Sporen* werden bei trockenem Wetter ausgestreut. Fallen sie auf günstigen Boden, keimen sie aus und bilden ein Geflecht von dünnen, grünen Zellfäden *(Vorkeim* oder *Protonema)*, aus deren Knospen dann neue Moospflanzen wachsen.

Beim *Brunnenlebermoos* (S. 63) bilden sich Antheridien und Archegonien auf der Unterseite auffälliger, regenschirm- oder sternförmiger Schildchen.

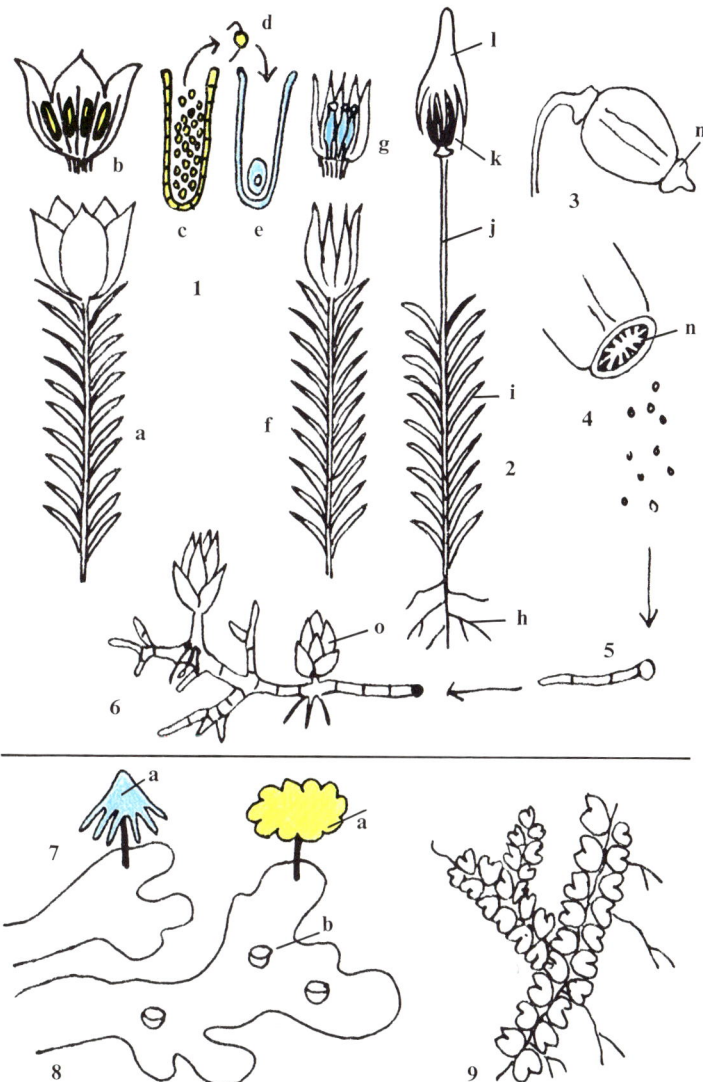

Moose: 1–6 Entwicklung eines Laubmooses: **1a** männl., **1f** weibl. Pflanze, **b** und **g** männl. und weibl. »Moosblüte« (im Schnitt), **c** männl., **e** weibl. Fortpflanzungsorgan, **d** Schwärmer; **2** Moospflanze mit **h** Rhizoiden und **i** Blättern, die einen Sporenträger mit **j** Kapselstiel, **k** Kapsel, **l** Haube trägt; **3** Kapsel ohne Haube: **m** Deckel; **4** Kapselöffnung ohne Deckel, Sporen streuend: **n** Kapselzähnchen; **5** keimende Spore; **6** Vorkeim: **o** Knospen; **7–9** Lebermoos: **7** weibl., **8** männl. Pflanze, **7a** »Schirmchen« und **8a** »Schildchen« (= Fortpflanzungsorgane), **8b** Brutbecher; **9** zweizeilig beblättertes Lebermoos.

1 Torfmoos *(Sphagnum spec.)*   Laubmoose

große, bleichgrüne oder verschiedenfarbige   Hochmoore, Wald-
Moose; an der Spitze des Stengels   sümpfe, Gräben;
viele kurze Ästchen zu einem   immer auf stark
sternförmigen Schopf gehäuft   sauren Böden

Bei uns gibt es etwa 25 verschiedene Arten von Torfmoosen, die schwer zu unterscheiden sind. Sie wachsen in ausgedehnten, schwammigen Polstern vor allem in Hochmooren. Bei starker Vergrößerung erkennt man in den Blättern neben den langgestreckten Blattgrünzellen große durchsichtige Zellen mit Poren und verdickten Wänden, die als Wasserspeicher dienen. Eine Moospflanze kann das Vielfache ihres Gewichts an Wasser aufnehmen. Der untere Teil der Moose stirbt ab, kann durch Luftabschluß und wegen der keimtötenden Wirkung von Humussäuren nicht verfaulen, wird im Lauf der Zeit zusammengedrückt und bildet meterdicke Torfschichten. Der Torf wird abgebaut und als Brennstoff u. a. m. verwendet.

2 Widertonmoos *(Polytrichum formosum)*   Laubmoose

lockere, ausgedehnte, dunkelgrüne Polster;   Waldboden des Nadel-
Einzelpflanzen wie kleine   waldes; Sporenreife:
Nadelbäumchen aussehend   Frühling–Sommer

Die junge Sporenkapsel trägt eine perückenförmige, goldgelbe, zerfaserte Haube, die dem Moos den volkstümlichen Namen *Frauenhaar* eingetragen hat. Wenn die Sporen reif sind, fällt die Haube ab. Darunter trägt der Kapselrand einen Kranz von 64 winzigen Zähnchen, die sich bei trockenem Wetter nach oben biegen und kleine Poren freigeben. Bewegt dann der Wind oder ein vorbeistreifendes Tier den elastischen Kapselstiel, werden die grünen Sporen wie aus einer Streubüchse ausgeschleudert.

3 Weißmoos *(Leucobryum glaucum)*   Laubmoose

dichte, weißlichgrüne, halbkugelige Polster;   Sporenkapseln sehr
Einzelpflanze 5–15 cm hoch,   selten; Waldboden-
mit länglichen Blättern   moos auf sauren Böden

Nach der auffallenden Form der Polster heißt das Weißmoos auch *Ordens-kissen*. Wo es wächst, ist der Waldboden – mindestens an der Oberfläche – so sauer, daß kaum eine andere Pflanze gedeihen kann. Wie die Torfmoose, besitzt auch das Weißmoos viele Wasserspeicherzellen.

4 Brunnenlebermoos *(Marchantia polymorpha)*   Lebermoose

5–20 cm lange und 1–2 cm breite,   an sehr feuchten Stand-
lappige, dunkelgrüne Bänder,   orten Erde und Gestein
die flach auf dem Untergrund aufliegen   überziehend

In den auffälligen Schirmchen befinden sich die männlichen und weiblichen Fortpflanzungsorgane. Die meisten Moose können sich auch vegetativ (d. h. ohne Befruchtung) vermehren, indem abgetrennte Blätter oder besondere Brutknospen neue Pflänzchen bilden. Beim Brunnenlebermoos findet man auf der Oberseite kleine, grüne Becher mit Brutkörperchen. Aus ihnen wachsen nach dem Abfallen bei Belichtung neue Moospflanzen.

Farnpflanzen *(Pteridophyta)*

Zu den Farnpflanzen gehören blütenlose Pflanzen, die sich durch Sporen vermehren. Im Gegensatz zu den Moosen sind die zu den Farnpflanzen zählenden *Bärlapp-, Schachtelhalm-* und *Farngewächse* bereits in Wurzel, Stamm und Blätter gegliedert und besitzen ein System von Leitgefäßen, in dem das Wasser mit den Nährstoffen auch über größere Entfernungen transportiert werden kann. So konnten sie, als sie den Übergang vom Wasser- zum Landleben geschafft hatten, bereits in der Steinkohlenzeit (vor 300 Millionen Jahren) bis 30 m hohe Baumformen hervorbringen. Heute gibt es Baumfarne nur noch in den Tropen, bei uns kommen nur krautartige Farnpflanzen vor.

Aus den Sporen entwickeln sich kleine, nur wenige Zentimeter große *Vorkeime (Prothallien)*, auf denen die männlichen und weiblichen Fortpflanzungsorgane *(Antheridien* und *Archegonien)* sitzen. Die männlichen Fortpflanzungszellen *(Spermatozoiden)* schwimmen mit Hilfe ihrer Geißeln zu den Archegonien und befruchten die Eizelle. Aus der befruchteten Eizelle wächst dann die bekannte Bärlapp-, Schachtelhalm- oder Farnpflanze, die dem Sporenträger der Moose entspricht, sich aber im Gegensatz zu diesem selbst ernähren kann.

Die urtümlichen **Bärlappgewächse** *(Lycopsida)* sind krautige, immergrüne Pflanzen, die mit ihren kleinen, schraubig angeordneten Blättchen wie Moose aussehen, aber oft meterlang auf dem Waldboden kriechende Sprosse bilden (S. 66, 67). Die Sporen entwickeln sich in grünlichgelben Sporenähren an der Spitze der Zweige, bei manchen Arten aber auch in den Blattachseln. Die Sporen keimen erst, nachdem sie 6–7 Jahre im Boden gelegen haben und bilden einen winzigen Keimling, der erst weiterwächst, wenn Pilzfäden in seinen unteren Teil eingedrungen sind. Der weißliche, knollenförmige, bis 2 cm große Vorkeim lebt unterirdisch, kann nur mit Hilfe der Pilzfäden existieren und wird nach 12 bis 15 Jahren geschlechtsreif.

Bei den **Schachtelhalmgewächsen** *(Sphenopsida)* sitzt die bräunliche Sporenähre entweder auf dem grünen Trieb oder sie erscheint allein im Frühjahr vor dem grünen Sproß der Pflanze (S. 66, 67). Die sporenerzeugenden Blätter sind zu merkwürdigen, sechseckigen Tischchen umgebildet, an deren Unterseite sich die grünen Sporen in sechs sackartigen Behältern bilden. Betrachtet man etwas von der watteartigen Sporenmasse unter dem Mikroskop, so entdeckt man an jeder kugelförmigen Spore vier Bänder *(Hapteren)*, die sich bei der geringsten Feuchtigkeitszufuhr (Anhauchen!) sofort nach innen krümmen. Dadurch verhaken sich immer mehrere Sporen, werden gemeinsam verbreitet, und die Chance für eine Befruchtung wird größer. Die aus den Sporen entstehenden Vorkeime sind nämlich verschiedengeschlechtig: auf einem Vorkeim bilden sich entweder nur männliche oder nur weibliche Befruchtungsorgane.

Bei den **Farngewächsen** *(Filicopsida)* finden wir die Sporenbehälter in kleinen, braunen Häufchen auf der Unterseite der grünen Blätter (S. 66–69). So eine Ansammlung von Sporenbehältern heißt *Sorus*. Bei trockenem Wetter reißt die dünne Außenwand auf, krümmt sich schlagartig nach außen und schleudert die Sporen aus. Neben der Form der Blätter, die man auch *Wedel* nennt, ergeben Form und Anordnung der Sori wichtige Bestimmungsmerkmale. Aus den Sporen entstehen lebermoosähnliche Vorkeime, auf deren Unterseite Archegonien und Antheridien sitzen, und zwar in der Regel männliche und weibliche Fortpflanzungsorgane auf einer einzigen Pflanze vereinigt.

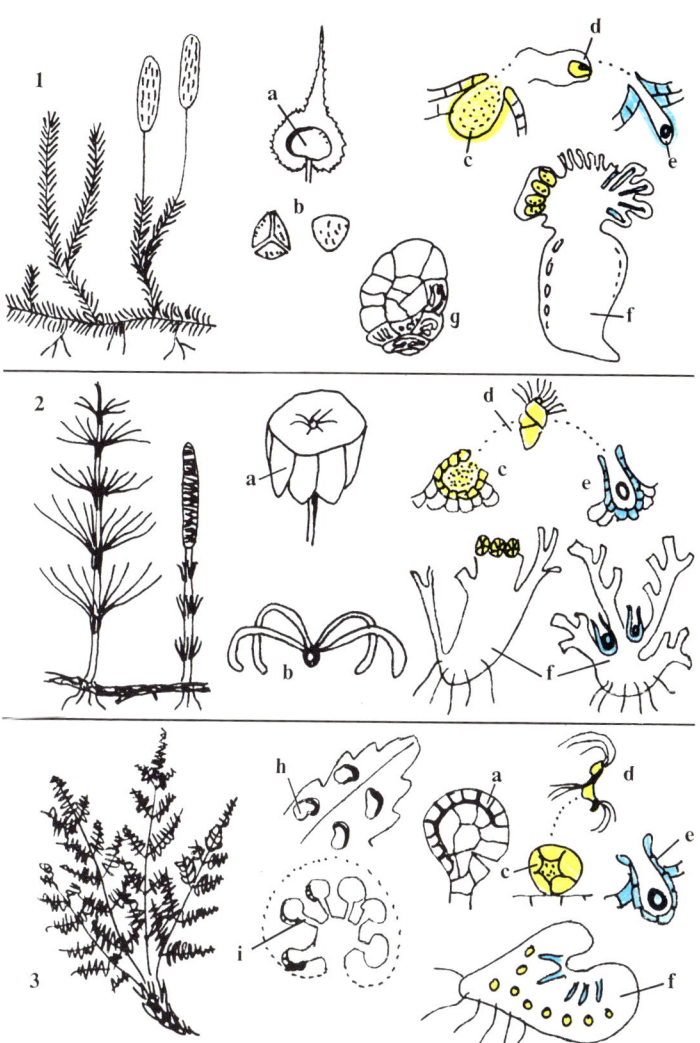

Farnpflanzen: Entwicklung der **1** Bärlapp-, **2** Schachtelhalm-, **3** Farngewächse; bei allen Abbildungen bedeutet: **a** Sporenbehälter, **b** Sporen (vergrößert), **c** männl. Fortpflanzungsorgan, **d** männl. Fortpflanzungszellen, **e** weibl. Fortpflanzungsorgan mit Eizelle, **f** Vorkeim mit Fortpflanzungsorganen, bei **2f** links männlich, rechts weiblich. Außerdem sind dargestellt: **g** Bärlapp-keimling mit Pilzfäden, **h** Unterseite eines Farnblättchens mit Sporenbe-hälterhäufchen, noch durch Schleier verschlossen, **i** Sporenbehälter in typischer Anordnung, nach Entfernung des Schleiers.

1 Ackerschachtelhalm *(Equisetum arvense)*   Schachtelhalmgewächse

Sommertrieb grün, 10–50 cm;   Äcker, Wegränder, vor
Stengel hohl, durch Knoten gegliedert,   allem auf feuchten
Seitenäste quirlig; Frühjahrstrieb: Lehmböden; Sporen-
braune, bis 30 cm hohe Sporenähre   reife: März–Apr.

Zieht man am Stengel eines Schachtelhalms, so bricht er oberhalb eines
Knotens leicht ab, weil sich an dieser Stelle eine zarte Wachstumsschicht
befindet. Die Bruchstücke lassen sich wieder ineinander *schachteln* (Name!);
die den Knoten umschließenden 8–12zähnigen Scheiden halten das einge-
setzte Stengelstück fest. Doch kann eine derart künstlich zusammengesetzte
Pflanze nicht weiterwachsen. Die Sommertriebe fühlen sich rauh an, weil
sie zur Festigung des Stengels Kieselsäure enthalten. Deshalb wurden sie
früher zum Putzen von Zinngeschirr verwendet *(Zinnkraut)*.

2 Sprossender Bärlapp *(Lycopodium annotinum)*   Bärlappgewächse

Stengel bis 1 m lang, kriechend,   feuchte, schattige
mit aufrechten, bis 30 cm hohen,   Nadelwälder; Sporen-
gegabelten Ästen; Sporenähre einzeln   reife: Aug.–Sept.

Die immergrünen, weithin kriechenden Stengel mit den kleinen, moosarti-
gen, spitzigen Blättchen haben dem Bärlapp den volkstümlichen Namen
Schlangenmoos eingetragen. Weil er in Deutschland immer seltener wird,
mußte man ihn unter Naturschutz stellen und mit Handelsverbot belegen.
Aus den getrockneten Sporenähren gewann man früher das blaßgelbe,
geruch- und geschmacklose Sporenpulver, das sich im Wasser nicht benetzt
und deshalb als Zusatz zu Kinder- und Wundpudern verwendet wurde.

3 Tüpfelfarn *(Polypodium vulgare)*   Farngewächse

Wedel 10–40 cm lang, fiederschnittig;   Waldboden, Felsen,
Sporenbehälter auf der Unterseite   kalkmeidend;
der Blätter   Sporenreife: Juli–Sept.

Der Tüpfelfarn wächst nicht selten am Fuß moosiger Bäume, an schattigen
Mauern und Felsen, manchmal sogar als Baumbewohner in den Astgabeln.
Der Name Tüpfelfarn weist auf die Anordnung der Sporenbehälterhäufchen
(S. 64, 65) hin, doch heißt die Pflanze auch *Engelsüß.* Nach seit dem
Mittelalter bestehenden Aberglauben wurde die Pflanze von Engeln als
Mittel gegen den Schlaganfall für die Menschen auf die Erde gebracht.

4 Adlerfarn *(Pteridium aquilinum)*   Farngewächse

50–200 cm hohe, doppelt bis dreifach   in Wäldern auf kalk-
gefiederte Wedel; Sporenbehälter   armem Untergrund;
unter dem umgeschlagenen Blattrand   Sporenreife: Juli–Sept.

Ein schräger Querschnitt durch den unteren Teil des Blattstiels zeigt eine
weißliche Zeichnung, die bei einiger Phantasie an einen Doppeladler erinnert, daher der Name. Unsere größte Farnart bildet in lichten Wäldern auf
sandigen Böden sehr dichte und ausgedehnte Bestände, da die bogenförmig
überhängenden, im Umriß dreieckigen Wedel einzeln nebeneinander aus
einem weithin kriechenden Wurzelstock entspringen.

1 Mauerraute *(Asplenium ruta-muraria)*

Wedel 5–20 cm lang, graugrün, derb,
im Umriß dreieckig bis rautenförmig;
Sporenbehälterhäufchen schmal,
auf der Unterseite der Blattfiedern

Farngewächse
in Spalten besonnter
Felsen und Mauern,
kalkliebend;
Sporenreife: ganzjährig

Die anspruchslose Pflanze ist ganz an ihren lebensfeindlichen Standort
angepaßt. Die lederige Beschaffenheit der kleinen, vielfach zerteilten Blätter
verhindert übermäßige Verdunstung und schützt auch vor Hitze und Kälte.
So kann die Mauerraute im Gebirge noch in einer Höhe von 2500 m
gedeihen, wo sie – wie an den Mauern der Wohnsiedlungen – kaum mit der
Konkurrenz anderer Pflanzen fertigwerden muß.

2 Hirschzunge *(Phyllitis scolopendrium)*

Wedel 15–60 cm lang, dunkelgrün,
lederig, auch im Winter grün;
Sporenbehälterhäufchen in Streifen angeordnet

Farngewächse
schattige Schlucht-
wälder;
Sporenreife: Juli–Sept.

Der Name bezieht sich auf die Form der zungenförmigen Blätter. Die
Hirschzunge ist selten und wächst nur auf Kalkboden in steinigen, feuchten
und schattigen Gebirgswäldern. Sie ist vollkommen geschützt, darf also
weder gepflückt noch ausgegraben werden.

3 Gemeiner Wurmfarn *(Dryopteris filix-mas)*

Wedel 30–120 cm lang, dunkelgrün,
trichterförmig angeordnet;
Sporenbehälter auf der Unterseite der
Blattfiedern in rundlichen Häufchen

Farngewächse
schattige Wälder auf
feuchten, nährstoff-
reichen Böden;
Sporenreife: Juli–Sept.

Auffällig ist die Form der jungen Wedel: Wie Bischofstäbe wachsen sie im
Frühjahr aus dem unterirdischen Wurzelstock heraus. Weil die Unterseite
stärker wächst als die Oberseite, sind die jungen Blätter in den Knospen
eingerollt. Da die Blätter der Farne im Gegensatz zu den Blättern der
Blütenpflanzen nicht an der Basis, sondern an der Spitze weiterwachsen,
bleiben sie lange eingerollt. Die Sporenbehälterhäufchen (S. 65) auf der
Unterseite der Wedel sind zuerst von einem nierenförmigen, grünlichen
Häutchen (Schleier) bedeckt, das später zusammenschrumpft und die braunen Sporenbehälter sichtbar werden läßt. Dann können die Sporen ausgeschleudert werden. Früher wurde aus den Wurzeln ein giftiges Wurmmittel
hergestellt.

4 Waldfrauenfarn *(Athyrium filix-femina)*

Wedel 30–100 cm lang, hellgrün,
trichterförmig angeordnet;
Sporenbehälterhäufchen länglich

Farngewächse
Wälder auf schwach
sauren Böden;
Sporenreife: Juli–Sept.

Der formenreiche Frauenfarn, den die Kräutersammler früher für das
»Weibchen« des Wurmfarns hielten, ist nicht ganz leicht vom Wurmfarn
zu unterscheiden. Doch sind die Fiederchen der Wedel tiefer gesägt, dadurch
wirkt die ganze Pflanze zierlicher – weiblicher! Ein sicheres Kennzeichen
sind die länglichen bis hufeisenförmigen Sporenbehälterhäufchen (S. 64, 65).

Blüten- oder Samenpflanzen *(Spermatophyta)*

Im Steinkohlenwald wuchsen vor 300 Millionen Jahren merkwürdige Farnpflanzen, die sich bereits durch Samen vermehrten. Diese inzwischen aus-
gestorbenen Samenfarne bilden den Übergang zu den am weitesten entwickelten Pflanzen, den Samen- oder Blütenpflanzen. Wie ihr Name sagt,
bilden sie Blüten und Samen. Man unterscheidet zwei große Gruppen: die
Nacktsamigen Pflanzen (S. 70–75) und die Bedecktsamigen Pflanzen (S. 76–
333). Die Nacktsamer sind die ursprünglichere Gruppe.

Nacktsamer *(Gymnospermae)*

Die Staub- und Fruchtblätter dieser Gruppe sitzen in großer Zahl an einer
Achse und bilden *Zapfenblüten.* Blütenblätter fehlen oder sind nur in ersten
Ansätzen als kleine Schuppen vorhanden. Die Samenanlagen sind nicht in
einem Fruchtknoten eingeschlossen, sondern frei zugänglich; sie liegen
»*nackt*« am Grunde einer Fruchtschuppe, daher der Name der ganzen
Gruppe. Weil die Samenanlagen offen liegen, können sie unmittelbar bestäubt werden, eine Narbe ist nicht notwendig. Die mit Luftsäcken verse-
nen Pollenkörner werden in großer Zahl ausgebildet und durch den Wind zu
den weiblichen Blüten getragen. Innerhalb eines Pollenkorns findet man bei
starker Vergrößerung Zellen, die einem reduzierten Vorkeim der Farne
(S. 64, 65) entsprechen. Im Pollenschlauch wandert dann die befruchtende
Spermazelle zur Eizelle. Bei wenigen Arten trägt die Spermazelle noch
Geißeln wie bei den Sporenpflanzen. Die heute noch lebenden Nacktsamer
sind ausschließlich Holzgewächse. Zu ihnen gehören alle unsere Nadelbäume.

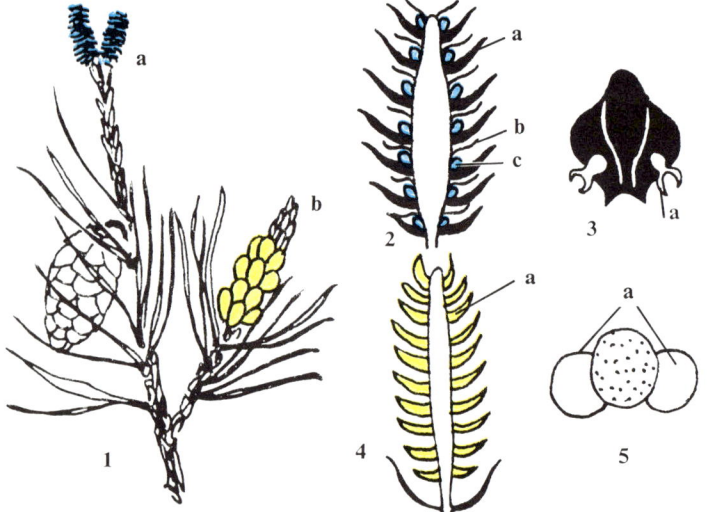

Kieferngewächse (Nacktsamer): **1** Zweig mit **a** weiblichen und **b** männlichen
Blüten; **2** weibliche Blüte im Längsschnitt, **a** Fruchtschuppe, **b** Deckschuppe,
c Samenanlage; **3** Fruchtschuppe (von oben): **a** Samenanlage; **4** männl.
Blüte: **a** Staubbeutel; **5** Pollenkorn mit **a** Luftsäcken.

1 Waldkiefer *(Pinus sylvestris)*   **Kieferngewächse**

bis 40 m hoher Baum; Stamm mit
dicker, rötlicher Borke; Nadeln immer
zu zweien an Kurztrieben

anspruchsloser
Waldbaum;
Blüte: Mai–Juni

Die *Kiefer* heißt auch *Föhre*, *Forche* oder *Forle*. Infolge ihrer geringen Ansprüche an den Boden und ihrer Anpassungsfähigkeit ist sie einer der forst-
wirtschaftlich wichtigsten Waldbäume. Die verwandte *Legföhre* oder *Latsche*
(Pinus mugo ssp. pumilio) steigt in den Alpen bis 2700 m hoch, bleibt
dort an der Baumgrenze aber strauchförmig und bietet einen vorzüglichen
Lawinenschutz. Die Nadeln leben je nach Standort 5–7 Jahre. Wenn der
Wind die Pollenkörner zu den weiblichen Blüten trägt, sind die Eizellen
noch nicht entwickelt; die Befruchtung erfolgt erst nach einem vollen Jahr.
Im dritten Jahr nach der Bestäubung reifen die Zapfen und entlassen die
geflügelten Samen.

2 Zirbelkiefer *(Pinus cembra)*   Kieferngewächse

bis 20 m hoher Baum; Nadeln zu fünf
an einem Kurztrieb; Zapfen breit
eiförmig, anfangs bläulich bereift

Alpen bis zur Baum-
grenze (2400 m);
Blüte: Juni–Juli

Die flügellosen, dicken, ölhaltigen Samen sind eßbar *(Zirbelnüsse).* Die
Zirbe oder *Arve* wird immer seltener und steht unter Naturschutz.

1 Fichte *(Picea abies)*

bis 60 m hoher Baum mit kegelförmig
zugespitzter Krone; Nadeln vierkantig,
stachelspitzig; Rinde rötlichbraun

Kieferngewächse

ursprünglich nur in den
Gebirgen, durch Forst-
kultur überall;
Blüte: Apr.–Juni

Die Fichte oder *Rottanne* wurde von der Forstwirtschaft lange Zeit einseitig bevorzugt, weil sie gute Erträge bringt. Sie läßt sich in jedem Lebensalter verwerten und liefert Christbäume, Stangen, Grubenholz, Balken und Bretter. So entstanden Fichtenforste auch in Gegenden, die ursprünglich Laub- und Mischwälder trugen. Die Reinbestände (Monokulturen) sind jedoch sehr anfällig gegen Dürre, Spätfröste, Windbruch und Schädlinge. Zudem lassen die dichten Kronen wenig Licht auf den Waldboden durch und verhindern Unterwuchs. Die Nadelstreu zersetzt sich schlecht, bildet sauren Rohhumus und verschlechtert den Waldboden.

2 Tanne *(Abies alba)*

bis 60 m hoher Baum mit breiter,
»adlerhorstförmiger« Krone;
Nadeln auf der Unterseite mit zwei
weißen Streifen; Stamm hellgrau

Kieferngewächse

ursprünglich nur im
Gebirge, heute überall
angepflanzt;
Blüte: Apr.–Juni

Die *Weißtanne* oder *Edeltanne* ist einer unserer anspruchsvollsten Waldbäume. Sie verlangt guten, tiefgründigen Boden und viel Luftfeuchtigkeit. Wenn die Samen reif sind, lösen sich schon auf dem Baum die Zapfenschuppen ab, nur die Spindel bleibt stehen. Was wir auf dem Waldboden finden, sind also keine Tannenzapfen, sondern Zapfen der Fichte.

3 Douglasie *(Pseudotsuga menziesii)*

bis 40 m hoher Baum; Nadeln stumpf,
oberseits lebhaft grün, unterseits mit
zwei weißlichen Streifen

Kieferngewächse

Heimat: Nordamerika;
Forst- und Zierbaum;
Blüte: Apr.–Mai

Die zerriebenen Nadeln der Douglasie duften nach Orangen, daran ist sie leicht zu erkennen. Wegen ihres hochwertigen Holzes werden die Douglasien bei uns immer häufiger forstlich angepflanzt.

4 Europäische Lärche *(Larix decidua)*

bis 30 m hoher Baum; Nadeln weich,
hellgrün, meist büschelig an knopf-
artigen Kurztrieben, im Herbst
abfallend; Zapfen 2,5–4 cm lang

Kieferngewächse

lichtbedürftiger
Gebirgsbaum, auch
forstlich angepflanzt;
Blüte: März–Mai

Ursprüngliche Lärchenwälder finden wir nur in den Alpen und in den Sudeten, nahe verwandte Lärchenarten kommen auch in der sibirischen Taiga vor. Weil die Lärchen viel Licht brauchen, stehen sie in den typischen Lärchenwäldern weit auseinander und lassen eine reiche Bodenflora gedeihen. Das rötliche, zähe, harzreiche Holz wird besonders für die Innenausstattung von Wohnräumen verwendet. Neuerdings wird in unseren Wäldern häufig die *Japan-Lärche (Larix kaempferi)* mit blaugrünen Nadeln angepflanzt. Ihre Zapfenschuppen sind nach außen zurückgeschlagen.

1

2

3

4

1 Eibe *(Taxus baccata)*   **Eibengewächse**

bis 15 m hoher Baum, meistens   selten wildwachsend,
niedriger und strauchförmig;   häufig angepflanzt;
Nadeln weich, oberseits dunkel-,   Zierbaum, Hecken;
unterseits hellgrün; zweihäusig   Blüte: März–Apr.

Früher waren Eiben als niedrige Bäume in schattigen Wäldern häufig anzutreffen. Sie wachsen außerordentlich langsam. Das zähe, federnde Holz wurde zu Bögen und Armbrüsten verarbeitet, deshalb sind sie wohl so selten geworden, daß man sie unter Naturschutz stellen mußte. Die ganze Pflanze mit Ausnahme des roten Samenmantels ist stark giftig. Nur die weiblichen Pflanzen tragen die roten »Beeren«.

2 Wacholder *(Juniperus communis)*   **Zypressengewächse**

säulen- oder pyramidenförmiger   sonnige Magerweiden,
Strauch oder Baum, bis 10 m hoch;   lichte Wälder, im
Nadeln spitzig, zu dreien in Quirlen;   Gebirge bis 1600 m;
Beerenzapfen blau, zweihäusig   Blüte: Apr.–Mai

Wegen der stechenden Nadeln wird der Wacholder von Weidetieren gemieden. Er wächst sehr langsam und ist durch den Rückgang der Beweidung bedroht. Deshalb wurde er unter Naturschutz gestellt, nur die Beeren dürfen gesammelt werden. Da sie die Magen- und Darmtätigkeit anregen, werden sie als Würz- und Heilmittel verwendet, ebenso ihr Saft. Außerdem wird aus den Wacholderfrüchten Schnaps gebrannt *(Gin, Steinhäger, Kranebitter)*.

3 Scheinzypresse *(Chamaecyparis lawsoniana)*   Zypressengewächse

bis 30 m hoch; Gipfeltrieb stark überhängend;   Zierbaum aus
Nadeln schuppenförmig, mit weißen Linien   Kalifornien;
auf der Unterseite   Blüte: Apr.–Mai

Die Scheinzypresse und der äußerlich ähnliche *Lebensbaum (Thuja occidentalis)* werden oft zur Einfriedung und Zierde angepflanzt. Sie unterscheiden sich hauptsächlich durch die Form ihrer Zapfen. Die Zweige des Lebensbaumes sind giftig (Todesfälle bei Pferden und Rindern!).

4 Ginkgo *(Ginkgo biloba)*   **Ginkgogewächse**

bis 30 m hoher Baum; Blätter   Heimat: China, Japan;
6–8 cm breit, gabelnervig, fächerförmig,   Park- und Zierbaum;
werden im Herbst abgeworfen   Blüte: Mai–Juni

Der Ginkgobaum ist der einzige noch lebende Vertreter einer ganzen Klasse von Nacktsamern, die im Erdmittelalter (vor 175 Mill. Jahren) in allen Erdteilen verbreitet war. Wildwachsend kommt er nur noch in wenigen Provinzen Chinas vor, wurde aber als »heiliger Baum« in der Nähe von Tempeln häufig angepflanzt. Die männlichen Geschlechtszellen sind noch mit zwei spiraligen Geißelbändern versehen. Dieses Merkmal weist auf das hohe erdgeschichtliche Alter der Ginkgobäume hin. Männliche und weibliche Blüten wachsen auf verschiedenen Bäumen (zweihäusig). Die eßbaren Früchte gleichen Mirabellen und werden durch Tiere verbreitet.

Bedecktsamer *(Angiospermae)*

Im Gegensatz zu den Nacktsamern (S. 70) sind die Samenanlagen der *Bedecktsamer* immer in einem Gehäuse, dem *Fruchtknoten,* eingeschlossen und nicht mehr frei zugänglich. Zum Auffangen und Festhalten des männlichen Pollens dient die Narbe, die durch ein Zwischenstück, den Griffel, oft weit über den Fruchtknoten emporgehoben wird. Die Narbe scheidet bestimmte chemische Stoffe aus, die das Pollenkorn anregen, einen Pollenschlauch zu treiben, der durch den Griffel auf die Samenanlagen zuwächst. In ihm wandern die beiden männlichen Kerne zur Eizelle und ihren Nebenzellen, um die Befruchtung zu vollziehen (Abb. 2).

Alle diese Einrichtungen kann man als »Erfindungen« der Pflanzen bei der Eroberung des Landes deuten. Im Wasser konnten die frei beweglichen männlichen Schwärmer die weiblichen Eizellen leicht erreichen; auf dem Land müssen die empfindlichen Eizellen gegen Austrocknung geschützt und für den Pollen andere Transportmittel gefunden werden. So haben die meisten Bedecktsamer »Lockapparate« entwickelt, auffällig gefärbte Kronblätter *(Blütenblätter),* welche die Insekten auf den bereitgestellten süßen Nektar aufmerksam machen. Andere haben sich an die Bestäubung durch den Wind angepaßt; sie können auf Lockmittel verzichten. Mit etwa 250000 bis jetzt bekannten Arten (gegenüber nur 750 Arten der Nacktsamer) umfassen die Bedecktsamer den größten Teil der heute auf der Erde vorkommenden Landpflanzen. Diese Fülle läßt sich in zwei große Gruppen (Klassen) einteilen:

1. Zweikeimblättrige Pflanzen oder **Zweikeimblättler** *(Dicotyledoneae)*

Zwei Keimblätter, Blätter meistens netznervig, Leitbündel (Wasserleitungsbahnen) im Stengelquerschnitt in Ringen angeordnet, Blütenteile meistens zu vier oder fünf oder Vielfachem davon. Krautige Pflanzen, Bäume und Sträucher (S. 78–293).

Bei den *Freiblumenblättrigen* sind die Blütenblätter nicht miteinander verwachsen, man könnte sie einzeln auszupfen (S. 78–161, 164 Nr. 2 und 3; 166–177, 188 Nr. 3); bei den *Verwachsenblumenblättrigen* (S. 204–293) sind die Blütenblätter mehr oder weniger miteinander verwachsen. Pflanzen, deren Blütenhülle fehlt oder nur einfach und unscheinbar ausgebildet ist, heißen *Einfachblumenblättrige* (S. 162–163, 164 Nr. 1 und 4, 178–187, 188 Nr. 1, 2, 4, 190–203). Diese Merkmale der Blüten (siehe die Abbildungen 9, 10, 11) erleichtern zwar das Erkennen der Pflanzen, deuten aber nicht sicher auf eine Verwandtschaft hin. Deshalb sind Freiblumenblättrige, Verwachsenblumenblättrige und Einfachblumenblättrige im System der Pflanzen (S. 8, 9) nicht berücksichtigt.

2. Einkeimblättrige Pflanzen oder **Einkeimblättler** *(Monocotyledoneae)*

Nur ein Keimblatt, Blätter parallelnervig, Leitbündel (Wasserleitungsbahnen) im Stengelquerschnitt unregelmäßig zerstreut angeordnet, Blütenteile jeweils drei oder ein Mehrfaches von drei. Die Gruppe umfaßt bei uns nur krautige Pflanzen (S. 294–333).

So künstlich dem Laien diese Unterteilung nach der Zahl der Keimblätter auch erscheinen mag, hat sie sich doch in der Forschung bis heute bewährt. Beide Gruppen stellen natürliche Einheiten dar, die man weiter nach Familien, Gattungen und Arten untergliedert (vgl. S. 334).

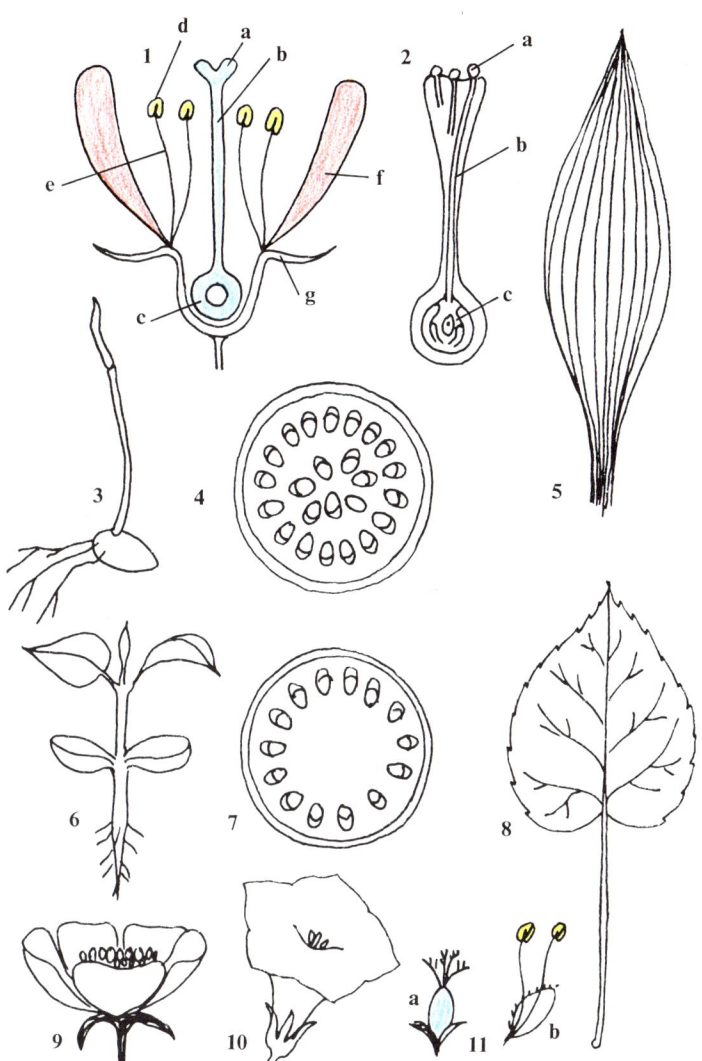

Bedecktsamer: 1 Bedecktsamerblüte: **a** Narbe, **b** Griffel, **c** Fruchtknoten mit Samenanlagen, **d** Staubbeutel, **e** Staubfaden, **f** Kronblätter, **g** Kelchblätter; **2** Befruchtung: **a** Pollenkorn, **b** Pollenschlauch, **c** Samenanlagen mit Eizelle; **3–5** Einkeimblättrige Pflanzen: **3** Keimling, **4** Stengelquerschnitt, **5** Laubblatt mit parallelen Nerven; **6–11** Zweikeimblättrige Pflanzen: **6** Keimling, **7** Stengelquerschnitt, **8** netznerviges Laubblatt; **9–11** Blütentypen von Zweikeimblättrigen: **9** Freiblumenblättrige, **10** Verwachsenblumenblättrige, **11** Einfachblumenblättrige: **a** weibl., **b** männl. Blüte.

Zweikeimblättrige Pflanzen *(Dicotyledoneae)*

Man erkennt bereits die Keimlinge an ihren zwei Keimblättern (Gegensatz: Einkeimblättrige Pflanzen, S. 294). Blütenteile meist in Vier- oder Fünfzahl oder einem Vielfachen davon vorhanden, Blätter meist netznervig.

1 Magnolie *(Magnolia denudata)* — **Magnoliengewächse**

2–4 m hohes, weit verzweigtes Bäumchen; Blätter sommergrün; 9 Blütenblätter weiß oder schwach rosa

Heimat: Ostasien; Gärten und Parks; Blüte: März–Mai

Die Magnoliengewächse gehören zu den ursprünglichsten Gruppen unter den höheren Blütenpflanzen. Sie stammen von Pflanzen ab, denen vorher erstmals gelungen war, mittels einer Blüte Insekten anzulocken. Ihre auffallend großen Blüten locken noch mit einer Vielzahl von Blütenteilen die Insekten zur Bestäubung an. Im Gegensatz dazu wurden im Laufe der Höherentwicklung der Blütenpflanzen die Blüten einfacher. Sie erreichen mit weniger Teilen – weniger Blüten-, Staub- und Fruchtblätter – denselben Erfolg. Diese Entwicklung dauerte einige Millionen Jahre. Wildwachsend gibt es die Magnolie in Nordamerika und Ostasien, in Europa seit der Eiszeit nicht mehr.

2 Tulpenbaum *(Liriodendron tulipifera)* — Magnoliengewächse

10–20 m hoch, in Nordamerika bis 60 m; Blätter sommergrün mit 4–6 charakterist. Zipfeln

Heimat: Nordamerika; Parks; Blüte: Mai–Juni

Auch der Tulpenbaum war vor der Eiszeit in Europa heimisch.

3 Weiße Seerose *(Nymphaea alba)* — **Seerosengewächse**

Schwimmpflanze, im Boden wurzelnd; Blüte ca. 10–12 cm ⌀, außen 4 grüne, innen ca. 20 weiße Blütenblätter

stehende Gewässer; Blüte: Juni–Sept.

Seerosen- und Magnolienblüte sind ähnlich gebaut. Beide bestehen aus vielen Teilen. Man findet noch alle Übergänge zwischen Blüten- und Staubblättern. Trotz verschiedener Lebensweise zeigt sich in den Merkmalen eine uralte Verwandtschaft. Die Weiße Seerose wächst in stehenden Gewässern bis zu einer Wassertiefe von 1–3 m; sie ist geschützt. Die auf dem Wasser schwimmenden Blätter nehmen kein Wasser auf (abgeschnittene Blätter in Wasser gestellt verwelken rasch), sondern werden von der Wurzel aus durch den Blattstiel versorgt. Die Blüten sind nur bei gutem Wetter etwa zwischen 7 und 17 Uhr geöffnet. Verwandt sind die indische *Lotosblume* und die riesige *Victoria* aus dem Amazonasgebiet.

4 Teichrose *(Nuphar luteum)* — Seerosengewächse

Schwimmpflanze, im Boden wurzelnd, Blüte ca. 4–5 cm ⌀, ca. 20 gelbe Blütenblätter

stehende und langsam fließende Gewässer; Blüte: Juni–Sept.

Die Teichrose entwickelt neben den Schwimmblättern auch Blätter, die unter Wasser grün bleiben, auch meist den ganzen Winter über. Nach der Bestäubung krümmt sich der Blütenstiel mit dem Blütenstand auf den Teichboden. Gereift steigen die Früchte an die Oberfläche zur Verbreitung. Naturschutz!

Familie Hahnenfußgewächse *(Ranunculaceae)*

Die Familie umfaßt etwa 4000 Arten von Kräutern (ganz selten auch Holzgewächsen), die vor allem die nördlichen außertropischen Gebiete besiedeln. In Deutschland kommen 70 Arten vor. Für den Laien ist es nicht leicht, bei der außerordentlichen Formenvielfalt der Hahnenfußgewächse die gemeinsamen Familienmerkmale zu erkennen. Die Blüten von Christrose, Rittersporn, Küchenschelle und Waldrebe sehen so verschieden aus, daß man diesen Pflanzen ihre nahe Verwandtschaft kaum anmerkt. Erst bei näherem Hinsehen erkennt man das Gemeinsame: Fast alle Hahnenfußgewächse haben Zwitterblüten mit sehr vielen Staubblättern und mehreren Fruchtknoten, häufig noch in ursprünglicher, zapfenförmiger Anordnung. Die Blütenblätter sind nicht miteinander verwachsen. Von wenigen Ausnahmen abgesehen, werden die Blüten von Insekten bestäubt und besitzen Nektardrüsen. Die Laubblätter sind meistens wechselständig, ganz selten gegenständig angeordnet und oft handförmig oder gefiedert. Bei vielen Arten finden sich Übergänge zwischen Laubblättern und Blütenblättern, auch zwischen Kelchblättern, Blütenblättern und Staubblättern. Ursprüngliche und abgeleitete Merkmale kommen nebeneinander vor, so wurden die Hahnenfußgewächse zu einem bevorzugten Studienobjekt für Botaniker, die sich mit der Entwicklung der Samenpflanzen beschäftigen. Die Früchte sind Balgfrüchte oder einsamige Nüßchen, selten auch Kapseln oder Beeren. Unter den Hahnenfußgewächsen gibt es viele Gift- und Zierpflanzen.

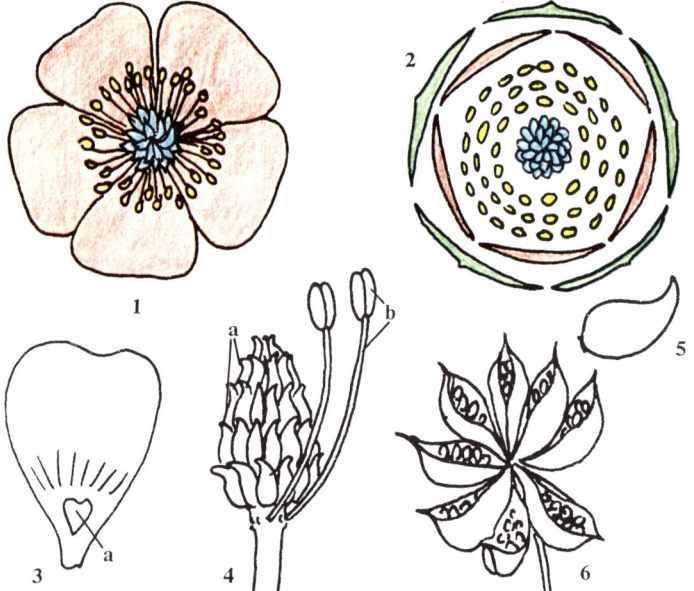

Hahnenfußgewächse: 1 Blüte; **2** Blütendiagramm; **3** Kronblatt: **a** Nektardrüse; **4** innere Blütenteile: **a** Fruchtblätter, **b** Staubblätter; **5, 6** Früchte von Hahnenfuß (einsamiges Nüßchen) und Sumpfdotterblume (Balgfrucht).

1 Pfingstrose *(Paeonia officinalis)*

ausdauernd, 30–90 cm hoch;
Blätter zwei- bis dreimal dreiteilig;
Blüte dunkelrot, rosarot oder weiß

Pfingstrosengewächse

sehr selten auf felsigen
Berghängen Südeuro-
pas; Gartenpflanze;
Blüte: Mai–Juni

Früher wurden die Pfingstrosen zu den Hahnenfußgewächsen gestellt, neuerdings hat man aufgrund von genaueren Untersuchungen eine ganze Reihe
von Unterschieden entdeckt, welche die Aufstellung einer eigenen Familie
mit etwa 25 Arten rechtfertigen. In Mitteleuropa kommen wildwachsend nur
2 Arten vor, in den Gärten wird eine Vielzahl von Zuchtformen mit gefüllten
Blüten kultiviert. Erstaunlich ist der Pollenreichtum: Eine einzige Blüte kann
bis zu 3,5 Millionen Pollenkörner erzeugen. Am Grund der Staubblätter
befindet sich eine ringförmige Nektardrüse. Bienen und Käfer sammeln
Pollen und Nektar und bestäuben die Blüten. Die Art ist geschützt.

2 Sumpfdotterblume *(Caltha palustris)*

ausdauernd; Blätter nierenförmig;
Blüten glänzend, ⌀ bis 5 cm

Hahnenfußgewächse

nasse Wiesen, Gräben,
Bruch- und Auwälder;
Blüte: März–Juni

Was wir als »Blütenblätter« bezeichnen, sind in Wirklichkeit 5 dottergelbe
Kelchblätter. Am Grund der Fruchtknoten wird reichlich Nektar ausgeschieden. Die Samen sind schwimmfähig und können durch das Wasser
verbreitet werden. Die ganze Pflanze ist schwach giftig, deshalb sollte man
die Blätter besser nicht als Wildsalat und die in Essig eingelegten Knospen
nicht als Ersatz für Kapern verwenden.

1 Trollblume *(Trollius europaeus)*
ausdauernd, 10–60 cm hoch;
Blätter handförmig;
Blüten kugelförmig, ⌀ bis 3 cm

Hahnenfußgewächse
moorige Wiesen,
v. a. im Bergland;
Blüte: Mai–Juni

Die schönen Trollblumen sind selten geworden, nur auf feuchten Bergwiesen gibt es noch größere Bestände. Sie stehen unter Naturschutz und dürfen nicht gepflückt werden. Die 5–15 äußeren Blütenhüllblätter neigen sich zusammen und schützen das Blüteninnere vor Regen. Nach innen zu folgen 5–10 schmale Blütenblätter mit Nektardrüsen, viele Staubblätter und Fruchtknoten. Nektarsuchende Insekten zwängen sich von oben in die Blüten und bestäuben sie. Die ganze Pflanze ist schwach giftig.

2 Christrose *(Helleborus niger)*
ausdauernd, 15–30 cm hoch;
Laubblätter fußförmig, lederartig,
überwinternd

Hahnenfußgewächse
wildwachsend in den
Alpen; Zierpflanze;
Blüte: Dez.–März

Die bekannte Christrose oder *Schneerose* heißt auch *Schwarze Nieswurz*, weil man aus dem getrockneten Wurzelstock ein Pulver gewinnen kann, das die Nasenschleimhäute sehr stark reizt. Im Freiland ist die Christrose selten **3** und steht unter Naturschutz. Häufiger trifft man die **(3) Stinkende Nieswurz** *(Helleborus foetidus)* mit kleineren, grünlichen, bräunlich berandeten Blüten. An dieser Pflanze läßt sich der Übergang von den handförmigen unteren Laubblättern zu den ungeteilten Hochblättern sehr schön beobachten. An einer einzigen Pflanze findet man alle Übergangsformen.

4 Winterling *(Eranthis hyemalis)*
ausdauernd; 5–15 cm hoch;
Vorfrühlingsblüher, drei handförmige
Hochblätter unter der Blüte

Hahnenfußgewächse
Heimat: Südeuropa;
Zierpflanze;
Blüte: Febr.–Apr.

Die gelben Sterne des Winterlings erscheinen zusammen mit den Schneeglöckchen. Bei trübem Wetter und abends schließen sich die Blüten dadurch, daß die Unterseite der Blütenblätter schneller wächst als die Oberseite, beim Öffnen wächst die Oberseite schneller. Dieser Vorgang kann sich 8–10mal wiederholen, die Blüte vergrößert sich dadurch etwa um das Doppelte. Die Bestäubung erfolgt durch Bienen oder Falter.

5 Damaszener Schwarzkümmel
(Nigella damascena)
einjährig; 20–45 cm hoch;
Blüten von einer grünen,
vielzipfeligen Hülle umgeben

Hahnenfußgewächse
Heimat: Mittelmeer-
länder; Zierpflanze;
Blüte: Juni–Aug.

Die schwarzen Samen wurden früher wie Kümmel als Brotgewürz verwendet. *Gretel im Busch* oder *Jungfer im Grünen* heißt die Pflanze, weil die hübsche Blüte mit den grünen Hüllblättern an ein Mädchen mit etwas zerzausten Haaren erinnert. Von den vielen Staubblättern biegen sich jeden Tag die reifen nach außen, platzen auf und pudern die nektarsuchenden Insekten mit Blütenstaub ein. Zum Schluß bewegen sich auch die Fruchtblätter nach außen, und die Narbe wird bestäubt.

2 ☠

3 ☠

1

4

5

1 Akelei *(Aquilegia vulgaris)*   Hahnenfußgewächse

ausdauernd, 30–70 cm hoch;   trockene Bergwälder,
Blätter mehrfach dreizählig,   selten; Zierpflanze;
oberste Blätter sitzend   Blüte: Mai–Juli

Die wildwachsenden Arten der Akelei stehen unter Naturschutz. In Gärten werden die verschiedensten Arten, Kreuzungen und Varietäten mit violetten, roten, gelben und weißen Farbtönen und verschieden langen Spornen kultiviert. Die ursprünglichsten Arten haben noch keinen Sporn. Durch Anpassung an langrüsselige Insekten (Hummeln, Falter) haben im Lauf der Zeit die fünf Kronblätter mehr oder weniger lange Sporne ausgebildet, in denen sich der Nektar sammelt. Oft beißen kurzrüsselige Bienen den Sporn von außen an und »rauben« den Nektar.

2 Blauer Eisenhut *(Aconitum napellus)*   Hahnenfußgewächse

ausdauernd, bis 2 m hoch;   alpine Staudenfluren;
oberstes Blütenblatt helmförmig   Zierpflanze;
                    Blüte: Juni–Sept.

Die Blüten der *Eisenhut-* oder *Sturmhut*arten können nur von Hummeln bestäubt werden. Zuerst reifen die Staubblätter; eine Woche später werden die Narben empfängnisfähig. Auf diese Weise wird die Fremdbestäubung gesichert. Versuche haben gezeigt, daß bei Selbstbestäubung nur sterile Früchte entstehen. Zum Keimen brauchen die Samen Frost. Die ganze Pflanze ist sehr giftig und steht unter Naturschutz.

3 Der **Wolfseisenhut** oder **Gelbe Eisenhut** *(Aconitum vulparia)* wächst in Schlucht- und Auwäldern. Er wird 50–150 cm hoch und blüht in der Zeit zwischen Juni und August blaßgelb. Auch er ist sehr giftig und steht unter Naturschutz.

4 Ackerrittersporn *(Consolida regalis)*   Hahnenfußgewächse

einjähriges Ackerunkraut, 15–40 cm hoch;   Getreidefelder,
Blüten fein zerteilt;   kalkliebend;
Blüten mit langem Sporn   Blüte: Juni-Sept.

Der Ackerrittersporn ist wie die anderen »echten« Unkräuter gut an die Lebensbedingungen im Ackerfeld angepaßt. Gleichzeitig mit dem Getreide sind die Samen reif, werden mitgeerntet und im nächsten Jahr wieder ausgesät. Heute sind die bunten Feldblumen selten geworden, weil das Saatgut mit verfeinerten Methoden gut gereinigt werden kann. Nur langrüsselige Insekten, vor allem Hummeln, können den Nektar in dem langen Sporn erreichen. Die ganze Pflanze ist schwach giftig.

5 Waldrebe *(Clematis vitalba)*   Hahnenfußgewächse

lianenartig klimmender Strauch,   Waldränder, Gebüsch,
3–8 m hoch;   Auwälder;
Blätter gegenständig, gefiedert   Blüte: Juni–Sept.

Wie eine echte Liane klettert die Waldrebe mit ihren bis zu 30 m langen, verholzten Stengeln in die Gipfel der Bäume. Dabei helfen die reizbaren Blattstiele mit, indem sie sich um die Ästchen der Wirtspflanze schlingen. Im Herbst fallen besonders die grauwolligen Fruchtstände auf, die aus vielen langgeschwänzten Früchten zusammengesetzt sind. Verwandte Arten werden zur Umkleidung von Lauben angepflanzt.

1   **2** ☠   **3** ☠   **4**   **5**

1 Gewöhnliche Küchenschelle *(Pulsatilla vulgaris)*   Hahnenfußgewächse

ausdauernd, 5–40 cm hoch;   Trockenrasen, kalk-
zottig behaart; Laubblätter   und wärmeliebend;
nach der Blüte erscheinend   Blüte: März–Mai

Da ihre Lebensräume durch Aufforstung und zurückgehende Beweidung immer stärker eingeschränkt werden, sieht man Küchenschellen, typische Steppenheidenpflanzen, immer seltener und hat sie unter strengen Naturschutz (Pflückverbot!) gestellt. Der Name kann als Verkleinerungsform von Kuhschelle (»Kühchenschelle«) gedeutet werden. Die Bestäubung der Blüten besorgen vor allem Hummeln. Durch drehende Bewegungen der federartigen Grannen können sich die Früchte in das Erdreich einbohren. Wegen des Gehalts an *Protoanemonin* ist die ganze Pflanze leicht giftig.

2 Alpenküchenschelle *(Pulsatilla alpina)*   Hahnenfußgewächse

ausdauernd, 10–30 cm hoch; Blütenblätter   europäische Gebirge
ausgebreitet, weiß oder gelb;   bis 2700 m;
Früchte geschwänzt   Blüte: Juni–Juli

Diese Art der Küchenschellen kommt in zwei verschiedenfarbigen Rassen vor: auf Kalkboden weiß-, auf kalkfreiem Untergrund gelbblühend: Weil die Blüten an große Anemonen erinnern, heißt die weiße Form auch *Alpenanemone*, die gelbe Rasse *Schwefelanemone (ssp. apiifolia)*. Beide Formen stehen unter Naturschutz und sind leicht giftig. Wegen der haarigen Fruchtschöpfe werden die Pflanzen auch *Teufelsbart* genannt.

3 Buschwindröschen *(Anemone nemorosa)*   Hahnenfußgewächse

ausdauernd; 6–20 cm hoch;   häufig in Wäldern,
Blätter handförmig;   unter Hecken;
Blüten weiß, oft rötlich überlaufen   Blüte: März–Mai

Aus dem waagrecht kriechenden Wurzelstock entwickeln sich schon im ersten Frühling, solange der Wald noch unbelaubt und lichtdurchflutet ist, die einblütigen Pflanzen mit den weißen Blütensternen und jeweils drei grünen, zerteilten Hochblättern. Bei schlechtem Wetter und in der Nacht krümmen sich die Blüten nach unten und schließen sich. Nektardrüsen fehlen; als Bestäuber kommen pollensammelnde Käfer, Fliegen und Bienen in Frage. In feuchten Auwäldern, an Bächen wächst gesellig das ähnliche **4 (4) Gelbe Windröschen** *(Anemone ranunculoides)* mit gelben Blüten. Es ist wie das Buschwindröschen leicht giftig. Die Früchte beider Arten besitzen ein öl- und zuckerhaltiges Anhängsel und werden von Ameisen verbreitet.

5 Narzissenblütiges Windröschen   Hahnenfußgewächse
(Anemone narcissiflora)

ausdauernd; 20–40 cm hoch, zottig behaart;   Gebirgspflanze;
doldenförmiger Blütenstand mit 3–8 Einzelblüten Blüte: Mai–Juli

Die schöne Pflanze gedeiht nur in den Alpen auf Steinrasen, an Gebüschrändern auf feuchten, kalkhaltigen Böden häufiger, in den Mittelgebirgen (Jura, Riesengebirge) sehr selten und steht in Deutschland unter strengem Naturschutz; sie darf nicht gepflückt werden. Sie ist schwach giftig.

1 Leberblümchen *(Hepatica nobilis)*

ausdauernd; 5–15 cm hoch;
Blüten vor den dreilappigen
Laubblättern erscheinend

Hahnenfußgewächse
Laubwälder auf lehm-
u. kalkhaltigen Böden;
Blüte: März–Mai

Auch das Leberblümchen gehört zu den Frühlingsblühern, die Blüten treiben, bevor sich die Bäume belauben und dem Licht den Zutritt auf den Waldboden verwehren. Bei trübem Wetter und bei Nacht schließen sich die Blüten. Sie erzeugen keinen Nektar und werden von pollensammelnden Insekten bestäubt. Die Samen haben ein nährstoffreiches Anhängsel und werden deshalb von Ameisen gesammelt und so verbreitet. Ob die Pflanze ihren Namen wegen der dreilappigen Form ihrer Blätter oder wegen ihrer früheren Verwendung gegen Leberleiden bekommen hat, läßt sich nicht mehr feststellen. Sie ist leicht giftig und steht unter Naturschutz.

2 Scharbockskraut *(Ranunculus ficaria)*

mehrjährig; 5–30 cm hoch;
Laubblätter nierenförmig;
Brutknöllchen in den Blattachseln;
6–14 glänzende Blütenblätter

Hahnenfußgewächse
häufig in Wäldern, im
Gebüsch auf feuchten,
nährstoffreichen
Böden;
Blüte: März–Mai

Aus den Blüten entwickeln sich nur selten Früchte und Samen. Das Scharbockskraut vermehrt sich durch Brutknöllchen, die man in den Achseln der Laubblätter findet. Sie fallen bald ab und bilden neue Pflanzen. Der Name (Scharbock = Skorbut) kommt daher, daß die Pflanze früher als Mittel gegen Vitamin-C-Mangelkrankheiten verwendet wurde. Wegen des Gehalts an *Protoanemonin*, einem scharf schmeckenden Giftstoff, der sich vor allem zur Blütezeit in den Blättern ansammelt, ist der Genuß nicht unbedenklich.

3 Scharfer Hahnenfuß *(Ranunculus acris)*

ausdauernd, 30–70 cm hoch;
Stengel verzweigt und vielblütig;
Blätter handförmig

Hahnenfußgewächse
häufig auf feuchten
Wiesen;
Blüte: Mai–Okt.

Der oft in großen Mengen vorkommende Scharfe Hahnenfuß bestimmt zur Blütezeit im Mai die Farbe feuchter Wiesen. Im frischen Zustand ist er giftig, schmeckt sehr scharf und wird deshalb vom Weidevieh gemieden. Das Gift zersetzt sich aber beim Trocknen, im Heu ist die Pflanze vollkommen unschädlich. Die Blätter sind sehr vielgestaltig; es ist sehr schwierig, fast unmöglich, zwei völlig gleiche Blätter zu finden.

4 Kriechender Hahnenfuß *(Ranunculus repens)*

ausdauernd, 20–40 cm hoch;
Stengel meist niederliegend;
mit oberirdischen Ausläufern

Hahnenfußgewächse
Äcker, Gärten, Wege,
auf staunassen Böden;
Blüte: Mai–Aug.

Auf feuchten, nährstoffreichen Lehmböden ist der Kriechende Hahnenfuß ein gefürchtetes Garten- und Ackerunkraut, das sich kaum ausrotten läßt. Seine Regenerationsfähigkeit ist erstaunlich. Bleibt beim Jäten ein kleines Stück eines Ausläufers mit ein paar Würzelchen zurück, entwickelt sich in kurzer Zeit wieder ein ganzer Bestand der Pflanze.

1

2

3 ☠

4 ☠

Zur Gattung **Hahnenfuß** *(Ranunculus)* gehören in Deutschland etwa 25 Arten, die gelb oder weiß blühen und einander oft sehr ähnlich sind. Wegen der auf der Oberseite wie Fett glänzenden Kronblätter werden die gelbblühenden Arten im Volksmund allgemein als Butter- oder Schmalzblumen bezeichnet; der Botaniker erkennt aber viele konstante Unterschiede an den Blättern, Früchten, Kelchblättern, an der Wuchsform sowie am bevorzugten Standort und grenzt danach Arten und Artkomplexe ab. Mit Hilfe der Abbildungen und Beschreibungen auf den Seiten 88–94 kann auch der Laie die 12 häufigsten Arten des Hahnenfußes sicher bestimmen. Alle Arten enthalten im frischen Zustand Giftstoffe, deshalb ist beim Umgang mit ihnen Vorsicht geboten (Hände waschen!).

1 Brennender Hahnenfuß *(Ranunculus flammula)*   Hahnenfußgewächse

ausdauernd, 8–50 cm hoch; Blätter   Sumpfwiesen, Ufer,
lanzettlich, scheinbar parallelnervig;   Gräben, Quellen;
Blüten blaßgelb, ⌀ bis 1,8 cm   Blüte: Mai–Sept.

Oft ist sein Stengel niederliegend und treibt an den Knoten Wurzeln. Die ungeteilten Blätter sind innerhalb der Gattung eine Ausnahme; ähnliche, doch viel größere Blätter hat nur der sehr seltene *Zungenhahnenfuß (Ranunculus lingua)*, dessen Blüten aber 3–4 cm breit sind.

2 Gifthahnenfuß *(Ranunculus sceleratus)*   Hahnenfußgewächse

einjährig oder überwinternd, 20–50 cm hoch;   selten an Ufern von
Blätter fleischig, dunkelgrün, glänzend;   Teichen und Gräben,
Blüten hellgelb, unscheinbar,   auf Schlammboden;
⌀ nur 0,5–1 cm   Blüte: Juni–Aug.

Der Gifthahnenfuß trägt seinen Namen zu Recht. Das frische Kraut enthält besonders viel *Protoanemonin*, das auf der Haut brennt und bei empfindlichen Menschen Blasen und sogar Geschwüre erzeugt. Innerlich verursacht es schwere Darmentzündungen, die zum Tod führen können.

3 Waldhahnenfuß *(Ranunculus nemorosus)*   Hahnenfußgewächse

ausdauernd, 20–80 cm hoch;   lichte Laub- und
Stengel gefurcht, unten behaart;   Mischwälder, gern
Blüten leuchtend gelb, ⌀ 2–3 cm,   auf Kalkboden;
Blütenboden behaart; Fruchtschnabel hakig   Blüte: Mai–Juli

Der Waldhahnenfuß tritt in vielen Formen auf und ähnelt bei oberflächlicher Betrachtung etwas dem Scharfen Hahnenfuß (S. 89), doch kann man ihn an dem behaarten Blütenboden (Lupe!) leicht von diesem unterscheiden.

4 Goldhahnenfuß *(Ranunculus auricomus)*   Hahnenfußgewächse

ausdauernd, 20–40 cm hoch;   Laub- und Mischwäl-
Grundblätter im Umriß rundlich, mehr oder   der, unter Hecken und
weniger zerteilt; Blüten goldgelb,   Gebüschen, Bergwie-
meistens unvollständig ausgebildet   sen; Blüte: Apr.–Mai

Der Goldhahnenfuß ist eine ungemein formenreiche Art. Aus den häufig zurückgebildeten Blüten entwickeln sich auch ohne Befruchtung Samen, und so stabilisieren sich zufällige Abweichungen sehr schnell.

1 ☠   2 ☠

3 ☠   4 ☠

1 Knolliger Hahnenfuß *(Ranunculus bulbosus)*   Hahnenfußgewächse

ausdauernd, 15–40 cm hoch;   Kalkmagerwiesen,
Stengel und Blätter behaart;   trockene Wiesen,
Sproßknolle am Grund der Pflanze;   Böschungen;
Kelchblätter nach unten zurückgeschlagen   Blüte: Apr.–Juli

An den gelbgrünen, bis zum Blütenstiel zurückgeschlagenen Kelchblättern ist er leicht zu erkennen, am sichersten aber an dem am Grund knollenförmig verdickten Stengel. Im Gegensatz zu seinen Verwandten, die fast alle die Feuchtigkeit lieben, gedeiht er am besten auf trockenen, warmen Böden.

2 Wolliger Hahnenfuß *(Ranunculus lanuginosus)*   Hahnenfußgewächse

ausdauernd, 30–80 cm hoch;   schattige Wälder, vor
ganze Pflanze dicht und weich behaart;   allem im Bergland
Blüten orangegelb, ⌀ 2–3 cm   Blüte: Mai–Juni

Der Wollige Hahnenfuß ist nicht häufig. Als ausgesprochene Schattenpflanze wächst er zerstreut in Laub- und Mischwäldern, vor allem auf grundwasserfeuchten Lehmböden. Durch die samtige Behaarung läßt er sich leicht von allen anderen gelbblühenden Hahnenfußarten unterscheiden.

3 Ackerhahnenfuß *(Ranunculus arvensis)*   Hahnenfußgewächse

einjährig, 20–60 cm hoch; obere Stengelblätter   Getreideäcker,
fein zerteilt; Blüten schwefelgelb, ⌀ 0,8–1,5 cm;   v. a. auf Lehmböden;
Früchtchen mit 2–4 mm langen Stacheln   Blüte: Mai–Juli

Der Ackerhahnenfuß, früher viel häufiger als heute, ist ein echtes Ackerunkraut der Getreideäcker und kann an anderen Standorten nicht gedeihen. Durch die intensive Unkrautbekämpfung ist er in vielen Gegenden verschwunden. Die bestachelten Früchtchen bleiben im Fell der Tiere und in den Kleidern der Menschen hängen und werden so verbreitet.

4 Eisenhutblättriger Hahnenfuß   Hahnenfußgewächse
(Ranunculus aconitifolius)

ausdauernd, 20–50 cm hoch;   feuchte Gebirgswiesen
Blätter handförmig, 3–5teilig;   und -wälder;
Blüten weiß, aufrecht, ⌀ 1–2 cm   Blüte: Mai–Juli

In den europäischen Gebirgen gibt es zwei einander sehr ähnliche, weißblühende, hochwüchsige Hahnenfußarten, die nicht leicht zu unterscheiden sind: Der *Platanenblättrige Hahnenfuß (Ranunculus platanifolius)* wird bis 130 cm groß; die Blätter sind bei dieser Art nicht bis auf den Grund geteilt wie beim Eisenhutblättrigen Hahnenfuß, sondern der mittlere Blattabschnitt ist am Grund immer mit den Nachbarabschnitten verbunden.

5 Berghahnenfuß *(Ranunculus montanus)*   Hahnenfußgewächse

ausdauernd, 5–30 cm hoch; Stengel meist   Gebirgspflanze; in den
einblütig; Blüten groß, leuchtend gelb,   Alpen häufig, selten im
⌀ bis 2,5 cm; nur 1–2 fein zerteilte   Mittelgebirge;
Stengelblätter   Blüte: Juni–Aug.

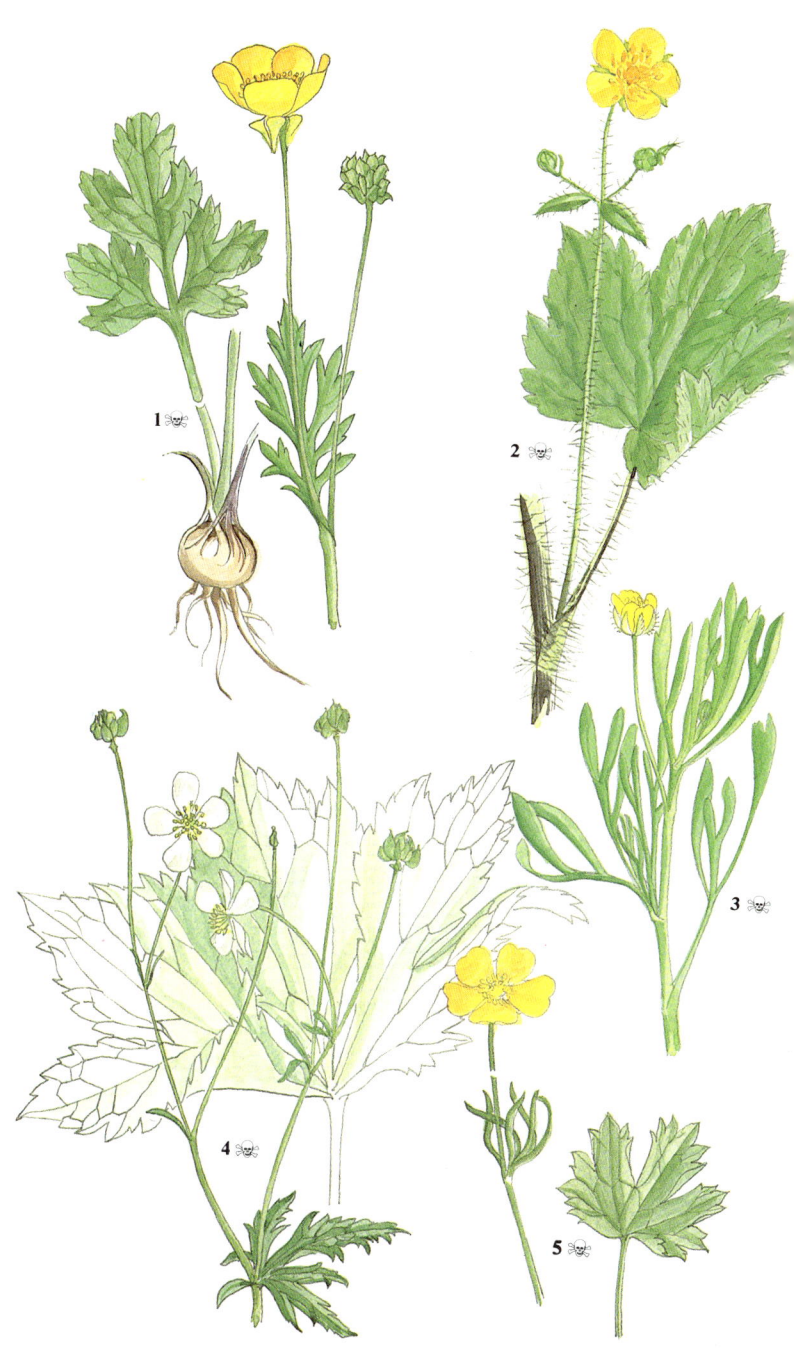

1 Wasserhahnenfuß *(Ranunculus aquatilis)*

ausdauernd; bis 1,5 m;
Blätter fein zerteilt, bis 5 cm lang,
Schwimmblätter 3–5 lappig;
Blütenstiel nach oben verjüngt

Hahnenfußgewächse

stehende oder langsam
fließende, nährstoff-
reiche Gewässer;
Blüte: Mai–Aug.

Von den weißblühenden Wasserhahnenfüßen gibt es mehrere, schwer unter-
scheidbare Arten, die früher mit ihren weißen Blütensternen die Oberfläche
vieler Gewässer bedeckten. Heute sind sie durch Gewässerverschmutzung
fast überall im stetigen Rückgang begriffen.

2 Berberitze *(Berberis vulgaris)*

bis 3 m hoher Strauch;
Zweige mit spitzigen Dornen;
Laubblätter derb, am Rand gewimpert

Sauerdorngewächse

Hecken, Waldränder,
in den Alpen häufig;
Blüte: Mai–Juni

Der Strauch, auch *Sauerdorn* genannt, ist der einzige bei uns wildlebende
Vertreter einer artenreichen, weltweit verbreiteten Familie. Die Blüte besitzt
eine interessante Bestäubungseinrichtung. Berührt man mit einer feinen Nadel die Basis der Staubblätter in der Blüte, so kann man beobachten, wie sich
die Staubfäden schlagartig nach innen bewegen. Dadurch laden sie Pollen am
Kopf der nektarsuchenden Insekten ab. Auf diese Weise wird in den meisten
Fällen Fremdbestäubung erreicht. In der Nähe von Getreidefeldern kann
die Berberitze nicht geduldet werden, da sie Zwischenwirt des *Schwarzrostes*,
einer gefährlichen Pilzkrankheit, ist. Die vitaminreichen, sehr sauren Beeren
sind eßbar.

3 Mahonie *(Mahonia aquifolium)*

1–2 m hoher Strauch mit
immergrünen, dornig gezähnten
Blättern; Beeren blau

Sauerdorngewächse

Heimat: Nordamerika,
Zierstrauch;
Blüte: März–Mai

Auch die Mahonie hat, wie die Berberitze, reizbare Staubbeutel. Aus den
blauen Beeren wird in Amerika Wein und Branntwein gewonnen. Manchmal
wird die Mahonie von Laien für eine *Stechpalme* (S. 166) gehalten. Doch
hat diese rote Beeren und ungefiederte Blätter.

4 Schöllkraut *(Chelidonium maius)*

ausdauernd; 30–80 cm hoch;
aus Bruch- und Schnittstellen tritt
orangegelber Milchsaft aus

Mohngewächse

Mauern, Wegränder,
Schuttplätze; häufig;
Blüte: Mai–Okt.

Mit seinen vier Blütenblättern gleicht es einem Kreuzblütler. Es hat aber nur
zwei Kelchblätter, zahlreiche Staubblätter, und der Fruchtknoten entwickelt
sich zu einer langen Kapsel. Betrachtet man die schwarzglänzenden Samen
genauer, so entdeckt man ein weißes Anhängsel. Dieses wird von Ameisen
gern verschleppt und gefressen; dadurch werden die Samen verbreitet. Die
ganze Pflanze ist giftig, der brennende, bittere Milchsaft soll nach einem
alten Volksglauben Warzen zum Verschwinden bringen. Das Schöllkraut
wurde früher als Heilpflanze verwendet.

1 Klatschmohn *(Papaver rhoeas)*

einjähriges, 25–90 cm hohes Ackerunkraut;
Stengel behaart;
⌀ der Blüten bis 10 cm

Mohngewächse
Getreidefelder,
Schuttplätze;
Blüte: Juni–Aug.

Früher konnten es alle Kinder: das Blütenblatt einer Mohnblume mit einer Hand so fassen, daß ein luftgefüllter Beutel entsteht und diesen auf den Handrücken der anderen Hand kräftig aufschlagen. Heute erinnert nur noch der Name »Klatsch«-Mohn an dieses alte Kinderspiel. Die Blüten erzeugen keinen Nektar und werden von pollensammelnden Insekten bestäubt. Die reife Fruchtkapsel hat unter den kegeldachförmigen Narbenlappen 8–12 kleine Löcher, aus denen die Samen bei der leisesten Bewegung des elastischen Stengels ausgestreut werden. Der angebaute **(2) Schlafmohn** *(Papaver somniferum)* mit großen, hellvioletten Blüten liefert nicht nur die ölhaltigen Mohnsamen, sondern auch das gefährliche *Opium*.

3 Hohler Lerchensporn *(Corydalis cava)*

ausdauernd; 10–35 cm hoch;
Blätter blaugrün, zart, gefiedert;
Blüten weiß oder rötlich

Mohngewächse
Wälder auf feuchten,
nährstoffreichen Bö-
den; Blüte: März-Mai

Der Name bezieht sich auf die eigenartige Form der Blüten, bei denen die vier Blütenblätter so umgebildet sind, daß das oberste den nektarführenden Sporn, das unterste einen Anflugplatz für landende Insekten und die beiden seitlichen eine schützende »Maske« für Staubbeutel und Narbe bilden. Der Zusatz »hohl« kommt daher, daß bei dieser Art die Knolle sich gleichsam von innen heraus verbraucht und deshalb hohl erscheint. Die Pflanze ist giftig.

4 Gemeiner Erdrauch *(Fumaria officinalis)*

einjähriges, 10–30 cm hohes Unkraut;
Blätter graugrün, zart, gefiedert;
Blüten hellviolett

Mohngewächse
Äcker, Gärten, gern
auf Lehmböden;
Blüte: Mai–Okt.

Die kleinen, nur 8 mm langen Blüten der Erdraucharten sehen ganz ähnlich aus wie die Lerchenspornblüten. Auch beim Erdrauch wird der Nektar in einem Blütensporn gesammelt und steht dort den Insekten zur Verfügung, die als Gegenleistung die Blüte bestäuben. Der Eingang in die Blüte wird durch dunklere, manchmal fast schwarze Färbung der Kronblattspitzen markiert. Die ganze Pflanze ist leicht giftig. Das in ihr enthaltene *Fumarin* kann aber auch heilend wirken, z. B. bei Leberleiden.

5 Flammendes Herz *(Dicentra spectabilis)*

buschige, 60–90 cm hohe Staude;
Blätter gefiedert;
Blüten in einseitswendigen Trauben

Mohngewächse
Heimat: Japan, China;
Zierpflanze;
Blüte: Apr.–Juni

Die beliebte Zierpflanze heißt auch *Tränendes Herz* oder *Herz Jesu*. Ihre Blütenform ist im Pflanzenreich einmalig. Die auffallende Herzform wird durch zwei äußere, rosafarbene, gespornte Kronblätter gebildet. Dazwischen neigen sich zwei innere, weiße Kronblätter fest zusammen und verwehren kurzrüsseligen Insekten den Weg zum Nektar.

Familie Kreuzblütler *(Cruciferae)*

Zu dieser wichtigen Pflanzenfamilie gehören auf der Welt etwa 3000 verschiedene Arten, die vor allem in den außertropischen, gemäßigten Gebieten der Erde wachsen. In den nördlichen Gebieten und im Hochgebirge dringen sie bis in jene Grenzbereiche vor, in denen das Leben höherer Pflanzen überhaupt noch möglich ist. In Deutschland kann man etwa 140 verschiedene Arten finden, doch sind dabei die Nutz- und eine Reihe von Zierpflanzen schon mitgerechnet. Es gibt eine ganze Menge von Kreuzblütlern, die der Mensch in Kultur genommen hat: all die vielen Kohl- und Krautarten, Rüben, Radieschen und Rettich, den Raps als Ölpflanze, Senf und Meerrettich als Gewürzpflanzen. Dazu kommen noch einige Zierpflanzen: Goldlack, Levkoje, Schleifenblume, Blaukissen u.a.m. Viele Kreuzblütler haben sich als Unkräuter einen Namen gemacht, weil es kaum ein Feld gibt, auf dem sie nicht zu finden sind: Ackerhederich und Ackersenf zum Beispiel. Das unscheinbare Hirtentäschelkraut ist gar zum Weltenbummler geworden und kommt heute fast überall dort vor, wo Menschen leben.

Wenn sie blühen, sind die Angehörigen der Kreuzblütlerfamilie sehr leicht zu erkennen, weil der Blütenbau bei allen Familienmitgliedern einfach und einheitlich ist: Zunächst stehen ganz außen vier Kelchblätter, die sich manchmal zusammenneigen und den Nektar auffangen, dann folgen nach innen zu vier farbige Kronblätter, oft aus einem langen »Nagel« und einer ausgebreiteten »Platte« bestehend. Die sechs Staubgefäße, davon zwei äußere recht kurz, die vier inneren meistens länger, umschließen den aufrechten Fruchtknoten, der wiederum aus zwei miteinander verwachsenen Fruchtblättern besteht. Meistens sind die Einzelblüten recht klein und deshalb in Trauben angeordnet, um die Lockwirkung auf die Insekten zu erhöhen. Zur Lockwirkung tragen auch die Nektardrüsen bei, die sich am Grund der Blüte befinden.

Ein wichtiges Bestimmungsmerkmal bieten die Früchte. Sie sind entweder lang und schmal (»mindestens dreimal so lang wie breit«) und heißen dann *Schoten*, oder sie sind kurz und breit (»höchstens dreimal so lang wie breit«) und werden dann als *Schötchen* bezeichnet. Die Samen sitzen an einer Scheidewand, die Schote oder Schötchen durchzieht. Bei der Reife springen die äußeren Fruchtklappen auf, die Scheidewand bleibt stehen. Manchmal sind die Schoten zwischen den Samen eingeschnürt, z. B. beim Hederich. Bei der Reife bricht eine solche *Gliederschote* an den Einschnürungen ab, und es entstehen einsamige Teilfrüchte.

Die Laubblätter sind wechselständig angeordnet und bilden oft eine Rosette, die dem Erdboden aufliegt und überwintert. Alle Pflanzenteile, vor allem die Blätter, sind häufig behaart. Die Haare sind aber merkwürdigerweise bei den Kreuzblütlern immer einzellig, gleichgültig, ob sie verzweigt, sternförmig oder sonstwie geformt sind.

Unter dem Mikroskop kann man in den Blättern der Kreuzblütler charakteristische Zellen erkennen, die *Myrosinschläuche* genannt werden. Sie enthalten einen Eiweißstoff, der bei der Bildung von *Senföl* mitwirkt. Senföl wiederum ist für die Kreuzblütler wichtig, weil es offenbar einen gewissen Schutz gegen die *Kohlhernie*, eine Pilzkrankheit, bietet.

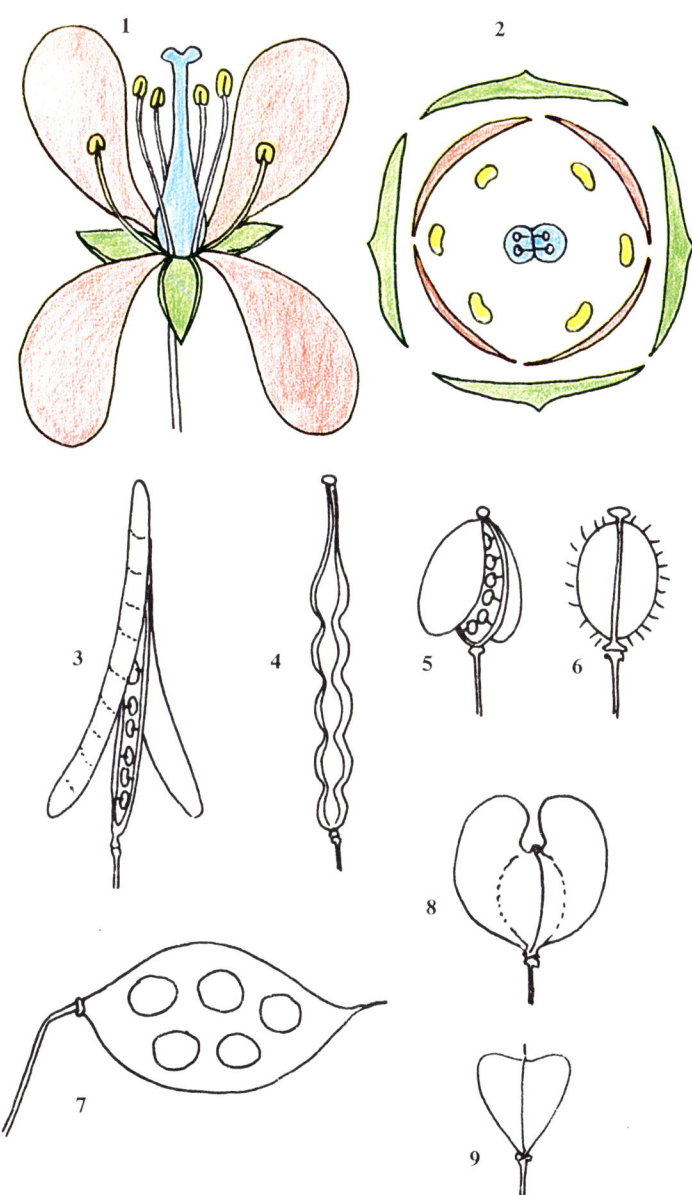

Kreuzblütler: 1 Kreuzblüte; **2** Blütendiagramm; **3** Schote, aufspringend;
4 Gliederschote; **5–9** verschiedene Formen von Schötchen.

1 Knoblauchsrauke *(Alliaria petiolata)*   Kreuzblütler

zweijährig oder ausdauernd;
20–100 cm hoch; unverzweigt; Blätter
zerrieben nach Knoblauch riechend;
Blüten klein, weiß

Gebüsche, Waldränder,
Schuttplätze, Bach-
ufer, meist häufig;
Blüte: Mai–Juni

Die Knoblauchsrauke, auch *Lauchhederich* genannt, liebt lockere, stickstoff-
reiche Böden und kommt an geeigneten Stellen meistens in Rudeln vor. Die
Blüten erzeugen reichlich Nektar und werden gern von Bienen besucht, doch
führt auch Selbstbestäubung zur Ausbildung keimfähiger Früchte. Frische,
zerquetschte Pflanzen wurden früher zur Heilung von Hautgeschwüren verwendet. In Frankreich macht man Salat aus den Blättern.

2 Brunnenkresse *(Nasturtium officinale)*   Kreuzblütler

ausdauernd; Stengel 30–90 cm lang, hohl;
Blätter gefiedert;
Blüten mit gelben Staubblättern

Quellen, Gräben mit
kühlem, bewegtem
Wasser;
Blüte: Mai–Sept.

Die Brunnenkresse wird – wo sie noch vorkommt – als Wildsalat gesammelt,
in einigen Gegenden Europas, so z. B. im Norden von Paris, auch in großen
Kulturen gezüchtet. In verunreinigtem Wasser gewachsen, kann sie Leber-
egel übertragen. Die Pflanze enthält neben Senfölen verhältnismäßig große
Mengen an Vitamin C. Der Brunnenkresse sehr ähnlich ist das *Bittere
Schaumkraut (Cardamine amara)*. Es wächst an ganz ähnlichen Standorten,
hat aber violette Staubbeutel und einen markigen Stengel. Es schmeckt
weniger scharf, dafür aber bitterer als die Brunnenkresse.

3 Zwiebelzahnwurz *(Dentaria bulbifera)*   Kreuzblütler

ausdauernd; 30–60 cm hoch;
in den Achseln der Laubblätter
erbsengroße Brutknospen

Laubwälder, vor allem
im Bergland;
Blüte: Apr.–Juni

Die gebietsweise geschützte Pflanze bildet zwar Blütenstände aus, doch
kann man Fruchtbildung nur selten beobachten. Meistens fällt der Fruchtknoten schon mit den Blütenblättern ab. Dafür vermehrt sich die Pflanze
durch die braunvioletten Brutzwiebeln, die in 4–5 Jahren zu neuen Pflanzen
heranwachsen.

4 Wiesenschaumkraut *(Cardamine pratensis)*   Kreuzblütler

ausdauernd; 20–30 cm hoch;
Stengel hohl;
Blätter gefiedert oder fiederschnittig;
Blüten weiß oder hellviolett

feuchte Wiesen und
Wälder, häufig auf
lehmigen Böden;
Blüte: Apr.–Mai

Das Wiesenschaumkraut bestimmt zur Blütezeit im April die Farbe etwas
feuchter Wiesen, bevor es vom gelbblühenden Scharfen Hahnenfuß abgelöst
wird. Seinen Namen soll es bekommen haben, weil an seinen saftreichen
Stengeln häufig Schaumzikaden den sogenannten *Kuckucksspeichel* erzeugen.
Es wäre aber genausogut denkbar, daß der Name vom »schaumigen« Aussehen der Schaumkrautwiesen zur Blütezeit herkommt. Die Rosettenblätter
am Grund der Pflanze sehen anders aus als die Stengelblätter. Sie sind gefiedert und dunkelgrün und bewurzeln sich häufig an mehreren Stellen. So
kann sich die Pflanze auch vegetativ vermehren.

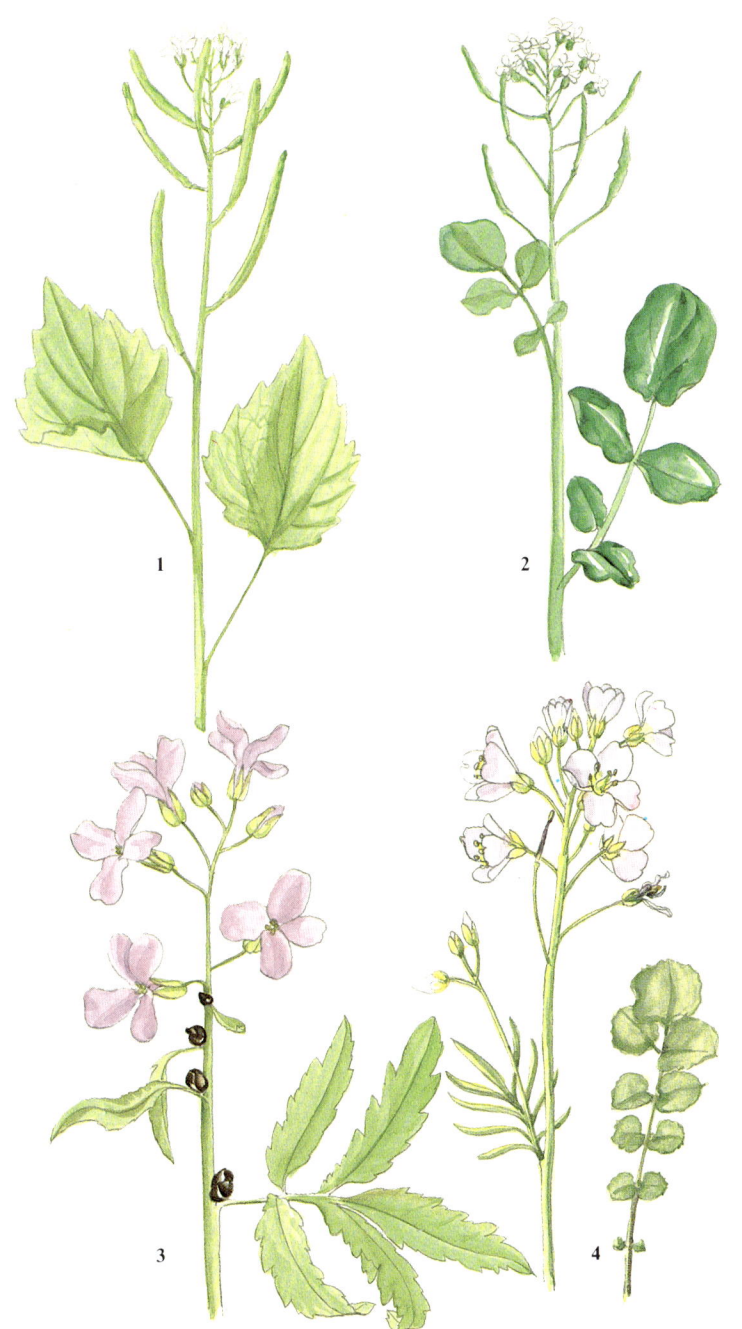

1

2

3

4

1 Felsensteinkraut /(*Alyssum saxatile*)

bis 35 cm hoher Halbstrauch,
Stengel im unteren Teil verholzt;
Blätter graugrün, stark behaart;
Blüten in dichtblütigen Rispen

Kreuzblütler
selten wildwachsend,
auf trockenen Felsen;
als Zierpflanze häufig;
Blüte: Apr.–Mai

Wegen der reichblütigen goldgelben Blütenstände und der attraktiven grau-filzigen Blätter werden die Arten der Gattung *Alyssum* gern neben den Blaukissen als Steingartenpflanzen kultiviert. Sie sind typische Steppenheide-bewohner, die wildwachsend nur an extrem trockenen Standorten recht selten vorkommen. Ihre eigentliche Heimat ist das östliche Mittelmeer-gebiet, wo etwa 70 verschiedene Steinkrautarten wachsen.

2 Blaukissen (*Aubrieta deltoidea*)

mehrjährige Polsterpflanze, 10–20 cm hoch;
Blätter mit Sternhaaren;
Blüten groß, blauviolett

Kreuzblütler
Heimat: Mittelmeer-länder; Zierpflanze;
Blüte: Mai–Juni

Die Gattung ist nach dem französischen Maler *Claude Aubriet* benannt, der als königlicher Kabinettsmaler im Jahr 1700 an einer Orientreise teilnahm, bei der die erste Aubrieta auf Kreta entdeckt wurde. Inzwischen wurden die verschiedenen Arten der Blaukissen als Steingartenpflanzen sehr beliebt und in allen möglichen Farbrassen und Kreuzungen kultiviert und gezüchtet, so daß es auch dem geübten Botaniker oft schwerfällt, die Ursprungsarten noch zu erkennen.

3 Doldige Schleifenblume (*Iberis umbellata*)

ein- oder zweijährig;
20–50 cm hoch; Blütenstand fast doldig,
Randblüten vergrößert

Kreuzblütler
Heimat: westl. Mittel-meerländer; Zierpflan-ze; Blüte: Mai–Juni

Ihren Namen hat sie, weil die beiden äußeren Kronblätter, besonders bei den Randblüten eines Blütenstandes, immer viel größer sind als die inneren und so einer Schleife ähneln. Auf diese Weise wird die Lockwirkung des Blüten-standes stark erhöht, besonders auch, weil die Einzelblüten immer in einer Ebene angeordnet sind und so leuchtende »Teller« entstehen, die den bestäubenden Insekten auffallen müssen. Schleifenblumen sind beliebte Gar-tenzierblumen.

4 Goldlack (*Cheiranthus cheiri*)

ausdauernd, 20–50 cm hoch;
Blütentrauben dicht, reichblütig;
Blüten goldgelb, braun, violett;
auch weißliche Rassen

Kreuzblütler
Heimat: östl. Mittel-meergebiet;
Zierpflanze, oft verwildert;
Blüte: Mai–Juni

Der Goldlack war schon im Altertum als Zierpflanze bekannt und wurde wegen seines starken Veilchenduftes als *Gelbveigelein* hoch geschätzt. Bereits im Mittelalter war er aus den Gärten ausgebrochen und in der Umgebung von Burgen und Schlössern oder auf Stadtmauern verwildert. Auch heute findet man ihn noch häufig in der Umgebung mittelalterlicher Burganlagen. Früher wurde der Goldlack auch als Heilpflanze verwendet.

1 Wildes Silberblatt *(Lunaria rediviva)*

ausdauernd, 30–140 cm hoch;
Blüten hellila bis violett, selten weiß;
Früchte bis 9 cm lang und 3 cm breit

Kreuzblütler

felsige, feuchte
Schluchtwälder;
Blüte: Mai–Juli

Auffälligstes Merkmal des Silberblatts sind die großen Früchte mit den silberglänzenden Scheidewänden, auf die sich auch der Name bezieht. Das ähnliche *Gartensilberblatt (Lunaria annua)* mit ungestielten Blättern am oberen Stengel stammt aus Südeuropa und wird in Gärten kultiviert; die reifen Fruchtstände finden als Trockensträuße Verwendung. Wegen ihrer in der Nacht (allerdings nicht nur bei Mondschein!) stark veilchenartig duftenden Blüten heißt die Pflanze auch *Mondviole*.

2 Hirtentäschelkraut *(Capsella bursa-pastoris)*

ein- bis zweijährig, 10–40 cm hoch;
grundständige Blätter in Rosetten;
Früchte dreieckig bis herzförmig

Kreuzblütler

häufiges Garten-
und Ackerunkraut;
Blüte: Febr.–Sept.

Das Hirtentäschelkraut ist als Kulturbegleiter über die ganze Erde verbreitet. Fast das ganze Jahr über kann man Blüten und die charakteristischen, beutelförmigen Früchte beobachten, auf die sich auch der Name bezieht. Die anspruchslose Pflanze ist sehr veränderlich. Neben den etwa 50 Kleinarten mit erbbeständigen Merkmalen gibt es auch Modifikationen, die durch äußere Einflüsse ausgelöst werden. So treten bei niedrigen Temperaturen im Frühjahr und Herbst fiederspaltige, tief eingeschnittene **(2a)**, im Hochsommer dagegen vorwiegend ungeteilte Blätter auf.

3 Ackerhellerkraut *(Thlaspi arvense)*

ein- bis zweijährig; 10–50 cm hoch;
Stengelblätter mit pfeilförmigem
Grund, sitzend; Früchte rundlich,
10–18 mm lang, trocken raschelnd

Kreuzblütler

Unkrautbestände auf
Äckern, in Gärten
und Weinbergen;
Blüte: Mai–Okt.

Der Name bezieht sich auf die Form der Früchte, die wie runde Geldstücke *(Heller)* aussehen; in manchen Gegenden heißt die Pflanze auch *Pfennigkraut*. Wie das Hirtentäschelkraut ist auch das Hellerkraut ein Kulturbegleiter. Überall, wo der Mensch Ackerbau betreibt, taucht es früher oder später auf. Vermutlich stammt es ursprünglich aus Innerasien und hat sich dann mit dem Getreidebau ausgebreitet.

4 Pfeilkresse *(Cardaria draba)*

ausdauernd, 20–50 cm hoch; Blätter
grauhaarig; mit herzförmigem Grund
sitzend; Blüten wohlriechend

Kreuzblütler

Straßen- und Bahn-
dämme, Schuttplätze;
Blüte: Mai–Juli

Die Pfeilkresse ist ein Neubürger in unserer Flora. Im Jahr 1728 wurde sie zum erstenmal in Ulm beobachtet und hat sich dann mit dem Bau der Eisenbahnlinien in Mitteleuropa ausgebreitet; inzwischen hat sie die norddeutschen Küsten erreicht. Ihre ursprüngliche Heimat liegt wahrscheinlich in Innerasien und im Mittelmeergebiet. Die scharf schmeckenden Samen wurden früher anstatt des teuren Pfeffers als Würze verwendet.

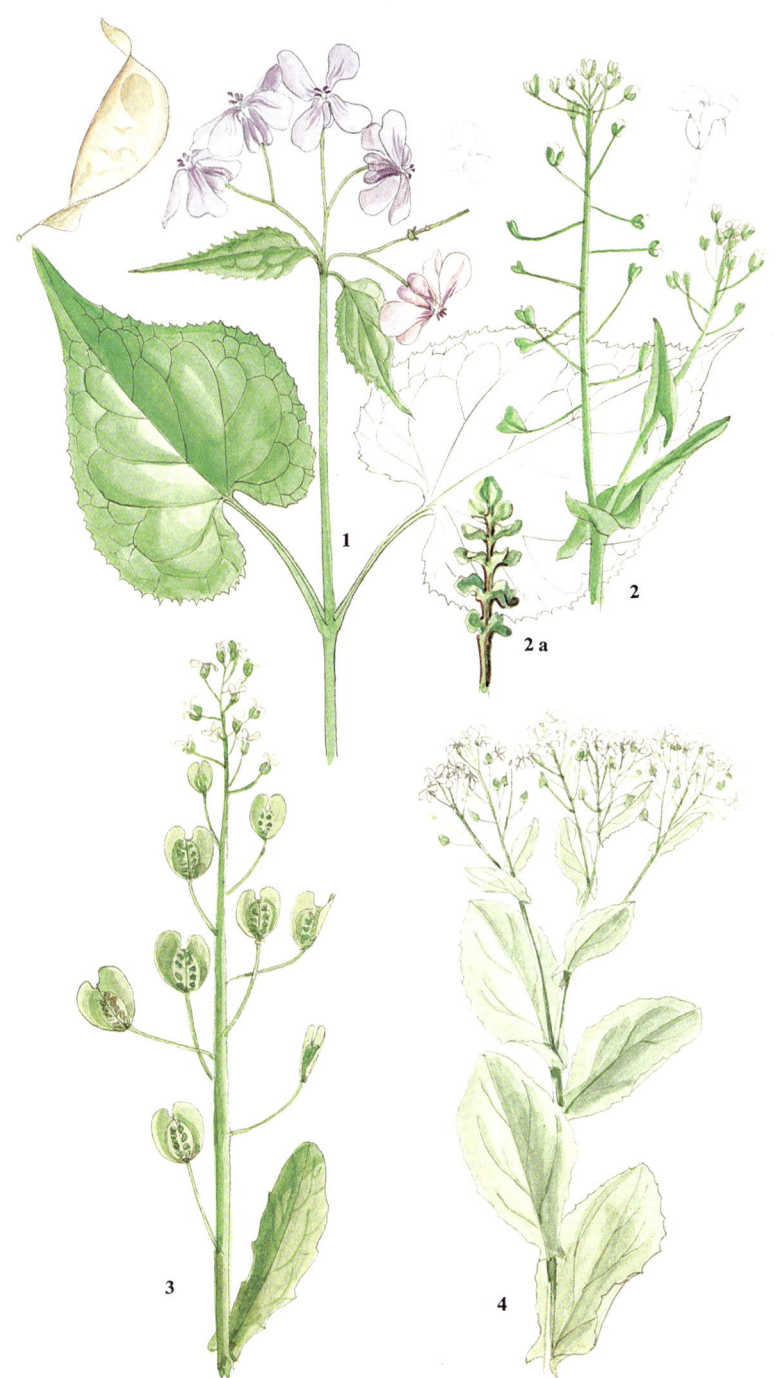

1

2

2 a

3

4

1 Gartenkresse *(Lepidium sativum)*
einjährige, bis 40 cm hohe
Pflanze mit dünnen, hellgrünen
Blättern und weißen Blüten

Kreuzblütler
Heimat: Abessinien;
häufig kultiviert;
Blüte: Mai–Juli

Kressesamen keimen bereits nach 2–3 Tagen, können in jedem Blumentopf, sogar auf feuchtem Fließpapier ausgesät werden, und die jungen Pflanzen liefern nach kurzer Zeit einen vitaminreichen, scharf-pfefferartig schmeckenden Salat. Neuerdings hat man in der Kresse Stoffe gefunden, die antibiotische (das Bakterienwachstum hemmende) Wirkungen haben.

2 Meerrettich *(Armoracia rusticana)*
ausdauernd, 40–125 cm hoch;
grundständige Blätter bis 100 cm lang,
gestielt; Stengelblätter
sitzend, gekerbt

Kreuzblütler
Heimat: Wolga-Don-
Gebiet; häufig kulti-
viert und verwildert;
Blüte: Mai–Juli

Der Meerrettich ist bereits im Mittelalter aus dem Osten zu uns gekommen. Der slawische Name *Kren* deutet auf seine Herkunft hin. Die Wurzel enthält reichlich beißend schmeckendes *Senföl*, das in kleinen Mengen verdauungsfördernd und harntreibend wirkt und als Würze geschätzt wird, im Übermaß genossen aber Koliken verursachen kann.

3 Raps *(Brassica napus)*
ein- bis zweijährig; obere Stengelblätter
blaugrün; stengelumfassend;
Blüten leuchtend gelb

Kreuzblütler
Kulturpflanze, gele-
gentlich verwildert;
Blüte: April–August

Der Raps und die *Steckrübe* sind Rassen einer Art, deren Wildform unbekannt ist. Wahrscheinlich sind sie beide aus einer Kreuzung des Kohls mit dem Rübsen entstanden. Aus den schwarzen Rapssamen gewinnt man Speiseöl, während man bei der Züchtung der Steckrübe vor allem Wert auf die Ausbildung einer dicken, weichfleischigen Wurzel gelegt hat.

Gemüsekohl *(Brassica oleracea)*
Wildform zweijährig bis ausdauernd;
bis mannshoch; Blätter dick, blaugrün;
Blüten gelb **(4a)**

Kreuzblütler
Mittelmeer- und Atlan-
tikküste, Helgoland;
Blüte: Mai–Herbst

Die Wildform des Gemüsekohls bekommt man nur selten zu sehen, dafür sind seine Kulturrassen – durch Auslese und Weiterzucht verschiedener Formen der Wildpflanze im Lauf von fast 2000 Jahren entstanden – um so bekannter. Meistens handelt es sich um Mißbildungen, die ohne die Pflege des Menschen gar nicht lebensfähig wären: Beim *Weiß- und Rotkohl (Weiß-kraut* und *Blaukraut)* entwickeln sich die Blätter lebenslang nicht aus der riesigen Knospe heraus, der *Wirsing* hat blasige Blätter, der *Grünkohl* ge-
4 kräuselte. Beim **(4)** Kohlrabi ist der Stengel knollig verdickt, beim *Rosenkohl* werden die vergrößerten Seitenknospen geerntet, während wir vom *Blumen-kohl* den mißgestalteten Blütenstand verzehren. Der Gemüsekohl ist eine uralte Kulturpflanze. Bereits Plinius (24–79 n. Chr.) berichtet von Kohl-rassen, die bei den Römern kultiviert wurden.

1 Ackersenf *(Sinapis arvensis)* — Kreuzblütler

einjährig; 30–60 cm hoch;
Stengel unten borstig; Blätter behaart;
Kelchblätter waagrecht abstehend

Äcker, Schuttplätze,
Wegränder, häufig;
Blüte: Juni–Herbst

Auf nährstoffreichen, milden, vor allem kalkhaltigen Böden kann er zu einem sehr lästigen Ackerunkraut werden, das sich kaum ausrotten läßt. Eine einzige Pflanze vermag bis 25000 Samen zu erzeugen. Sollen diese auskeimen, so dürfen sie nur von einer dünnen Erdschicht bedeckt sein, doch können sie in tieferen Erdschichten, wenn sie untergepflügt worden sind, jahrzehntelang am Leben bleiben. Besonders im Sommergetreide kann durch das massenhafte Auftreten des Ackersenfs Schaden entstehen, weil das Unkraut genauso schnell wächst wie das Getreide. Aus den Samen kann man *Senföl* gewinnen.

2 Hederich *(Raphanus raphanistrum)* — Kreuzblütler

einjährig, 30–60 cm hoch;
ähnlich dem Ackersenf, aber Kelchblätter
aufrecht, Blüten oft weiß

Äcker, Wege, Schuttplätze, häufig;
Blüte: Juni–Herbst

Auch der Hederich ist ein häufiges Ackerunkraut. Im Gegensatz zum Ackersenf, mit dem er oft verwechselt wird, bevorzugt er aber kalkarme, lockere Sandböden. In Nordeuropa herrscht die Form mit gelben Blüten vor, während im Süden hauptsächlich Pflanzen mit weißen, dunkel geaderten Blüten vorkommen. Die Früchte sind perlschnurartig gegliederte Schoten, die bei der Reife in ihre Einzelglieder mit je einem Samen zerfallen.

3 Europäischer Meersenf *(Cakile maritima)* — Kreuzblütler

einjährig, Stengel 15–30 cm lang,
niederliegend oder aufsteigend;
Blätter saftig-fleischig;
Blüten lila bis rosa, selten weiß

nur an Meeresstränden
auf salz- und stickstoffreichen Böden;
Blüte: Juli–Herbst

Der Meersenf ist eine Charakterpflanze der Dünen an der offenen Meeresküste. Er verträgt den Salzgehalt des Bodens und gedeiht am besten in lockeren Sand. Seine Wurzel wird bis zu 1 m lang. Die wohlriechenden Blüten erzeugen viel Nektar und werden von Insekten bestäubt. Die Früchte können mit Hilfe von luftgefülltem Gewebe gut schwimmen; die Meeresströmung sorgt für ihre Verbreitung.

4 Gelber Wau *(Reseda lutea)* — **Resedagewächse**

zweijährig, 30–60 cm hoch;
Blüten gelbgrün, mit sechs ungleich
geformten Blütenblättern

Wegränder, Schuttplätze, Ödland;
Blüte: Mai–Herbst

Der Gelbe Wau mit geruchlosen Blüten stammt aus dem Mittelmeergebiet, ist aber besonders in Süddeutschland seit langem eingebürgert. Die *Gartenresede (Reseda odorata)* wird wegen des herrlichen Duftes ihrer Blüten seit etwa 150 Jahren in Gärten kultiviert, während man den *Färberwau (Reseda luteola)* mit ungeteilten Blättern zur Gewinnung eines gelben, lichtechten Farbstoffs zum Färben von Seide anbaute.

1

2

3

4

1 Rundblättriger Sonnentau (Drosera rotundifolia)

ausdauernd; blühende Pflanze 10–20 cm hoch;
Blätter mit rötlichen Drüsen besetzt,
langgestielt, in Rosetten am Grunde
der Pflanze

Sonnentaugewächse

Moore, meist in Torf-
moosrasen, aber auch
auf nassem Torfboden;
Blüte: Juli–Aug.

Die Sonnentau-Arten sind als »fleischfressende Pflanzen« berühmt geworden. In der Tat können die Blätter die Pflanze auf ihrem nährstoffarmen Standort zusätzlich mit Stickstoffverbindungen aus Insektenkörpern versorgen: Die roten Knöpfchendrüsen locken mit wasserhellen Leimtropfen Insekten an, die daran kleben bleiben. Alsbald umschließen die gestielten Drüsen die Beute und scheiden ein Verdauungssekret aus, das die Nährstoffe des Insektenkörpers auflöst, so daß sie von der Pflanze aufgenommen werden können. Eine weitere Anpassung an den Moorstandort ist die Fähigkeit der Pflanze, jedes Jahr auf den inzwischen höher gewordenen Torfmoospolstern eine neue Rosette auszubilden. Früher wurden Sonnentaupflanzen als Heilmittel gesammelt, heute stehen sie unter Naturschutz.

2 Scharfer Mauerpfeffer (Sedum acre)

ausdauernd, 5–10 cm hoch, Stengel
kriechend, rasenbildend; Blätter
walzenförmig; Pflanze scharf schmeckend

Dickblattgewächse

Felsen, Mauern,
trockene Raine;
Blüte: Juni–Aug.

Der Name weist auf den bevorzugten Standort und auf die scharf schmeckenden Inhaltsstoffe der Pflanze hin. Größere Mengen der Blätter sollte man nicht kauen, da die enthaltenen Alkaloide Vergiftungserscheinungen (Lähmungen, Betäubung) auslösen können. Die Früchte öffnen sich nur bei Regenwetter, dabei werden die kleinen Samen herausgeschwemmt. Die Blätter der ähnlichen Milden Fetthenne (Sedum sexangulare) haben am Grund ein kleines, spornartiges Anhängsel und schmecken nicht scharf.

3 Rote Fetthenne (Sedum telephium)

ausdauernd, 15–60 cm hoch;
Stengel aufrecht; Blätter dick, saftig;
wechselständig; Blüten purpurn

Dickblattgewächse

Wegränder, Hecken auf
steinigem Boden;
Blüte: Juni–Aug.

Die Pflanze hat den deutschen und den lateinischen Namen von ihren dickfleischigen, »fetten« Blättern bekommen. Der Gattungsname Sedum soll vom lateinischen sedare abgeleitet sein, was »stillen« bedeutet: Die saftigen Blätter wurden früher als kühlendes, schmerzstillendes Mittel auf Wunden aufgelegt. Ähnlich ist die Große Fetthenne (Sedum maximum) mit gelben Blüten.

4 Weißer Mauerpfeffer (Sedum album)

ausdauernd, 5–20 cm hoch, Stengel
kriechend, rasenbildend; Blätter
walzenförmig, länglich, dunkelgrün

Dickblattgewächse

Felsen, Mauern, Bahn-
schotter, Trocken-
rasen;
Blüte: Juni–Okt.

Die Pflanze treibt zweierlei Sprosse: dichtbeblätterte Stengel, die nicht blühen, und locker beblätterte Blütenstengel. Die Blüte enthält zehn Staubblätter, die sich während des Aufblühens nach innen bewegen und beim Ausbleiben von Insekten Selbstbestäubung herbeiführen.

2 ☠

3

4

1 Echte Hauswurz *(Sempervivum tectorum)*

ausdauernd, 10–40 cm hoch;
Blattrosetten 3–14 cm im Durchmesser,
Rosettenblätter am Rand gewimpert;
Blüten mit 12–16 (meist 13) Kronblättern

Dickblattgewächse
Felsen; häufig auf
Dächern und Mauern
angepflanzt;
Blüte: Juli–Sept.

Ursprünglich an sonnigen Felsen der Mittelgebirge und der Alpen wild-
wachsend, wurden Hauswurzpflanzen schon im Mittelalter auf Dächern und
Mauern kultiviert. Anfänglich sollten sie wohl die lehmbedeckten Dach-
firste vor dem Auswaschen durch den Regen schützen, dann entstand der
Aberglaube, die Pflanze könne die Häuser vor Blitzschlag bewahren. Der
Blütenstand entwickelt sich erst im 3.–4. Lebensjahr der Rosette. In der
Blüte reifen zuerst die Staubbeutel, biegen sich nach außen und geben den
Blütenstaub ab. Erst dann spreizen sich die Narbenäste und werden emp-
fängnisfähig. Die winzigen Samen verbreitet der Wind. Die Art ist geschützt.

Von den rund 30 in Deutschland vorkommenden Arten der Gattung **Steinbrech** *(Saxifraga)* können hier nur vier Vertreter vorgestellt werden (S. 113,
115). Die meisten Arten sind ausgesprochene Gebirgspflanzen, doch hat der
Gattungsname »Steinbrech« nichts mit ihrem Standort zu tun, sondern
erinnert daran, daß eine Art, der *Knöllchensteinbrech (Saxifraga granulata)*
(S. 115), früher als Heilmittel gegen Blasensteine benützt wurde. Die Rosetten der felsbewohnenden Arten stehen unter Naturschutz.

2 Traubensteinbrech *(Saxifraga paniculata)*

ausdauernd, Blütenstengel bis 45 cm hoch;
Rosettenblätter derb, dickfleischig,
gezähnt, am Rand mit Kalkabscheidungen

Steinbrechgewächse
Felsspalten, Stein-
schutt, vor allem
auf Kalkgestein;
Blüte: Mai–Juli

Die unter Naturschutz stehende Pflanze ist gut an ihren Standort auf trockenen Felsen angepaßt: Die dicke Oberhaut bewahrt das Blattinnere vor Austrocknung, die Zellzwischenräume sind verkleinert; schließlich schützen die
ausgeschiedenen Kalkflöckchen zusätzlich gegen Verdunstung und tierische
Feinde.

3 Fetthennensteinbrech *(Saxifraga aizoides)*

ausdauernd, lockerrasig; blühende
Sprosse 3–20 cm hoch; Blätter fleischig,
mit Knorpelspitze; Blüten gelb
bis orange, selten rot

Steinbrechgewächse
alpine Quellfluren,
Bachufer und Flach-
moore;
Blüte: Juni–Okt.

Zu Recht heißt die Pflanze auch *Bachsteinbrech*. Wo sie vorkommt, ist der
Boden immer sehr feucht, manchmal stehen die Pflanzen ganz im Wasser.

4 Blaugrüner Steinbrech *(Saxifraga caesia)*

ausdauernd, 2–10 cm hohe Rosettenpflanze,
polsterartige Rasen bildend; Blätter dick,
blaugrün, oft von Kalkkrusten überzogen;
3–5 mm lang, 1 mm breit

Steinbrechgewächse
nur in den Alpen an
Kalk- und Dolomit-
felsen;
Blüte: Juni–Aug.

Die Pflanze gedeiht in den Alpen zwischen 1500 und 2600 m, wird aber von
den Alpenflüssen zuweilen auch ins Tal geschwemmt. Sie ist geschützt.

1 Knöllchensteinbrech (Saxifraga granulata)

Steinbrechgewächse

ausdauernd, 20–50 cm hoch; Stengel und
Laubblätter drüsig behaart; Grundblätter
rosettig gehäuft, am Wurzelstock
zahlreiche kleine Brutzwiebeln

Wiesen auf nährstoff-
reichen Böden, kraut-
reiche Laubwälder;
Blüte: Mai–Juni

Die Pflanze vermehrt sich nicht nur durch Samen, sondern auch vegetativ
durch Brutzwiebeln, die zur Blütezeit in den Achseln vorjähriger Grundblätter am Wurzelstock zu finden sind. Sie war schon im Mittelalter bekannt
und wurde als »Steinbrech« bezeichnet, obwohl sie nie auf Felsen oder Steinen wächst (zum Namen vergleiche S. 112!).

2 Wechselblättriges Milzkraut (Chrysosplenium alternifolium)

Steinbrechgewächse

ausdauernd, 5–20 cm hoch;
grundständige Blattrosette; Blüten klein,
unscheinbar, ohne Kronblätter

feuchte Schlucht-
und Auwälder;
Blüte: März–Mai

Die Milzkrautarten sind streng an ihre Standorte – kühle, feuchte Stellen –
gebunden. Sie blühen vor dem Laubausbruch; die Lockwirkung der vier
kleinen Kelchblätter wird durch die oft gelb gefärbten Hochblätter verstärkt.
Kleine Fliegen bestäuben die Blüten. Wahrscheinlich wegen der Form der
Blätter wurde dem Milzkraut früher Heilwirkung gegen Milzerkrankungen
zugesprochen, doch ließen sich bis heute keine entsprechenden Wirkstoffe
nachweisen. Mehr im westlichen Europa wächst das ähnliche Gegenständige
Milzkraut (Chrysosplenium oppositifolium) mit gegenständigen Blättern.

3 Herzblatt (Parnassia palustris)

Steinbrechgewächse

ausdauernd; am aufrechten, 5–30 cm
hohen Blütenstengel ein einziges,
herzförmiges Blatt; grundständige
Blätter herzförmig und gestielt

versumpfte Wiesen,
Flachmoore, im
Gebirge bis 3000 m;
Blüte: Juli–Okt.

Jeder Stengel trägt nur eine einzige weiße Blüte, deren fünf Kronblätter
wasserhelle Streifen haben. Außer den fünf fruchtbaren Staubblättern findet
man im Blüteninnern fünf merkwürdige, spatelförmige Gebilde, am Grunde
breit, oben in 7–15 gestielte, glänzende Köpfchen zerteilt. Dies sind unfruchtbare Staubblätter (Staminodien). Die Gattung Parnassia umfaßt etwa 40 Arten, von denen bei uns nur eine einzige vorkommt. Im System steht sie
isoliert und wird neuerdings nicht mehr zu den Steinbrechgewächsen gezählt,
sondern zu einer eigenen Familie, den Herzblattgewächsen.

4 Hortensie (Hydrangea hortensis)

Steinbrechgewächse

ausdauernder, 1–1,5 m hoher Strauch;
Blätter gegenständig; Blütenstand
trugdoldig; Randblüten unfruchtbar

Zierpflanze aus Ost-
asien; Blüte: Juni–Okt.,
März–Apr.

Die Hortensie wurde von Commerson 1767 in China entdeckt und nach seiner
Geliebten, Hortense Barrè, die ihn auf seinen Reisen begleitete, benannt.
Heute werden die Hortensien in einer Vielzahl von Rassen und Hybriden
kultiviert. Durch Gießen mit einer Ammoniak-Alaun-Lösung (1%ig) vor
der Blütezeit kann man rosafarbene Blüten künstlich nach Blau umfärben.

1
2
3
4

1 Pfeifenstrauch *(Philadelphus coronarius)*   Steinbrechgewächse

1–3 m hoher Strauch; Blätter gegenständig;   Heimat: Südeuropa;
Blüten stark duftend,   Zierstrauch;
in 1–10 blütigen Trauben   Blüte: Mai–Juni

Häufig wird dieser Zierstrauch auch als *Falscher Jasmin* oder verkürzt als *Jasmin* bezeichnet. Doch hat er mit dem *Echten Jasmin (Jasminum officinale)*, der weiß blüht, sowie dem *Winterjasmin (Jasminum nudiflorum)*, der gelb blüht (S. 214), nichts zu tun. Der Name »Pfeifenstrauch« soll daher kommen, daß man früher die geraden Schößlinge des Strauches vom Mark befreit und daraus Pfeifenrohre hergestellt hat.

2 Stachelbeere *(Ribes uva-crispa)*   Steinbrechgewächse

60–150 cm hoher, dicht verzweigter Strauch;   Steinriegel, Hecken,
Zweige mit einfachen oder dreiteiligen   Wälder; oft als Beeren-
Stacheln; Blüten grünlich oder   obst kultiviert;
rötlich, zu 1–3   Blüte: Apr.–Mai

Die Wildform der Stachelbeere hat kleine, kaum mehr als erbsengroße, süße Früchte. Seit dem 16. Jahrhundert wird der Strauch kultiviert, und man hat eine Fülle von Kulturformen mit großen, grünen oder roten Früchten gezüchtet. Unangenehm sind die Stacheln; sie sind nichts anderes als umgewandelte Haare – bei genauer Betrachtung kann man alle Übergangsformen zwischen Haaren und Stacheln finden. Die unscheinbaren Blüten öffnen sich bald nach dem Laubausbruch und werden von Insekten bestäubt.

3 Rote Johannisbeere *(Ribes rubrum)*   Steinbrechgewächse

1–2 m hoher Strauch;   selten wildwachsend,
Blätter 3–5 lappig, ohne Drüsen;   häufig kultiviert;
Blüten in hängenden, lockeren Trauben   Blüte: Apr.–Mai

Ihren Namen hat die Pflanze von der Reifezeit der Früchte um den Johannistag (24. Juni). Wie die Stachelbeere, wird sie ihrer Früchte wegen seit mehreren Jahrhunderten kultiviert, und es gibt inzwischen eine Fülle von Kulturformen, auch solche mit weißen Beeren. Eine andere Art, die man sofort an eigenartigen Geruch der Blätter erkennt, ist die *Schwarze Johannisbeere (Ribes nigrum)*, deren Früchte besonders reich an Vitaminen sind und das Wachstum von Bakterien und Viren hemmen sollen.

4 Ahornblättrige Platane *(Platanus hybrida)*   **Platanengewächse**

bis 30 m hoher Baum; Stamm durch   Allee- und Zierbaum
die abblätternde Borke gescheckt;   unsicherer Herkunft;
Blätter ahornartig, aber wechselständig;   Blüte: Mai
Blüten in kugelförmigen Köpfchen

Da sie gegen Ruß und schweflige Säure unempfindlich sind und auch den Schnitt gut vertragen, wurden die Platanen wichtige Alleebäume der Großstädte. Im Wald gedeihen sie schlecht, weil sie viel Licht brauchen. Forstlicher Anbau würde sich auch kaum lohnen, denn ihr Holz ist zwar hart, aber wenig dauerhaft. *Platanus hybrida* ist aus einer Kreuzung der *Morgenländischen* mit der *Amerikanischen Platane* entstanden.

Familie Rosengewächse *(Rosaceae)*

Die Familie der Rosengewächse umfaßt etwa 2000 Arten, die vor allem in Gebieten mit gemäßigtem Klima auf der nördlichen Halbkugel verbreitet sind. Sie meiden extrem trockene Gegenden, dringen aber bei genügend Feuchtigkeit sowohl in den Hochgebirgen als auch im arktischen Norden bis an die äußersten Grenzen pflanzlichen Wachstums vor. Unter den Rosengewächsen gibt es von den herrlichen Gartenrosen bis hin zu den Obstbäumen eine Fülle von Zier- und Nutzpflanzen.

Innerhalb der Familie kann man 3 Unterfamilien bilden, die von manchen Systematikern auch den Rang von eigenen Familien erhalten:
1. Unterfamilie: *Rosenartige (Rosoideae)* mit den Rosen, Brombeeren, Fingerkräutern, Erdbeeren, Spiersträuchern, den Nelkenwurzarten u. a. m.
2. Unterfamilie: *Mispel-* oder *Kernobstgewächse (Mespiloideae)* mit Apfel- und Birnbäumen, Ebereschen, Weißdorn, Mispelarten u. a. m.
3. Unterfamilie: *Mandel-* oder *Steinobstgewächse (Amygdaloideae)* mit Kirsche, Traubenkirsche, Pflaume, Schlehe, Pfirsich u. a. m.

An einem blühenden Strauch der Hecken- oder Hundsrose lassen sich die Merkmale der Rosengewächse gut erkennen. Allerdings sind diese Merkmale bei anderen Familienmitgliedern in vielfältiger Weise abgewandelt.

Es fallen zuerst die großen Blüten mit den fünf rosafarbenen Kronblättern ins Auge. Ihr Duft lockt Insekten an, die aber keinen Nektar vorfinden, sondern sich mit dem überreich produzierten Blütenstaub begnügen müssen. Ein Querschnitt durch die Blüte zeigt den krugförmigen Blütenboden, in dessen bauchigem Inneren die zahlreichen Fruchtknoten geborgen sind. Von außen sind nur die dichtgedrängten Narben zu sehen sowie zahlreiche Staubblätter, die am Rand des Blütenbodens entspringen. Bei den meisten Rosengewächsen ist die Anzahl der Staub- und Fruchtblätter ein Vielfaches von fünf; die Blüten der Steinobstarten haben aber nur ein Fruchtblatt! Die fünf Kelchblätter der Heckenrosenblüte zeigen sehr schön, daß sie aus Laubblättern entstanden sind: Man findet an einer Blüte alle Übergänge vom gefiederten zum ganzrandigen Kelchblatt.

Die Früchte der Heckenrose heißen *Hagebutten*. Der Botaniker bezeichnet die Hagebutte als *Scheinfrucht*, weil die scharlachrote fleischige Hülle nicht aus dem Fruchtknoten, sondern aus dem Blütenboden entsteht. Man muß umdenken, wenn man die botanische Definition der Frucht zugrundelegt: Bei der Erdbeere sind die Früchte die kleinen »Kerne«, die auf dem nach oben gewölbten Blütenboden sitzen, bei den Kernobstarten befinden sie sich im Kernhaus, bei den Steinobstarten innerhalb des »Steins«.

Die Blätter der Heckenrose sind gefiedert und bestehen aus 5–7 Fiederblättchen. Am Grund des Blattstiels befinden sich noch zwei Nebenblätter, die an ihrer Längsseite mit dem Blattstiel verwachsen sind. Nebenblätter finden sich bei den meisten Rosengewächsen, doch sind sie oft sehr hinfällig und am ausgewachsenen Blatt längst abgefallen.

»Alle Rosen haben Dornen«, sagt der Volksmund. Botaniker bezeichnen aber die spitzen Gebilde am Rosenstengel als *Stacheln*: Sie sind Bildungen der Oberhaut und leicht abzulösen. Echte *Dornen* sind Umbildungen ganzer Zweige, schwer abzubrechen und finden sich z. B. bei Schlehe und Weißdorn.

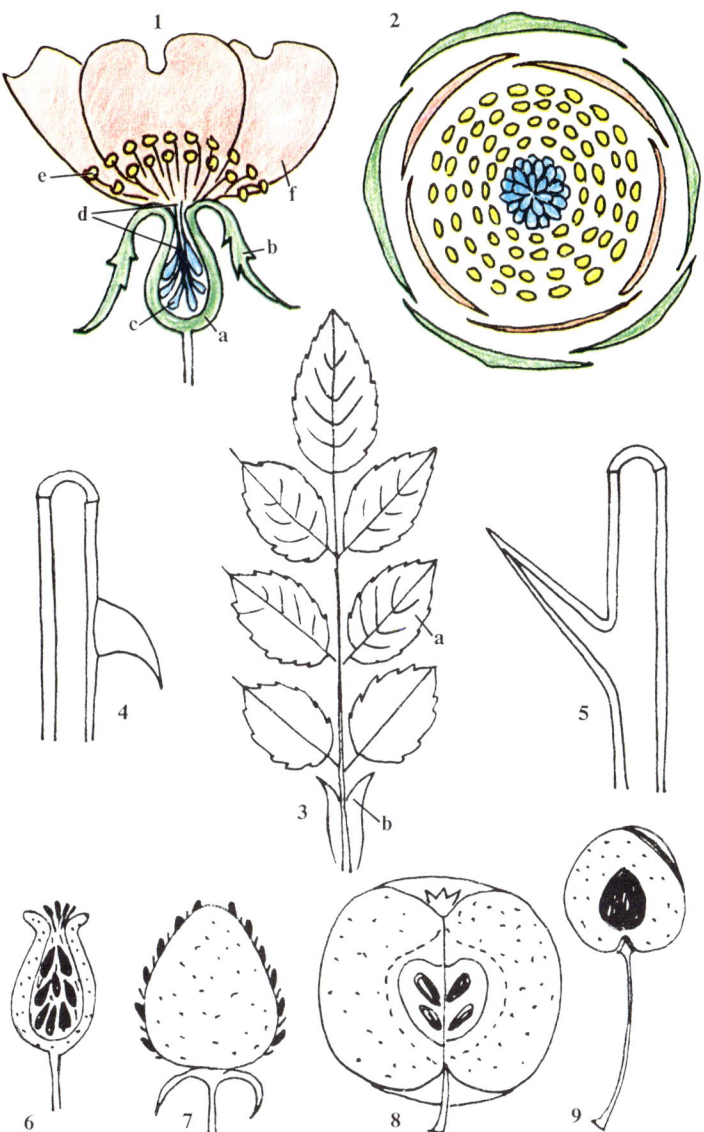

Rosengewächse: 1 Blüte der Heckenrose: **a** krugförmiger Blütenboden, **b** Kelchblätter, **c** Fruchtknoten, **d** Griffel mit Narben, **e** Staub-, **f** Kronblätter; **2** Blütendiagramm (Rose); **3** gefiedertes Laubblatt (Rose); **a** Fiederblättchen, **b** Nebenblätter; **4** Stachel (Rose); **5** Dorn (Schlehe); **6–9** Früchte: **6** Hagebutte (Rose), **7** Erdbeere, **8** Apfel, **9** Kirsche.

1 Quitte *(Cydonia oblonga)*

bis 6 m hoher Baum; Äste sparrig;
Zweige, Knospen und Unterseite der
Blätter filzig; Blüten einzeln, rosa

Rosengewächse
Heimat: Südasien;
Obst- und Zierbaum;
Blüte: Mai–Juni

Seiner leuchtend gelben, filzigen Früchte wegen wurde der Baum schon im
Altertum kultiviert. Griechen und Römer genossen die rohen Früchte mit
Honig, ließen sie aber auch zu einem Wein *(cydonium)* vergären. Die Quitte
galt als Symbol der Liebe und Fruchtbarkeit – die dafür zuständigen
Göttinnen Aphrodite bzw. Venus stellte man gern mit Quittenfrüchten dar
(Äpfel der Venus!). Heute gelten die rohen, harten Früchte als ungenießbar
doch kann daraus aromatische Marmelade oder Gelee gekocht werden.

2 Niedrige Zwergmispel *(Cotoneaster horizontalis)*

bis 75 cm hoher Zwergstrauch; Zweige
horizontal ausgebreitet, an den Ästen
zweizeilig angeordnet; Blätter klein,
lederig; Blüten rosa, Früchte rot

Rosengewächse
Heimat: China;
häufig angepflanzter
Zierstrauch;
Blüte: Mai–Juni

Zusammen mit anderen Zwergmispelarten wird dieser Strauch mit der
eigenartigen Wuchsform häufig in Gärten und Steingärten angepflanzt. Die
kleinen, rosaroten Blüten sind trotz ihrer Häufung an den Zweigen recht
unauffällig. Um so attraktiver wirkt die Zwergmispel im Herbst, wenn sie
über und über mit kleinen, roten Früchten besetzt ist. Die Einzelfrucht
sieht aus wie ein kleiner Apfel, ist aber hart und ungenießbar; sie wird von
den drei Samen fast ausgefüllt. Vögel, besonders Amseln, verbreiten die
Samen, trotzdem verwildert die Zwergmispel nur selten.

3 Japanische Scheinquitte *(Chaenomeles japonica)*

1–2 m hoher Strauch; Kurztriebe mit Dornen;
Blätter etwas lederig, oberseits
dunkel-, unterseits hellgrün;
Blüten zu 2–6, rot, rosa oder weiß

Rosengewächse
Heimat: Japan;
Zierstrauch;
Blüte: März–Apr.

Dieser beliebte Zierstrauch heißt auch *Scharlachquitte* oder *Feuerbusch*.
Noch vor der Laubentfaltung öffnen sich die meist scharlachroten Blüten,
aus denen sich später quittenähnliche, 3–4 cm dicke, grünlichgelbe Früchte
entwickeln. Sie sind zwar eßbar, schmecken aber sehr sauer. In Japan werden
sie zu Gelee verkocht.

4 Eberesche *(Sorbus aucuparia)*

bis 10 m hoher Baum, auch strauchförmig;
Blätter wechselständig, gefiedert;
Früchte rot, erbsengroß

Rosengewächse
Wälder; Zier- und
Alleebaum;
Blüte: Mai–Juli

Die Eberesche oder *Vogelbeere* ist eine sehr anspruchslose Holzpflanze. Sie
gedeiht auf trockenen und feuchten, nährstoffarmen und nährstoffreichen
Böden; selbst die Abgase und Rußablagerungen in unseren Großstädten
scheinen ihr nur wenig anhaben zu können. Im August färben sich die
Früchte leuchtend rot. Sie enthalten Gerbstoffe, Apfelsäure und Bitterstoffe.
Eine süßfrüchtige Unterart eignet sich zum Einkochen.

1 Apfelbaum *(Malus domestica)*   Rosengewächse
bis 10 m hoher Baum; junge Zweige   Obstbaum;
zottig-filzig behaart; Blätter   Blüte: Mai–Juni
kurz gestielt; Staubbeutel gelb

Schon die Römer vor 2000 Jahren kannten etwa 30 verschiedene Apfelsorten. Durch Auslese und Kreuzungen ist die Zahl der Sorten, die sich in Größe, Form, Farbe und Geschmack der Früchte unterscheiden, auf 1500 angewachsen. Nur ganz selten begegnet man in unseren Wäldern noch einem *Wildapfelbaum (Malus sylvestris)* mit dornigen Zweigen und kleinen, holzigen Früchten. Vermutlich sind die heutigen Rassen aus Kreuzungen asiatischer Wildäpfel entstanden. Der Botaniker bezeichnet den Apfel als Scheinfrucht, weil nur das Kerngehäuse aus den Fruchtblättern gebildet wird und demnach die eigentliche Frucht darstellt, während das saftige Fruchtfleisch aus dem Blütenboden entsteht. Aus den Kernen entstehen nur »Wildlinge«, deshalb kann man die wertvollen Kulturrassen nur durch Aufpfropfen von Reisern vermehren.

2 Birnbaum *(Pyrus communis)*   Rosengewächse
bis 20 m hoher Baum; Blattstiel so lang   Obstbaum;
wie das Blatt; Blüten unangenehm riechend;   Blüte: Apr.–Mai
Staubbeutel rot

Die vielen, heute kultivierten Birnensorten stammen wahrscheinlich von vorderasiatischen und auf dem Balkan vorkommenden Wildarten ab, während die selten gewordene, einheimische *Holzbirne (Pyrus pyraster)* mit dornigen Zweigen und kleinen, holzigen Früchten die Stammart der »Mostbirnen« sein könnte. Oft sind in den Früchten Nester von holzigen Steinzellen.

3 Himbeere *(Rubus idaeus)*   Rosengewächse
zweijährige, verholzende Stengel, 1–2 m hoch;   Waldlichtungen, auch
Blätter gefiedert, mit 3–5 Blättchen,   Nutzpflanze;
unterseits weißfilzig; Früchte rot   Blüte: Mai–Aug.

Aus dem ausläuferbildenden Wurzelstock wachsen aufrechte Sprosse, die im ersten Jahr nur Blätter tragen, im zweiten Jahr blühen und fruchten und dann absterben. Aus den getrockneten Blättern wird Tee bereitet, aus den aromatischen Früchten stellt man nicht nur Sirup und Marmelade her: oft werden sie auch vergoren und zu Himbeergeist destilliert.

4 Brombeere *(Rubus fruticosus)*   Rosengewächse
bis 2 m hoher Strauch mit stacheligen,   Hecken, Wälder, Ufer;
oft niederliegenden Sprossen;   auch Nutzpflanze;
Blätter gefingert; Früchte schwarz   Blüte: Juni–Juli

Die Gattung der Brombeeren ist eine der formenreichsten Pflanzengruppen. Von den Botanikern werden fast 400 verschiedene Arten und Kleinarten unterschieden, die vermutlich durch Kreuzungen bereits ausgestorbener Stammarten entstanden sind und sich dann durch Selbstbestäubung stabilisiert haben. Die Früchte fast aller Arten sind wohlschmeckend. Neuerdings hat man auch Rassen ohne Stacheln gezüchtet.

1

2

3

3

3

4

1 Zweigriffeliger Weißdorn *(Crataegus laevigata)*   Rosengewächse

bis 5 m hoher Strauch oder kleiner Baum;   Wälder, Hecken; Zier-
Zweige dornig; Rinde weißgrau;   und Heckenstrauch;
Blüten unangenehm riechend   Blüte: Mai

Weißdornblüten, gehäuft in Trugdolden vereinigt und mit leuchtend roten
Staubbeuteln, sehen im Freien sehr schön aus. Läßt man sich aber verlocken,
einen Strauß davon ins Zimmer zu stellen, ist der Raum bald von einem
widerlichen Geruch nach *Trimethylamin* erfüllt, einem chemischen Stoff, der
auch der Heringslake ihren typischen »Duft« verleiht. Tee aus den getrockneten Blütenknospen wirkt gefäßerweiternd und blutdrucksenkend. Die
kleinen, roten Früchte werden auch als *Mehlbeeren* bezeichnet. Ähnlich der
abgebildeten Art ist der *Eingriffelige Weißdorn (Crataegus monogyna)*, dessen Blüten nur einen Griffel haben; eine Abart davon, der *Rotdorn* mit
gefüllten Blüten, ist ein häufiger Zierbaum.

2 Blutwurz *(Potentilla erecta)*   Rosengewächse

ausdauernd, 15–40 cm hoch; Blätter   Wälder, Heiden,
3–5fingerig; Blüten mit vier gelben   kalkarme Böden;
Kronblättern; Wurzelstock innen rot   Blüte: Mai–Sept.

Die Blutwurz ist eine Fingerkrautart, unterscheidet sich aber von all ihren
Verwandten dadurch, daß die Blüten nur vier Kronblätter haben. Der
Wurzelstock, als »Tormentill« *(Rhizoma Tormentillae)* gehandelt, enthält
Gerbsäuren und gilt als Heilmittel bei Durchfall und Magenverstimmungen.
Äußerlich wird der bittere Auszug aus den Wurzeln gegen Entzündungen
des Zahnfleisches und der Mundschleimhaut angewandt.

3 Gänsefingerkraut *(Potentilla anserina)*   Rosengewächse

ausdauernd; Stengel dünn, kriechend,   Wegränder, Ufer, auf
bis 80 cm lang; Blätter gefiedert,   lehmigen, nährstoff-
unterseits weißlich seidenhaarig;   reichen Böden;
Blüten einzeln auf langen Stielen   Blüte: Mai–Juli

Das Gänsefingerkraut entwickelt sich optimal auf dichten, nährstoffreichen
Böden. An den Küsten kann es auch Salz ertragen, im Binnenland bildete
es früher vor allem auf Gänseangern ausgedehnte Bestände, wo andere
Pflanzen kaum mehr gedeihen konnten. Wegen seines Gehaltes an Gerbsäuren wurde es auch als Heilpflanze verwendet.

4 Frühlingsfingerkraut   Rosengewächse
(Potentilla tabernaemontani)

ausdauernde, 5–15 cm hohe, polsterförmig   Halbtrockenrasen,
wachsende Pflanze; Blätter 5–7teilig gefingert;   Felsen, Mauern;
Blüten in Rispen   Blüte: März–Mai

Das Frühlingsfingerkraut gehört zu den ersten Frühjahrsblumen. Manchmal
schon Ende Februar öffnen sich die kleinen, goldgelben Blüten. Man findet
es aber nur auf trockenen, mageren Standorten, wo die lange Pfahlwurzel
immer noch genügend Feuchtigkeit aus großer Tiefe zu holen vermag. Die
Pflanze ist sehr formenreich. Nach der Form der Behaarung unterscheidet
man eine ganze Anzahl sehr ähnlicher Arten.

1 Walderdbeere *(Fragaria vesca)*

ausdauernde, 5–20 cm hohe Rosettenstaude
mit dreiteiligen Blättern und langen Ausläufern;
Kronblätter der Blüte einander berührend

Rosengewächse

Waldlichtungen, an
Waldwegen und Wald-
rändern, Böschungen;
Blüte: Apr.–Juni

Die bekannten, aromatischen Früchte enthalten bis zu 8% Zucker und werden gern gesammelt. Das Fruchtfleisch entsteht aus dem hochgewölbten Blütenboden; die eigentlichen Früchte sind die vielen kleinen »Kerne« auf der Außenseite, die man *Nüßchen* nennt. Eine solche Frucht bezeichnet der Botaniker als *Sammelfrucht*. Eine Gartenform der Walderdbeere ist die *Monatserdbeere (Fragaria vesca var. semperflorens)*; die großfrüchtigen *Gartenerdbeeren* oder *Brestlinge (Fragaria ananassa)* wurden aus amerikanischen Wildformen durch Kreuzung gezüchtet. Das **(2) Erdbeerfingerkraut** *(Potentilla sterilis)* wird oft mit der Walderdbeere verwechselt. Es blüht früher, die Kronblätter berühren einander nicht, und die Laubblätter sind oberseits silbrig behaart.

3 Frauenmantel *(Alchemilla vulgaris)*

ausdauernd; 10–50 cm hoch;
Blätter rundlich, 7–11lappig, gezähnt;
Blüten grünlich, ohne Kronblätter

Rosengewächse

Wiesen, liebt etwas
feuchte Böden;
Blüte: Mai–Okt.

Der Name bezieht sich auf die Form der Laubblätter. Weil man in den Blättern oft Wassertropfen sehen kann, heißt die Pflanze in der Schweiz auch *Tauschüsseli*. Diese Tropfen wurden von den *Alchemisten* (daher der Gattungsname *Alchemilla*) als »himmlisches Wasser« zur Bereitung des Steins der Weisen gesammelt. Durch dauernde Selbstbestäubung haben sich eine große Zahl von Formen stabilisiert, die schwer zu unterscheiden sind.

4 Bachnelkenwurz *(Geum rivale)*

ausdauernd; 15–70 cm hoch; Stengel nickend;
Kelchblätter rotbraun,
Kronblätter rötlichgelb

Rosengewächse

nasse Wiesen, an
Bächen und Gräben;
Blüte: Apr.–Juni

Der Name *Nelkenwurz* bezieht sich auf den schwach nach *Nelkenöl* duftenden Wurzelstock der Pflanze. Die **(5) Echte Nelkenwurz** *(Geum urbanum)* wird 25–130 cm hoch, hat kleinere, gelbe Blüten, blüht von Mai bis Oktober und wächst in lichten Wäldern, Gebüschen, oft auch an Mauern und Zäunen. Ihre Wurzel wurde früher als Ersatz für Gewürznelken verwendet.

6 Silberwurz *(Dryas octopetala)*

6–12 cm hoher, niederliegender Zwergstrauch;
Blätter immergrün,
unterseits silberweiß-filzig

Rosengewächse

Alpen und Voralpen,
auf Kalkböden;
Blüte: Mai–Aug.

Die Silberwurz war in der Eiszeit weit verbreitet. Mit dem Zurückweichen der Gletscher ist sie aus Mitteleuropa verschwunden und kommt heute in Nordamerika, Nordeuropa und in den Hochgebirgen vor. Der zähe Zwergstrauch kann ein Alter von 50–100 Jahren erreichen. Die Früchte werden mit Hilfe der federartig auswachsenden Griffel durch den Wind verbreitet. Die Pflanze ist gebietsweise geschützt.

1 Odermennig *(Agrimonia eupatoria)*   Rosengewächse
ausdauernd; 30–130 cm hoch;   Halbtrockenrasen,
Stengel aufrecht, behaart; Blätter gefiedert;   Wegraine;
Blüten in ährenförmiger Traube   Blüte: Juni–Aug.

Der Odermennig ist eine uralte Heilpflanze. Er enthält Gerb- und Bitterstoffe und soll bei chronischen Leberleiden, auch gegen Gallensteine und Nierengries helfen. Angeblich hat König *Mithridates Eupator*, der von 111–63 v. Chr. über den Schwarzmeerstaat Pontus herrschte, als erster die wunderbare Heilkraft dieser Pflanze entdeckt. Die Früchte bilden eine Ausnahme innerhalb der Rosengewächse: Mit den widerhakigen Stacheln des verholzenden Kelches bleiben sie am Fell der Tiere und an den Kleidern der Menschen hängen und werden so verbreitet.

2 Großer Wiesenknopf *(Sanguisorba officinalis)*   Rosengewächse
ausdauernd; 30–130 cm hoch;   feuchte Wiesen, auf
Stengel aufrecht; Blätter gefiedert;   nährstoffreichen Bö-
Blüten in rotbraunen, 1–2 cm langen Köpfchen   den; Blüte: Juni–Aug.

Die Zwitterblüten eines Blütenköpfchens blühen von oben nach unten auf. Sie haben keine Kronblätter und entfalten ihre Lockwirkung auf Insekten nur durch die enge Häufung der braunroten Kelchblätter und der rotgelben Staubblätter. Aus der ringförmigen Nektardrüse wird reichlich Nektar ausgeschieden, der Schwebfliegen und Schmetterlingen zur Nahrung dient. Die Pflanze galt früher als blutstillendes Heilmittel.

3 Kleiner Wiesenknopf *(Sanguisorba minor)*   Rosengewächse
ausdauernd; 20–70 cm hoch; Blätter gefiedert;   Halbtrockenrasen,
Blütenköpfchen grün, oft rötlich überlaufen;   Steinbrüche, Mauern;
Einzelblüten männlich, weiblich oder zwitterig   Blüte: Mai–Juni

Obwohl mit der vorhergehenden Art sicher nahe verwandt, ist der Kleine Wiesenknopf ein echter Windblütler: die grünlichen Blüten erzeugen keinen Nektar; zahlreiche Staubbeutel der unteren, männlichen Blüten hängen an langen, dünnen Staubfäden; die zwei Narben der oberen Blüten sind als rote pinselförmige Gebilde mit großer Oberfläche gut dazu geeignet, den Blütenstaub aufzufangen. Zerriebene Blätter riechen schwach nach Gurken und wurden früher als Gewürz verwendet.

4 Mädesüß *(Filipendula ulmaria)*   Rosengewächse
1–2 m hohe, ausdauernde Staude mit eng   Naßwiesen, an Gräben
gedrängten, kleinen, stark duftenden Blüten   und Ufern, Flach-
auf derbem, kantigem Stengel;   moore, Auwälder;
Blätter unterbrochen gefiedert   Blüte: Juni–Aug.

Die Pflanze heißt auch *Spierstaude*, *Rüsterstaude* oder *Wiesenkönigin*. Der Name Mädesüß hat mit Mädchen nichts zu tun, eher läßt er sich von englischem *meadow-sweet* (Wiesen-süß) oder vom altdeutschen »Met« ableiten, weil die Blätter diesem Getränk zugesetzt wurden. Das schwach giftige Kraut wurde früher als Heilpflanze (harntreibend) verwendet.

1

2

3

4

1 Heckenrose *(Rosa canina)*   Rosengewächse

bis 3 m hoher Strauch mit bogig   Waldränder, Mager-
überhängenden, stacheligen Zweigen;   weiden, Feldhecken;
Blüten hell rosa, ohne Duft   Blüte: Juni–Juli

Die auffälligen Blüten der Heckenrose oder *Hundsrose* locken zwar Insekten
an, bieten ihren Besuchern aber keinen Nektar, sondern nur Pollen als
Nahrung an. Dabei ist die Pflanze auf Fremdbestäubung durch Insekten
gar nicht angewiesen, denn sie kann auch ohne Bestäubung Früchte ausbilden *(Apomixie)*. Vielleicht ist dadurch die große Formenvielfalt der Rosen zu erklären: Jede zufällig entstandene neue Form stabilisiert sich schnell
durch unvermischte Weitergabe des Erbguts. Doch lassen sich die Rosen-
arten auch leicht miteinander kreuzen. So wurden im Lauf der Zeit Hunderte von Garten- oder Edelrosensorten durch Kreuzung verschiedener
einheimischer und asiatischer Wildrosen gezüchtet.

2 Traubenkirsche *(Prunus padus)*   Rosengewächse

bis 10 m hoher Baum oder Strauch;   feuchte Gebüsche,
Blattstiel mit 2 kleinen Drüsen;   Bach- und Flußufer;
Blüten in hängenden Trauben, duftend   Blüte: Apr.–Mai

Im Frühjahr kann man an den reichblühenden Traubenkirschenbäumen
sofort erkennen, wo sich ein Bach durch die Landschaft schlängelt. Das
häufige Vorkommen an Bachrändern beruht auf der Fähigkeit des Baumes,
hohen Grundwasserstand zu ertragen. Aus den Blüten entwickeln sich nach
der Bestäubung durch Insekten oder nach Selbstbestäubung erbsengroße,
schwarze, glänzende, bittersüß schmeckende Steinfrüchte, die von Vögeln
gern gefressen und so verbreitet werden.

3 Schlehe *(Prunus spinosa)*   Rosengewächse

bis 3 m hoher, sparrig verzweigter Strauch;   Hecken, Waldränder,
Zweige mit abstehenden Dornen;   steinige Hänge;
Blüten vor Laubausbruch   Blüte: März–Apr.

Die Schlehe heißt wegen ihrer schwarzen Rinde auch *Schwarzdorn*. Ihre
weithin kriechenden Wurzeln treiben reichlich Laubsprosse, dadurch entstehen typische, dichte, undurchdringliche Schlehenhecken, die freibrüten-
den Vögeln ideale Nistmöglichkeiten bieten. Die blaubereiften, kugeligen,
etwa 1–1,5 cm großen Früchte schmecken so sauer, daß sie die Schleimhäute
zusammenziehen. Nach mehrmaligem Durchfrieren im Spätherbst werden
sie jedoch genießbar.

4 Pflaume *(Prunus domestica)*   Rosengewächse

bis 6 m hoher Baum; Zweige ohne Dornen;   Heimat: Orient;
Blüten mit den Laubblättern erscheinend   Obstbaum;
  Blüte: Apr.–Mai

Die Früchte der unzähligen Pflaumen- oder *Zwetschgen*sorten werden frisch,
getrocknet, als Marmelade oder Kompott verwendet, auch zu Zwetschgen-
schnaps destilliert. Da sie schon seit vielen Jahrhunderten durch Züchtung
verändert werden, sind die wilden Stammarten schwer festzustellen.

1 Süßkirsche *(Prunus avium)*

bis 20 m hoher Baum; Blattstiele mit
zwei rötlichen Nektardrüsen;
Blüten weiß, langgestielt, in Büscheln

Rosengewächse

Obstbaum; Wildform
einzeln in Wäldern
Blüte: Apr.–Mai

Die frostempfindlichen Süßkirschen gedeihen am besten auf warmen, tiefgründigen, kalkreichen Böden. Die vielen verschiedenen Sorten kann man
in *Herzkirschen* mit weichen, saftigen Früchten und *Knorpelkirschen* mit
hartem Fruchtfleisch einteilen. *Wild-* oder *Vogelkirschen* haben kleine,
dunkelrote, zuletzt schwarze Früchte, die bittersüß schmecken. Da aus den
Samen der Kulturformen immer Wildformen entstehen, kann man schwer
entscheiden, ob es sich um ursprüngliche Wildkirschen oder um verwilderte
Edelkirschen handelt. Das Holz wird in der Möbelindustrie geschätzt.

2 Sauerkirsche *(Prunus cerasus)*

Strauch oder 6–8 m hoher Baum mit dünnen,
oft überhängenden Zweigen;
Blattstiel ohne Drüsen

Rosengewächse

Heimat: Kleinasien;
Obstbaum;
Blüte: Apr.–Mai

Die Sauerkirsche ist eine sehr formenreiche Art. Sie wächst wild um das
Kaspische Meer, wurde aber vermutlich schon durch die Römer bei uns
eingeführt. Die zahlreichen Kulturformen lassen sich in folgende Gruppen
einteilen: Zu den *Strauchweichseln* gehört die bekannte *Schattenmorelle* mit
schwarzroten, erst im August-September reifenden Früchten; die roten,
durchscheinenden *Glaskirschen* oder *Amarellen* reifen schon im Juni. Sauer-
kirschen vertragen mehr Schatten als die Süßkirschen, deshalb kann man
sie auch als Spalier an Nordwänden ziehen.

3 Pfirsich *(Prunus persica)*

bis 8 m hoher Baum; Zweige kahl,
rötlich oder grünlich; Blüten rosa,
sitzend oder ganz kurz gestielt,
vor dem Laubausbruch erscheinend

Rosengewächse

Heimat: vermutlich
Ostasien; wärme-
liebender Obstbaum;
Blüte: Apr.–Mai

»malum Persicum« (= persischer Apfel) nannten die Römer die aromatische,
wohlschmeckende, samtige Frucht, die sie bei ihren Eroberungszügen nach
Vorderasien kennengelernt hatten. Aus dem mittelhochdeutschen Lehnwort
»pfersich« wurde dann der Name Pfirsich. Ursprünglich stammt dieses
Edelobst wohl aus China, heute werden bei uns vor allem amerikanische
Züchtungen kultiviert, weil sie weniger frostempfindlich sind.

4 Kirschlorbeer *(Prunus laurocerasus)*

bis 6 m hoher Strauch; Blätter immergrün,
ledrig, oberseits glänzend;
Blüten in aufrechten Trauben

Rosengewächse

Heimat: Vorderasien;
Zierstrauch;
Blüte: Apr.–Mai

Die Blätter des Kirschlorbeers riechen zerrieben nach Bittermandel. Dieser
Geruch weist darauf hin, daß sie die hochgiftige Blausäure enthalten. Außer
in den Blättern ist das Gift auch in den Zweigen und in den Samen nach-
weisbar, nicht aber im Fruchtfleisch der kugeligen bis eiförmigen, schwarzen
Früchte, die von Vögeln gern gefressen werden.

1

2

1

3

4

Familie Schmetterlingsblütler *(Papilionaceae)*

Die Angehörigen dieser großen Pflanzenfamilie (7000 Arten auf der Welt, in Deutschland etwa 130) sind an ihrem charakteristischen Blütenbau leicht zu erkennen. Die Form der Blüte erinnert – besonders bei den großblütigen Arten – entfernt an einen sitzenden Tagfalter. Die fünf Kronblätter sind verschieden geformt und haben jeweils spezielle Aufgaben bei der Sicherung der Bestäubung durch Insekten: Das größte, auffälligste, nach oben weisende Kronblatt heißt *Fahne* und hat den größten Anteil an der Lockwirkung der Blüte; man könnte es als »Aushängeschild« bezeichnen. Die beiden seitlichen Kronblätter heißen *Flügel*. Sie dienen den anfliegenden Insekten als Landeplatz. Zwischen den Flügeln bilden die beiden untersten, locker miteinander verwachsenen Kronblätter ein schützendes Futteral für den Stempel und die Staubblätter, das wegen seiner Form *Schiffchen* genannt wird. Von den 10 Staubfäden sind meistens die 9 unteren zu einer Röhre verwachsen, in der sich der Nektar sammeln kann, das oberste ist frei und bietet dem Insektenrüssel die Möglichkeit, zu der süßen Speise zu gelangen.

Interessant sind die verschiedenen Methoden, welche die Pflanzen im Lauf der Zeit entwickelt haben, den besuchenden Insekten den Blütenstaub auf den haarigen Pelz zu praktizieren:
Es gibt die einfache Klappvorrichtung, bei welcher das landende Insekt durch sein Gewicht das fest mit den Flügeln verbundene Schiffchen nach unten drückt, dadurch die Staubbeutel bzw. die Narbe freilegt und mit seiner Unterseite berührt. Oft trägt der Griffel zusätzlich oberseits Bürstenhaare, die den Pollen schon vor der Öffnung der Blüte aufnehmen. Einige Schmetterlingsblüten haben eine sogenannte Nudelspritzen- oder Pumpeinrichtung: Der klebrige Blütenstaub sammelt sich im Vorderende des Schiffchens, beim Herunterdrücken des Schiffchens wird der Pollen als nudelförmige Masse durch die Staubbeutel herausgepreßt. Schließlich können Griffel und Staubblätter auch unter Spannung im Schiffchen festgehalten sein und rollen sich schlagartig nach oben ein, wenn das Schiffchen nach unten gedrückt wird.

Die Laubblätter sind meistens gefiedert, also aus mehreren Fiederblättchen entlang einer Spindel zusammengesetzt. Oft tragen sie am Ende Ranken, die zum Festhalten an anderen Pflanzen dienen. Die dreizähligen Kleeblätter oder die fingerförmigen Blätter deutet man als Reduzierungen der ursprünglich gefiederten Form.

Die Frucht entwickelt sich aus einem einzigen Fruchtblatt, das nach oben umgefaltet und an den Rändern verwachsen ist. An diesen Rändern sitzen im Inneren die Samen. Die reife Frucht öffnet sich an der Rücken- und Bauchnaht mit zwei Klappen. Eine solche Frucht bezeichnet man als *Hülse*, die Familie auch als Familie der *Hülsenfrüchtler*.

Da in den Samen viele Nährstoffe gespeichert sind, neben Stärke vor allem Eiweiß und auch Fett, gibt es unter den Schmetterlingsblütlern Nutzpflanzen: Erbse, Bohne, Linse, Sojabohne und Erdnuß.
In kleinen *Wurzelknöllchen*, die man bei vielen Schmetterlingsblütlern findet, leben Bakterien, die den Stickstoff der Luft binden, so daß er von der Pflanze aufgenommen werden kann. Auf diese Weise können z. B. Klee und Luzerne nicht nur auf stickstoffarmen Böden leben, sondern man kann durch Unterpflügen der Pflanzen, die man auch als *Stickstoffsammler* bezeichnet, den Boden sogar düngen *(Gründüngung)*.

Schmetterlingsblütler: 1 Blüte: **a** Fahne, **b** Flügel, **c** Schiffchen, **d** Kelch; **2** Kronblätter übersichtlich ausgebreitet: **a, b, c** wie bei **1; 3** Blütendiagramm; **4** Staubblätter: **a** Staubfadenröhre aus neun verwachsenen Staubblättern, **b** freies Staubblatt; **5** Fruchtblatt: **a** Fruchtknoten mit Samenanlagen, **b** Griffel, **c** Narbe, **d** Griffelbürste; **6** Laubblatt: **a** Ranken, **b** Fiederblättchen, **c** Nebenblätter; **7** reife Hülse mit Samen.

1 Vielblättrige Lupine *(Lupinus polyphyllus)*   **Schmetterlingsblütler**

ausdauernd, bis 1,50 m hoch;   Heimat: Nordamerika;
Blätter 10–15zählig gefingert;   häufig kultiviert;
Blüten blau, selten weißlich   Blüte: Juni–Okt.

Da sie mit Hilfe der bis haselnußgroßen *Wurzelknöllchen* Luftstickstoff
binden können und dadurch den Boden verbessern, werden Lupinen häufig
auf Waldschlägen angepflanzt, zumal sie ein gutes Wildfutter abgeben. Die
Blüten erzeugen keinen Nektar, locken aber trotzdem viele Hummeln und
Bienen an. In Gärten gibt es Zuchtrassen in vielen Farben.

2 Deutscher Ginster *(Genista germanica)*   Schmetterlingsblütler

ausdauernder, 30–60 cm hoher   lichte, trockene Wäl-
dorniger Strauch; Blütenzweige,   der, Wegraine, Heiden
Kelch und Hülsen behaart;   auf kalkarmen Böden;
Blüten in 5 cm langen Trauben   Blüte: Mai–Juni

Der Deutsche Ginster wächst vor allem in Süddeutschland. Gebietsweise ist
er geschützt. Nördlich der Mittelgebirge kommt der ähnliche *Englische
Ginster (Genista anglica)* mit ebenfalls dornigen, aber kahlen Zweigen auf
Heide- und Torfböden vor. Die Samen beider Arten sind leicht giftig.

3 Flügelginster *(Genistella sagittalis)*   Schmetterlingsblütler

Halbstrauch mit kriechenden,   lichte Wälder, Halb-
verholzten Stengeln und aufrechten,   trockenrasen;
15–25 cm hohen Blütentrieben   Blüte: Mai–Juni

Die auffälligen, grünen, breit geflügelten Stengel übernehmen beim Flügelginster die Aufgaben der hinfälligen Laubblätter.

4 Besenginster *(Sarothamnus scoparius)*   Schmetterlingsblütler

ausdauernder, bis 2 m hoher Strauch;   Waldlichtungen, Weg-
Zweige grün;   raine auf kalkfreien
Blätter dreizählig oder ungeteilt;   Böden; oft angepflanzt;
Blüten einzeln oder zu zweien   Blüte: Mai–Juni

Am besten gedeiht er im wintermilden atlantischen Klima, harte Winter und
zu heiße Sommer verträgt er nicht. Den Blüten sieht man von außen an, ob
sie bestäubt sind: Wurde das Schiffchen heruntergedrückt, geht es nicht
mehr in seine ursprüngliche Lage zurück. An jungen Blüten kann man
ausprobieren, wie Staubblätter und Griffel sich explosionsartig aufrollen,
wenn man das Schiffchen herunterdrückt.

5 Goldregen *(Laburnum anagyroides)*   Schmetterlingsblütler

bis 7 m hoher Strauch oder kleiner Baum   Zierstrauch, wildwach-
mit dreizähligen Blättern und hängenden   send in den Südalpen;
10–25 cm langen gelben Blütentrauben   Blüte: Apr.–Mai

Dieser beliebte Zierstrauch ist in allen Teilen sehr giftig. Besonders die
Samen enthalten das gefährliche Alkaloid *Cytisin*, das ähnlich wie das
Strychnin auf das Nervensystem einwirkt und das Atemzentrum lähmen
kann. Vor allem Kinder kauen ahnungslos die flachen Samen, und es werden
immer wieder tödliche Vergiftungen bekannt.

1 Dornige Hauhechel *(Ononis spinosa)*

ausdauernd, 30–60 cm hoch;
Stengel verholzt, aufsteigend, 1–2reihig behaart;
Hülse so lang wie der Kelch

Schmetterlingsblütler
Halbtrockenrasen,
Wegraine, kalkliebend;
Blüte: Juni–Sept.

Die einzeln oder zu zweien stehenden Blüten erzeugen keinen Nektar, werden aber trotzdem von pollensammelnden Insekten besucht, die durch das Herabdrücken des Schiffchens einen Nudelspritzenmechanismus (S. 134) auslösen. Ähnlich, aber meist ohne Dornen und mit rundum behaartem Stengel, ist die *Kriechende Hauhechel (Ononis repens)*.

2 Echter Steinklee *(Melilotus officinalis)*

zweijährig, bis 1 m hoch;
Stengel kantig; Blüten zu 30 bis 70
in langgestielten Trauben

Schmetterlingsblütler
Wegränder, Schuttplätze, auf steinigen Böden;
Blüte: Juni–Sept.

Die ganze Pflanze enthält *Kumarin*, das ihr einen eigentümlichen Waldmeisterduft verleiht und vor allem beim Trocknen frei wird. Sie wurde früher gern in Wäscheschränke gelegt, um die Motten fernzuhalten. Die Blüten enthalten viel Nektar und werden vor allem von Honigbienen besucht.
3 Ähnlich ist der **(3) Weiße Steinklee** *(Melilotus albus)* mit weißen Blüten.

4 Hopfenklee *(Medicago lupulina)*

ein- bis zweijährig; Stengel 10–60 cm lang,
kantig; Blütenköpfchen 10–50blütig;
Früchte nierenförmig,
Samen gelblichgrün

Schmetterlingsblütler
häufig auf trockenen
Wiesen, an Wegrändern, auf lehmigen Böden; Blüte: Mai–Okt.

Es gibt eine ganze Reihe von Schmetterlingsblütlern mit kleinen gelben Blütenköpfchen und dreizähligen, kleeartigen Laubblättern: Der häufige *Fadenklee (Trifolium dubium)* hat die kleinsten Köpfchen mit nur 5–15 Einzelblüten. Den *Feldklee (Trifolium campestre)* kann man an den größeren, bis 10 mm langen Blütenköpfchen, dem runden Stengel und dem gestielten Mittelblättchen erkennen, während der *Goldklee (Trifolium aureum)* große goldgelbe Blütenköpfchen hat. Von allen ähnlichen Arten unterscheidet sich der Hopfenklee durch seine schneckenartigen Früchte. Die genügsame Pflanze wurde früher auf mageren Böden sogar angebaut.

5 Luzerne *(Medicago sativa)*

ausdauernd, 30–90 cm hoch;
Einzelblüten 8–12 mm lang;
Früchte schneckenförmig (2–3 Windungen)

Schmetterlingsblütler
häufig angebaut
und verwildert;
Blüte: Juni–Sept.

Diese wertvolle Futterpflanze liefert ein sehr eiweißreiches Futter und wird in großem Umfang angebaut. Dank ihrer langen Pfahlwurzel kann sie auch auf trockenen Böden gedeihen. Weil die Luzerne im Gegensatz zum Rotklee, dessen Kulturformen nur 2–3jährig sind, 10 bis 30 Jahre lang ununterbrochen Erträge liefert, heißt sie auch *Ewiger Klee*.
6 Der **(6) Sichelklee** *(Medicago falcata)* ist sehr nahe mit der Luzerne verwandt, doch sind seine Früchte gerade oder sichelförmig gebogen. Wo beide Arten vorkommen, findet man häufig Bastarde mit grünlichen Blüten.

1 Hasenklee *(Trifolium arvense)*

Schmetterlingsblütler

einjährig, 8–30 cm hoch;
Blütenköpfchen eiförmig bis walzlich,
dichtblütig; Kelch dicht mit
weißlichen Haaren besetzt

Äcker, Trockenrasen,
vor allem auf Sand-
böden, kalkmeidend;
Blüte: Juli–Sept.

Der Name bezieht sich auf die »pelzigen« Blütenköpfchen, bei denen die kleinen, weißlichen Schmetterlingsblüten oft ganz von den Kelchhaaren verdeckt sind. So erinnert der Blütenstand fast an junge Weidenkätzchen. Wegen ihres häufigen Vorkommens auf sandigen Äckern heißt die Pflanze auch *Ackerklee.* Dem Pflanzensoziologen verrät ihr gehäuftes Auftreten, daß der Boden an dieser Stelle sauer ist und dringend mit Kalk versorgt werden muß, wenn die Nutzpflanzen gedeihen sollen.

2 Roter Wiesenklee *(Trifolium pratense)*

Schmetterlingsblütler

ausdauernd oder 2–3jährig, 20–50 cm hoch;
Blütenköpfchen kugelig bis eiförmig,
wohlriechend

Wiesen, Waldlichtun-
gen, Äcker (Nutzpflan-
ze!); Blüte: Mai–Sept.

Seit dem 11. Jahrhundert wird der *Rotklee* in Deutschland als wichtige, eiweißreiche Futterpflanze angebaut; er stellt jedoch hohe Ansprüche an den Boden und gedeiht nicht überall. Die Blüten enthalten reichlich Nektar, der aber auf dem Weg durch die Kronröhre nur von langrüsseligen Hummeln und Schmetterlingen erreicht werden kann. Bienen beißen die Kronröhre seitlich auf, um zu dem süßen Saft zu gelangen. Sehr ähnlich ist der *Mittlere Klee (Trifolium medium)* mit schmaleren Teilblättchen, einzelstehenden Blütenköpfen und kahlem Kelch. Er wächst auf trockenen Standorten.

3 Weißklee *(Trifolium repens)*

Schmetterlingsblütler

ausdauernd, Stengel niederliegend,
5–30 cm lang, an den Knoten wurzelnd;
Nebenblätter häutig; Blütenköpfe weiß

Wiesen, Rasen,
Sportplätze, Wege;
Blüte: Mai–Sept.

Der Weiß- oder *Kriechklee* ist gegen Tritt unempfindlich, erträgt auch starke Bodenverdichtung und macht sich deshalb an Stellen breit, wo andere Pflanzen nicht mehr gedeihen können. Da die Kelchröhre viel kürzer ist als beim Rotklee, können auch kurzrüsselige Bienen leicht an den Nektar gelangen, und der Weißklee gilt als wichtige Bienenweide.

4 Wundklee *(Anthyllis vulneraria)*

Schmetterlingsblütler

zweijährig, 5–40 cm hoch;
Laubblätter gefiedert, Endfiederchen groß;
Kelch nach dem Verblühen bauchig
anschwellend, zottig bis filzig behaart

Halbtrockenrasen,
trockene Wiesen, gern
auf warmen Kalkbö-
den; Blüte: Mai–Sept.

Die zerquetschten Blätter der Pflanze wurden früher als Adstringens (zusammenziehendes, blutstillendes Mittel) verwendet, daher hat sie ihren Namen. Noch heute ist sie Bestandteil von Blutreinigungs- und Abführtee. Die Blüten haben eine Nudelspritzeinrichtung (siehe S. 134) und werden von Hummeln und Schmetterlingen bestäubt. Der Wundklee ist eine sehr formenreiche Art und kommt in vielen Rassen vor.

1

2

3

4

1 Gemeiner Hornklee *(Lotus corniculatus)*   Schmetterlingsblütler

ausdauernd, 10–30 cm hoch;   trockene Wiesen,
Laubblätter dreizählig mit zwei großen   Halbtrockenrasen,
Nebenblättern; Blüten zu 5–6 in Dolden;   Wegränder, häufig;
Hülsen gerade, 2–3 cm lang   Blüte: Mai–Sept.

An manchen Standorten findet man Hornkleepflanzen mit leuchtend orangeroten Blütenknospen, oft ist auch die Fahne noch rötlich gefärbt. Die
Blüten werden von Bienen besucht, die durch das Niederdrücken des rechtwinklig aufgebogenen, zugespitzten Schiffchens den Nudelspritzenmechanismus auslösen (S. 134). Die Klappen der reifen Hülsen rollen sich beim
Aufspringen ein und schleudern die hartschaligen Samen heraus. Da der
Hornklee auch auf mageren und wasserdurchlässigen Böden dank seiner
meterlangen Wurzel noch gedeihen kann, wird er zuweilen auch angebaut.

2 Robinie *(Robinia pseudacacia)*   Schmetterlingsblütler

bis 20 m hoher Baum;   Heimat: Nordamerika;
Zweige mit Dornen; Blätter gefiedert;   Zier- und Forstbaum;
Blütentrauben bis 25 cm lang   Blüte: Mai–Juni

Die Robinie heißt auch *Falsche Akazie*. Dies kommt daher, daß die ersten
Exemplare, die im Jahr 1601 durch den Pariser Hofgärtner *Jean Robin* in
Europa eingeführt wurden, für Akazien gehalten wurden. Der anspruchslose
Baum gedeiht auch auf nährstoffarmen Böden, wo andere Holzgewächse
nicht mehr fortkommen. Die stark duftenden Blüten erzeugen viel Nektar,
der von Honigbienen gesammelt wird (»Akazienhonig«). Schon in der
Knospe wird der Blütenstaub an die Griffelbürste abgegeben, von der ihn
die Insekten beim Niederdrücken des Schiffchens abstreifen.

3 Glyzinie *(Wistaria sinensis)*   Schmetterlingsblütler

bis 20 m Höhe erreichende Holzliane   Heimat: China, Japan;
mit gefiederten Blättern   Zierpflanze;
und blauen Blütentrauben   Blüte: Apr.–Juni

In Japan wird die Glyzinie kunstvoll über kleinen Teichen angepflanzt,
damit sich die herrlichen Blütentrauben im Wasser spiegeln können. Schon
vor 1000 Jahren wurde dort dieses Blütenwunder von den Dichtern besun-
gen. Bei uns wächst der *Blauregen* sehr langsam, wird 70 Jahre alt und
benötigt zum Gedeihen lockere, kalkarme, feuchte und warme Böden.

4 Esparsette *(Onobrychis viciifolia)*   Schmetterlingsblütler

ausdauernd, 30–60 cm hoch;   Kulturpflanze aus Süd-
Stengel aufrecht; Blätter gefiedert;   europa, oft verwildert;
Hülsen halbkreisförmig, gezähnt   Blüte: Mai–Aug.

Diese wertvolle Futterpflanze gedeiht nur auf Kalkboden und verträgt keine
Untergrundnässe. Schon seit dem 16. Jahrhundert wird sie bei uns angebaut
und hat sich in vielen Gegenden völlig eingebürgert, besonders in sonnigen
Kalkmagerrasen. Das Heu ist sehr nährstoffreich und soll die Qualität von
Milch und Butter verbessern. Die Blüten mit einer einfachen Klappvorrich-
tung (vgl. S. 134) werden von Bienen bestäubt.

1 Gartenwicke *(Lathyrus odoratus)*

einjährig; Stengel bis 2 m lang,
mit Hilfe der Blattranken kletternd;
Blüten groß, wohlriechend,
in wenigblütigen Trauben

Schmetterlingsblütler
Heimat: Sizilien und
Süditalien; Garten-
zierpflanze;
Blüte: Juni–Aug.

Die beliebte Gartenwicke gehört nicht zur Gattung Wicke (Vicia), wie ihr
deutscher Name vermuten läßt, sondern zu den Platterbsen *(Lathyrus)*.
Das Unterscheidungsmerkmal zu den Wicken läßt sich bei den großen
Blüten besonders gut erkennen: Die Staubbeutelröhre ist vorne fast rechtwinklig abgeschnitten, während sie bei den Wicken schiefwinklig endet.
Die anspruchslose Pflanze kam bereits im 18. Jahrhundert nach West-
deutschland und wird seitdem in vielen violett, purpur, rosa, weiß oder
hellblau blühenden Rassen häufig kultiviert.

2 Zaunwicke *(Vicia sepium)*

ausdauernd; Stengel 30–60 cm lang,
mit Hilfe von Blattranken kletternd;
Blüten zu 2–4 in den Blattachseln

Schmetterlingsblütler
Häufig in Wiesen, an
Weg- und Ackerrän-
dern, auch in Wäldern;
Blüte: Mai–Aug.

Auf den Zaunwicken klettern fast immer Ameisen herum. Beobachtet man
sie genauer, entdeckt man bald ihr Ziel: braune Flecken auf der Unterseite
der kleinen Nebenblätter, die unmittelbar am Stengel links und rechts vom
Blattstiel sitzen. Hier wird – wie in den Blüten – Nektar ausgeschieden, den
die Ameisen auflecken. Welchen Vorteil es für die Pflanze hat, Ameisen zu
verköstigen, wissen wir nicht.

3 Futterwicke *(Vicia sativa)*

einjährig, Stengel bis 1 m lang,
kletternd; Blüten einzeln oder in Paaren,
2–3 cm lang

Schmetterlingsblütler
als Futterpflanze ange-
baut, oft verwildert;
Blüte: Mai–Juli

Auch die Futter- oder *Saatwicke* erzeugt nicht nur in den Blüten, sondern
auch an den Nebenblättern Nektar, der von verschiedenen Insekten, auch
von Honigbienen aufgeleckt wird. Die Pflanze stammt aus dem Mittelmeergebiet, hat sich aber in verschiedenen Formen auch in Mittel- und Nordeuropa eingebürgert. Sie wird zusammen mit Hafer oder Gerste als Grün-
futter angebaut, selten auch zur Gewinnung der Samen.

4 Vogelwicke *(Vicia cracca)*

ausdauernd, Stengel bis 1,5 m lang,
meist kletternd;
Blüten zu 15–50 in dichten Trauben

Schmetterlingsblütler
Gebüsche, Äcker, Wie-
sen, Straßenböschun-
gen; Blüte: Juni–Aug.

Weil die Pflanze für die menschliche Ernährung nicht taugt, kann man sie
den Vögeln überlassen – daher der Name. Die Vogelwicke ist eine gute
Futterpflanze, kann aber nicht angebaut werden, da ihre Samen schwer
quellen. Besser zum Anbau eignet sich die sehr ähnliche *Zottelwicke (Vicia
villosa)*, deren junge, noch eingerollte Blütentrauben so stark behaart sind,
daß sie wie Kätzchen aussehen.

1 Wiesenplatterbse *(Lathyrus pratensis)*

ausdauernd, Stengel 30–60 cm lang,
oft mit Hilfe der Blattranken kletternd;
Blütentrauben langgestielt, 5–10blütig

Schmetterlingsblütler
feuchte Wiesen auf
lehmigen, nährstoff-
reichen Böden, häufig;
Blüte: Juni–Aug.

Wegen ihres hohen Nährstoffgehaltes könnte die Wiesenplatterbse eine gute Futterpflanze sein. Sie wird jedoch von Rindern nicht gern verzehrt, weil sie Bitterstoffe enthält. Der Name bezieht sich auf die abgeplatteten Samen, die in den 2,5–3 cm langen Hülsen heranreifen. Beim Aufspringen der zweiklappigen Hülsen werden die Samen weit fortgeschleudert.

2 Bergplatterbse *(Lathyrus montanus)*

ausdauernd, 15–30 cm hoch;
Blätter blaugrün; Blüten zuerst hellrosa,
dann schmutzig blau

Schmetterlingsblütler
lichte Eichen-Buchen-
wälder, Heiden;
Blüte: April–Juni

Wo sie gedeiht, ist der Boden kalkfrei und sauer. Der Farbwechsel der Blüten kommt daher, daß der Farbstoff *Anthocyan* je nach dem Säuregrad des Zellsaftes rot oder blau aussieht: Betupft man blaue Blüten mit einer Säure (z. B. Zitronensaft), werden sie rot! In Kalkgebieten wächst die *Frühlingsplatterbse (Lathyrus vernus)* ebenfalls mit rot-violetten Blüten. Ihre Fiederblättchen sind breiter und hellgrün.

3 Feuerbohne *(Phaseolus coccineus)*

einjährig, Stengel 2–4 m lang,
linkswindend; Blütenstände
meist länger als Laubblätter,
Blüten rot oder weiß

Schmetterlingsblütler
Heimat: Südamerika;
als Gemüse- und Zier-
pflanze angebaut;
Blüte: Juni–Sept.

Um Blüten und Blätter ins Licht zu heben, braucht der dünne Stengel der Feuerbohne eine Stütze, um die er sich winden kann. Zu diesem Zweck führt die Sproßspitze kreisende Suchbewegungen aus, wobei sie bei warmem Wetter in der Stunde eine halbe Umdrehung entgegen dem Uhrzeigersinn macht. Wegen ihrer leuchtend roten, weißen oder rot-weiß-gescheckten Blütentrauben wird die Feuerbohne häufig als Zierpflanze kultiviert. Wirtschaftlich wichtiger ist die *Gartenbohne (Phaseolus vulgaris)*, die in zwei Formen, als windende *Stangenbohne* oder als niedrigbleibende *Buschbohne*, angepflanzt wird. Alle Bohnenarten sind sehr frostempfindlich.

4 Saaterbse *(Pisum sativum)*

einjährig, Stengel bis 2 m lang,
mit Hilfe der Blattranken kletternd;
Blüten duftend

Schmetterlingsblütler
Heimat: Orient;
Hülsenfrucht oder
Futterpflanze;
Blüte: Mai–Juni

Die Saaterbse ist eine alte Kulturpflanze, die vermutlich schon den Menschen der jüngeren Steinzeit als Nahrung gedient hat. Die weiß, rosa oder lila gefärbten Blüten werden bei uns in Mitteleuropa kaum von Insekten besucht, da nur wenige Bienen- und Hummelarten kräftig genug sind, das Schiffchen herunterzudrücken und zum Nektar vorzudringen. Doch werden auch bei Selbstbestäubung keimkräftige Samen ausgebildet.

1

2

3

4

1 Seidelbast *(Daphne mezereum)*

bis 1,5 m hoher Strauch mit gelbgrauer,
sehr zäher Rinde;
Blüten stark duftend,
vor den Laubblättern erscheinend

Seidelbastgewächse

Laubwälder, vor allem
in Süd- und Mittel-
deutschland;
Blüte: Febr.–April

Die Blüten des Seidelbastes öffnen sich bereits im ersten Vorfrühling, wenn
der Wald noch kahl ist und das Licht voll auf den Waldboden fällt. Die
leider recht selten gewordene Pflanze ist geschützt. Von unvernünftigen
Spaziergängern wird sie oft ruiniert, wenn diese versuchen, beim Abbrechen
der Blütenzweige die zähe Rinde abzureißen. Dabei ist so ein Strauß nicht
ungefährlich: Die feuchte Rinde erzeugt auf empfindlicher Haut Blasen,
Pusteln und Geschwüre. Auch die im Juni–Juli reifenden, korallenroten,
erbsengroßen Beeren enthalten das scharf schmeckende Gift *Mezerein*.

2 Sanddorn *(Hippophae rhamnoides)*

1–3 m hoher, dorniger Strauch;
Blätter unterseits silberweiß, am Rand gerollt;
Früchte leuchtend orangerot

Ölweidengewächse

Ufer, Kiesbänke, Mee-
resküste, auf Sandbo-
den; Blüte: Apr.–Mai

Der Sanddorn wird häufig als Zierstrauch gepflanzt, weil nicht nur die
silbrigen, weidenähnlichen Blätter, sondern im Herbst auch die orangeroten
Früchte attraktiv aussehen. Sollen Früchte entstehen, muß man männliche
und weibliche Sträucher setzen; der Sanddorn ist nämlich zweihäusig, d. h.
die unscheinbaren grünlichen Blüten auf einem Strauch sind entweder alle
männlich oder alle weiblich. Sie werden durch den Wind bestäubt. Die
Früchte sind sehr reich an Vitamin C. Die Art ist geschützt.

3 Blutweiderich *(Lythrum salicaria)*

ausdauernd, 50–150 cm hoch;
Blätter gegenständig oder in Quirlen zu dreien;
Blüten in langer Scheinähre

Weiderichgewächse

Naßwiesen, Gräben,
Ufer, Flachmoore;
Blüte: Juni–Sept.

Betrachtet man die Blüten des Blutweiderichs genauer, so findet man drei
verschiedene Formen, die sich in der Länge der Griffel und der Staubfäden
unterscheiden. Bei den langgriffeligen Blüten sind die Staubfäden zur Hälfte
mittellang zur Hälfte kurz. Kurzgriffelige Blüten haben lange und
mittellange Staubfäden, usw. Die blütenbesuchenden Insekten beladen sich
also an verschiedenen Körperstellen mit Blütenstaub. Da auch die Größe
der Pollenkörner verschieden ist und zur Größe der Narbeneinbuchtungen
passen muß, ist Selbstbestäubung völlig ausgeschlossen.

4 Gemeine Nachtkerze *(Oenothera biennis)*

einjährig, 50–100 cm hoch;
Stengel steif aufrecht, dicht beblättert;
⌀ der Blüten bis 5 cm

**Nachtkerzen-
gewächse**

Schuttplätze, Eisen-
bahndämme, Ufer;
Blüte: Juni–Aug.

Die Nachtkerze kam um das Jahr 1600 aus Amerika, hat sich aber bei uns
völlig eingebürgert. Die auffälligen Blüten öffnen sich gegen Abend. Zuerst
reifen die Staubbeutel, am nächsten Abend wird die Narbe empfängnisfähig.
Die Blüten werden von Nachtfaltern bestäubt.

1 ☠
2
3
4

1 Waldweidenröschen *(Epilobium angustifolium)*   Nachtkerzen-
                                                        gewächse

ausdauernd, 50–150 cm hoch; Stengel kahl;   Waldlichtungen, Kahl-
oft rot überlaufen; Blätter wechselständig;   schläge, Flußufer;
Blüten groß, Kronblätter bis 1,5 cm lang   Blüte: Juli–Aug.

Das Waldweidenröschen ist eine echte *Kahlschlagpflanze.* Werden durch
Holzeinschlag oder Windbruch die schützenden Baumkronen entfernt,
verschwinden die schattenliebenden Waldbodenpflanzen. Im zweiten Jahr
darauf erscheinen plötzlich Massenbestände von Weidenröschen, in deren
Schatten die ersten Holzgewächse keimen. Wachsen diese höher, verschwinden die Schlagpflanzen wieder. Die kleinen Samen haben lange Samenhaare.

2 Zottiges Weidenröschen *(Epilobium hirsutum)*   Nachtkerzen-
                                                        gewächse

ausdauernd, 50–150 cm hoch;   Gräben, Ufer fließen-
Stengel zottig und drüsig behaart;   der Gewässer, oft auch
Blätter gegenständig, stengelumfassend;   im Wasser stehend;
Blüten groß, Kronblätter bis 2 cm lang   Blüte: Juni–Sept.

Durch die großen Blüten mit den ausgerandeten Kronblättern, die vierspaltige Narbe, auch durch das immer truppweise Vorkommen an feuchten
Standorten ist diese Art so gut gekennzeichnet, daß man sie kaum mit einem
anderen unserer etwa 20 Weidenröschen verwechseln kann.

3 Bergweidenröschen *(Epilobium montanum)*   Nachtkerzen-
                                                        gewächse

ausdauernd, 30–100 cm hoch;   einzeln in Laub- und
Stengel selten verzweigt; Blätter kurzgestielt,   Mischwäldern, auch in
die unteren gegenständig;   schattigen Gärten;
Kronblätter rosenrot, bis 1,2 cm lang   Blüte: Juni–Sept.

Das Bergweidenröschen ist eine echte Schattenpflanze, die nur da gedeiht,
wo die Sonnenstrahlen den Boden höchstens gedämpft erreichen.

4 Hexenkraut *(Circaea lutetiana)*   Nachtkerzen-
                                                        gewächse

ausdauernd, 20–60 cm hoch;   feuchte, schattige
Blätter 1–3 cm lang gestielt, gegenständig;   Wälder;
Blüten weiß oder rötlich   Blüte: Juli–Aug.

5 Ähriges Tausendblatt *(Myriophyllum spicatum)*   **Tausendblatt-**
                                                        gewächse

ausdauernd, Stengel verzweigt, bis 3 m lang;   stehende und langsam
Laubblätter kammförmig geteilt,   fließende Gewässer;
in Quirlen zu vieren angeordnet   Blüte: Juni–Aug.

Von der Pflanze ragen nur die Blütenähren aus dem Wasser, Blätter und
Stengel leben dauernd untergetaucht. Die rosafarbenen kleinen Blüten
stehen in den Achseln ungeteilter Tragblätter. Bei genauem Zusehen erkennt
man zwei Blütenformen: Im oberen Teil der Ähre enthalten die Blüten
jeweils 8 Staubblätter, aber keine Stempel. Weiter unten finden sich dann
grünliche vierspaltige Gebilde ohne Kronblätter: die weiblichen Blüten.

Die **Veilchen** *(Viola)* sind bekannte und beliebte Frühlingsblumen. Wer eine Blüte mit Lupe und Pinzette untersucht, findet interessante Verhältnisse vor: Das unterste der fünf violetten Kronblätter bildet nach hinten einen Sporn, in dem sich der Nektar sammelt. Will ein Insekt mit dem Rüssel hinein, muß es an einem kegelförmigen Gebilde vorbei. Dieses besteht aus fünf Staubblättern, die sich eng um die bewegliche Narbe schließen. In das Innere des Kegels wird der Blütenstaub entleert. Streift das Insekt an dem hakenförmigen Narbenkopf vorbei, öffnet es ungewollt den Verschluß der »Streubüchse« und wird mit Blütenstaub beladen. Die meisten Veilchenarten bilden zusätzlich Blüten ohne Kronblätter aus, die wie Knospen aussehen, sich nicht öffnen, aber nach Selbstbestäubung keimfähige Samen erzeugen *(kleistogame Blüten)*. Die Samen haben ein ölhaltiges Anhängsel *(Elaiosom)* und werden von Ameisen verbreitet. Die genaue Bestimmung ist oft schwierig (viele hybride Rassen).

1 Rauhhaariges Veilchen *(Viola hirta)*

ausdauernd; 5–20 cm hoch, ohne Ausläufer;
alle Blätter grundständig, behaart;
Blüten duftlos, Kelchblätter rundlich

Veilchengewächse

Halbtrockenrasen,
trockene Wälder,
oft Kalkböden;
Blüte: März–Mai

2 Märzveilchen *(Viola odorata)*

ähnlich 1), aber stark duftend,
kräftiger violett; Pflanze mit Ausläufern

Veilchengewächse

Gebüsche, sonnige
Feldraine, Gärten;
Blüte: März–Apr.

3 Waldveilchen *(Viola reichenbachiana)*

10–20 cm hoch; Blütenstiel mit Laubblättern;
Blüten geruchlos, Sporn schlank,
4–6 mm lang, violett;
Kelchblätter zugespitzt

Veilchengewächse

krautreiche Laub- und
Mischwälder;
Humusböden;
Blüte: Apr.–Mai

4 Hainveilchen *(Viola riviniana)*

ähnlich (3), Blüten meist größer,
Sporn rund 3 mm lang, dick, weißlich,
an der Spitze ausgerandet

Veilchengewächse

lichte, kalkarme
Wälder;
Blüte: Apr.–Juni

5 Zweiblütiges Veilchen *(Viola biflora)*

ausdauernd, 8–12 cm hoch; Stengel oft
zweiblütig; Blüten gelb, oft mit bräunl. Streifen;
gebietsweise geschützt

Veilchengewächse

kalkliebende
Gebirgspflanze;
Blüte: Mai–Aug.

6 Ackerstiefmütterchen *(Viola tricolor)*

einjährig, 10–25 cm hoch; Stengel ästig;
Blüten hellgelb, weißlich,
mehr oder weniger violett

Veilchengewächse

Äcker, Wegränder,
Schuttplätze;
Blüte: Mai–Okt.

Rechts abgebildet **Viola arvensis**, eine Rasse von **(6)**.

7 Die vielen Farbrassen des **Gartenstiefmütterchens** *(Viola wittrockiana)* entstammen Kreuzungen des Ackerstiefmütterchens mit anderen Arten. Der Name wird so gedeutet: Das größte Kronblatt, die Stiefmutter, macht sich auf zwei Stühlen (Kelchblätter) breit, seitlich hat jede Tochter einen eigenen Stuhl, die Stieftöchter drängen sich zu zweit auf einem Stuhl.

1 Echtes Johanniskraut *(Hypericum perforatum)*   **Johanniskraut-
gewächse**

ausdauernd, 20–100 cm hoch;   Feldraine, Bahn-
Laubblätter durchscheinend punktiert   dämme, trockene
(äther. Öl enthaltende Drüsen!);   Waldränder;
Blütenstiele schwarzdrüsig   Blüte: Juni–Aug.

Wenn es um den Johannistag (24. Juni) blüht, werden vielerorts seine Blüten
in Öl eingelegt (Rotfärbung!). Das *Johannisöl* soll u. a. bei Magen- und
Darmstörungen helfen, äußerlich angewandt Wunden heilen.

2 Sonnenröschen *(Helianthemum nummularium)*   **Zistrosengewächse**

ausdauernder Halbstrauch, mit 6–50 cm langen,   Trocken- und Halb-
am Grunde verholzten,   trockenrasen, gern auf
niederliegenden oder aufsteigenden Zweigen;   steinigen Kalkböden;
Laubblätter gegenständig, behaart   Blüte: Juli–Okt.

Die meisten Sonnenröschenarten wachsen im Mittelmeergebiet. Von den
wenigen, weiter nach Norden reichenden Sonnenröschen ist das abgebildete
am häufigsten. Seine Blüten öffnet es nur bei Sonne. Die reizbaren Staubblätter bewegen sich bei Berührung nach außen.

3 Moschusmalve *(Malva moschata)*   **Malvengewächse**

ausdauernd, 20–100 cm hoch;   Halbtrockenrasen,
Stengel ästig, aufrecht; Blätter behaart;   Straßenraine, selten;
Blüten rosa oder weiß, duftend   Blüte: Juli–Sept.

An dieser großblütigen Art kann man den Blütenbau der Malvenarten gut
erkennen: Die zahlreichen Staubblätter sind um den Griffel zu einer Säule
verwachsen. Nachdem sie den Pollen entleert haben, biegen sie sich nach
außen und machen der vielteiligen Narbe Platz, die nun ihre Äste ausein-
anderspreizen kann. Dadurch wird Selbstbestäubung fast unmöglich.

4 Käsepappel *(Malva neglecta)*   Malvengewächse

einjährig oder ausdauernd, 30–50 cm hoch;   stickstoffliebende
Stengel meist niederliegend;   Dorfpflanze;
Kronblätter 8–13 mm lang, blaßrosa   Blüte: Juni–Sept.

Ihre Früchte erinnern an runde Käslaibchen, sie werden von Kindern
mitunter gegessen. Die ganze Pflanze enthält Schleimstoffe, die bei Bron-
chial-, Magen- und Darmkatarrh reizmildernd wirken, sie wird deshalb wie
die verwandten Malvenarten als Heilpflanze gesammelt (Tee aus Blättern!).

5 Stockrose *(Althaea rosea)*   Malvengewächse

ein- oder zweijährig, 1–3 m hohe Staude;   Gartenzierpflanze
Stengel steif aufrecht;   unbekannter Herkunft;
Blüten groß, ⌀ geöffnet 6–10 cm   Blüte: Juli–Sept.

Bereits seit dem 16. Jahrhundert wird diese schöne Pflanze in den Gärten
gezogen. Inzwischen gibt es unzählige Farbrassen mit weißen, rosafarbenen,
schwarzpurpurnen, violetten, gelben, oft gefüllten Blüten. Der weinrote
Blütenfarbstoff wurde früher zum Färben von Rotwein, Likören und Sirup
und auch als Druckfarbe verwendet.

1 Sommerlinde *(Tilia platyphyllos)*

bis 30 m hoher Baum; Blätter herzförmig,
Blattgrund unsymmetrisch;
Blüten hellgelb, duftend

Lindengewächse

Schlucht- und Bergwäl-
der, Alleebaum;
Blüte: Juni

Sommerlinden wurden von unseren Vorfahren in heiligen Hainen und als
Gerichtslinden gepflanzt. Sie können 1000 Jahre alt werden. Aus dem
Nektar der stark duftenden Blüten erzeugen Honigbienen den aromatischen
Lindenhonig; Lindenblütentee gilt als schweißtreibendes Heilmittel bei
Erkältungskrankheiten. Die kleinen weißen Haarbüschel in den Aderwinkeln
der Blattunterseite werden von winzigen Milben bewohnt, die ihre »Milbenhäuschen« nur nachts verlassen, um auf der Blattfläche Nahrung zu suchen.
2 Bei der ähnlichen **(2) Winterlinde** *(Tilia cordata)* mit kleineren Blättern sind
die Milbenhäuschen auf der mehr blaugrünen Blattunterseite rostrot. Lin-
denholz ist sehr weich und eignet sich für Schnitzarbeiten.

3 Waldsauerklee *(Oxalis acetosella)*

ausdauernd, bis 15 cm hoch;
Laubblätter dreizählig;
Blüten mit 10 Staubblättern und fünf Griffeln

Sauerkleegewächse

häufig in feuchten,
schattigen Wäldern;
Blüte: Apr.–Mai

Die kleeähnlichen Blätter der Pflanze schmecken sauer, sie enthalten *Oxal-
säure* und *Kleesalz*. Mit den Kleearten (S. 140) hat der Sauerklee botanisch
nichts zu tun, er gehört eher in die Verwandtschaft der Storchschnabelarten.
Die Blätter kommen mit $1/_{70}$ des normalen Tageslichtes aus.

4 Kapuzinerkresse *(Tropaeolum majus)*

bei uns einjährig; Stengel 30–300 cm lang,
kriechend oder mit Hilfe
der Blattstiele kletternd;
Blätter bläulichgrün, schildförmig

**Kapuzinerkresse-
gewächse**

Heimat: Südamerika,
beliebte Garten- und
Balkonpflanze;
Blüte: Juni–Okt.

Die Kapuzinerkresse stammt aus den Peruanischen Anden, wo sie an ihren
natürlichen Standorten als ausdauernde Pflanze große Bestände bildet. Bei
uns fallen die empfindlichen Blätter den ersten Frösten zum Opfer. Die
Blüte ist so gebaut, daß den besuchenden Insekten nur der Weg über die
8 Staubbeutel offensteht, die sich nacheinander nach oben biegen, direkt am
Blüteneingang aufplatzen und sich dann wieder abwärts richten.

5 Flachs *(Linum usitatissimum)*

einjährig, 20–80 cm hoch;
Stengel dünn, nur oben verzweigt;
Blüten himmelblau, selten weiß

Leingewächse

Kulturpflanze zur Öl-
und Fasergewinnung;
Blüte: Juni–Juli

Zur Gewinnung der feinen, aber haltbaren Bastfasern, aus denen man Lein-
wand herstellt, wohl auch wegen der ölhaltigen Samen wird der Flachs
schon so lange kultiviert, daß die Wildpflanze, von der er abstammt, nicht
mehr bekannt ist. In Leinentücher wurden bereits die ägyptischen Mumien
eingewickelt; doch auch in unserer Gegend muß der Flachs schon in der
Jüngeren Steinzeit bekannt gewesen sein. Seit der Entwicklung synthetischer
Fasern hat der Flachsanbau an Bedeutung verloren.

Familie Storchschnabelgewächse *(Geraniaceae)*

Ihre eigenartig geformten Früchte erinnern an Vogelköpfe mit langen Schnäbeln. Eine solche Frucht besteht aus fünf Teilfrüchten, die mit je einer langen Granne an einer Mittelsäule festgewachsen sind. Bei der Reife lösen sich die Grannen, biegen sich ruckartig nach oben und schleudern dadurch die Samen meterweit fort. Die Zahl fünf spielt beim Blütenbau eine große Rolle: Fünf Kelchblätter, fünf meist rötlich oder blau gefärbte Kronblätter, zweimal fünf Staubblätter kennzeichnen den Bau der Storchschnabelblüte. Fünf Honigdrüsen locken die Besucher an, meist Schwebfliegen, Hummeln, Bienen oder Falter. Der Blütenstengel ist mit zahlreichen Drüsenhaaren besetzt, die vermutlich Schutzfunktion haben. Zu dieser Familie gehören auch die *Pelargonien*, die wohl bekanntesten Balkonblumen, aus Südafrika stammend und fälschlicherweise meist als »Geranien« bezeichnet.

1 Wiesenstorchschnabel *(Geranium pratense)*   Storchschnabelgewächse

ausdauernd, 30–60 cm hoch;
rauh behaart; Blütenstiele zweiblütig,
Blüten blau

Wiesen, nährstoff-
reiche Lehmböden;
Blüte: Mai–Aug.

Seine Blütenstiele senken sich nach der Bestäubung, die Stiele der reifenden Früchte bewegen sich wieder nach oben. Bei dem ähnlichen *Waldstorchschnabel (Geranium sylvaticum)* mit violetten Blüten ist diese Bewegung nicht zu beobachten. Er wächst mehr im Bergland.

2 Bergstorchschnabel *(Geranium pyrenaicum)*   Storchschnabelgewächse

ausdauernd, 20–50 cm hoch; Stengel
weichhaarig; Blütenblätter violett,
ausgerandet, 7–10 mm lang

Böschungen, Feldraine,
Schuttplätze, Wiesen;
Blüte: Mai–Okt.

Nach ihrer Herkunft heißt die Pflanze auch *Pyrenäenstorchschnabel.* Sie wurde um das Jahr 1800 bei uns eingeschleppt und hat sich völlig eingebürgert. Bleiben die Insekten aus, ist auch Selbstbestäubung wirksam.

3 Ruprechtskraut *(Geranium robertianum)*   Storchschnabelgewächse

einjährig, 25–50 cm hoch;
Stengel oft rot, drüsig behaart;
ganze Pflanze unangenehm riechend

Wälder, schattige
Felsen, Mauern;
Blüte: Juni–Okt.

Wegen des unangenehmen Geruchs heißt die Pflanze auch *Stinkender Storchschnabel.* Den Gebrauch als Heilpflanze (gegen Entzündungen, Geschwülste, Nasenbluten, auch gegen Nierenleiden, Gicht) soll der heilige Ruprecht gelehrt haben. Die überwinternden Blattrosetten sind oft rot gefärbt.

4 Reiherschnabel *(Erodium cicutarium)*   Storchschnabelgewächse

einjährig, 15–50 cm hoch; Blätter gefiedert;
Blüten mit fünf Staubbeuteln,
Blütenstände doldenartig

sandige Äcker, Wein-
berge, Wegränder;
Blüte: Apr.–Sept.

Die Teilfrüchte haben eine behaarte Granne, die sich bei der Reife spiralig aufrollt und sie dadurch fortschleudert. Sie kann aber auch im Fell von Tieren hängenbleiben. Wechselnde Feuchtigkeit löst Bewegungen der Granne aus, wodurch sich die Frucht in den Boden einbohren kann.

1

2

3

4

1 Großes Springkraut *(Impatiens noli-tangere)*   **Balsaminengewächse**

einjährig, 30–80 cm hoch; Stengel   Wälder, an schattigen
glasig durchscheinend, an den   und feuchten Stellen;
Knoten verdickt; Blüten hängend   Blüte: Juli–Aug.

Die gelbe, innen rot punktierte Blüte besteht aus fünf ungleich gestalteten
Kronblättern, von denen eines die große »Lippe« bildet, während die rest-
lichen vier paarweise verwachsen sind. Der bis zu 3 cm lange Sporn ist ein
umgebildetes Kelchblatt. Die fünf miteinander verwachsenen Staubblätter
hüllen den Fruchtknoten ein. Wenn langrüsselige Hummeln zu dem tief im
Sporn geborgenen Nektar vordringen wollen, stoßen sie gegen die Staubbeutel, die Blütenstaub nur nach außen abgeben. Bevor die Narbe reift,
fallen die Staubblätter ab, auf diese Weise ist die Selbstbestäubung fast ausgeschlossen. Die Pflanze heißt auch *Rühr-mich-nicht-an:* Bei Berührung der
reifen Frucht rollen sich deren fünf Klappen plötzlich spiralig ein, und die
Samen werden meterweit fortgeschleudert.

2 Drüsiges Springkraut *(Impatiens glandulifera)*   Balsaminengewächse

einjährig, 50–200 cm hoch;   Zierpflanze aus dem
Blattstiele mit Drüsen;   Himalaya;
Blüten in langgestielten Trauben   Blüte: Juni–Okt.

Seit etwa 50 Jahren bürgert sich das »Indische Springkraut« bei uns ein
(Auenwälder, Ufer). Ab und zu trifft man es auch als Zierpflanze, ebenso die
verwandte *Gartenbalsamine (Impatiens balsamina)*.

Zu den **Ahornen** (Gattung *Acer*) gehören Holzgewächse mit kreuzweise
gegenständigen, meist handförmig gelappten Blättern. Die gelbgrünen Blüten mit 4–5 Kronblättern und 4–5 Kelchblättern werden durch Insekten
bestäubt. Bekannt sind die zweiflügeligen Früchte, die sich beim Herabfallen
propellerartig drehen. Besonders viele Ahornarten gibt es in Nordamerika
(Kanada!).

3 Bergahorn *(Acer pseudo-platanus)*   **Ahorngewächse**

bis 25 m hoher Baum; Blattlappen gesägt;   Wälder, Park- und
Blüten in hängenden Trauben;   Alleebaum;
Teilfrüchte spitzwinklig verwachsen   Blüte: Mai

Die Blüten des Bergahorns erscheinen mit dem Laubausbruch. Das weiße
glänzende, kernlose Holz ist hart und wird für Möbelfurniere verwendet.

4 Feldahorn *(Acer campestre)*   Ahorngewächse

meist 1–3 m hoher Strauch, selten bis   Feldgehölze, Wald-
20 m hoher Baum; Blattlappen stumpf;   ränder, Hecken;
Teilfrüchte waagrecht abstehend   Blüte: Mai–Juni

Genügsam und regenerationsfähig, wird er oft in Hecken gepflanzt.

5 Spitzahorn *(Acer platanoides)*   Ahorngewächse

bis 25 m hoher Baum; Blattlappen mit   Schluchtwälder; Zier-
spitzen Zähnen; Blüten in Trugdolden;   und Alleebaum;
Teilfrüchte stumpfwinklig verwachsen   Blüte: April–Mai

Seine Blüten erscheinen schon vor dem Laubausbruch.

1

2

3

4

5

162

Familie Wolfsmilchgewächse *(Euphorbiaceae)*

Diese große Familie ist mit nahezu 5000 Arten fast über die ganze Erde verbreitet und erreicht die größte Artenfülle in den tropischen Gebieten. Dort
gibt es neben Kräutern und Bäumen auch Lianen und kaktusähnliche Formen. *Kautschukbaum, Rizinus* oder *Wunderbaum, Weihnachtsstern* und *Chri-
stusdorn* gehören dazu.
Von den 700 Arten der Gattung **Wolfsmilch** *(Euphorbia)* kommen in
Deutschland etwa 20 wildwachsend vor. Der eigenartige Bau ihrer meist
grünlichen, manchmal auch gelben oder roten Blüten ist nicht leicht zu
durchschauen. Bei oberflächlicher Betrachtung kann man sie (wie der große
Systematiker Linné!) für Zwitterblüten mit einem Fruchtknoten und 12–20
Staubblättern halten. Die genaue Untersuchung eines Staubblattes läßt jedoch nur den Schluß zu, daß es sich dabei um eine ganze Staubblüte handelt:
Deutlich erkennt man die Stelle, an welcher der ehemalige Blütenstiel endet
und das eigentliche Staubblatt aufsitzt. Auch den gestielten Fruchtknoten
mit den Narben kann man als einzelne weibliche Blüte auffassen. Was wie
eine Zwitterblüte erscheint, ist also ein Blütenstand, den man als *Cyathium*
bezeichnet. Die rundlichen oder halbmondförmigen Nektardrüsen locken
vor allem Fliegen an, die den Pollen übertragen. Alle Euphorbia-Arten enthalten einen scharf schmeckenden, sehr giftigen, weißen Milchsaft und werden deshalb vom Weidevieh nicht gefressen.

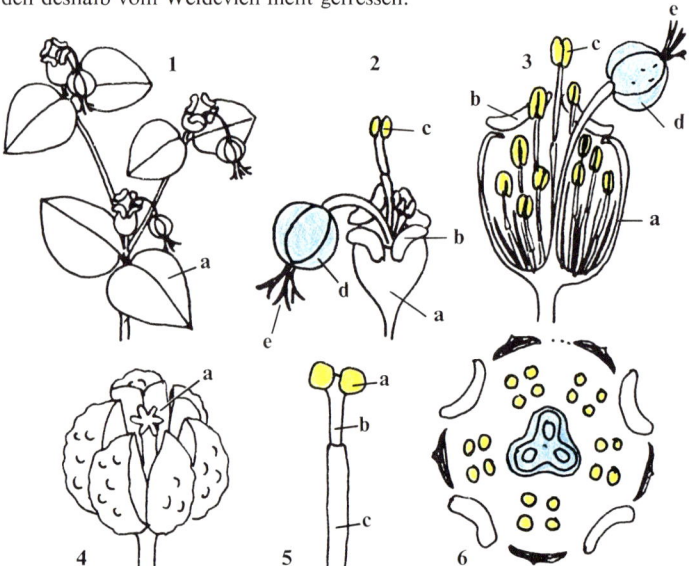

Wolfsmilchgewächse: 1 Teil des Blütenstandes: **a** Deckblätter; **2, 3** Scheinblüte (Cyathium), vollständig und im Schnitt: **a** becherartig verwachsene
Hochblätter, **b** Honigdrüsen, **c** Staubbeutel, **d** Fruchtknoten, **e** Narben;
4 aufgesprungene Frucht: **a** Mittelsäulchen; **5** Staubblüte: **a** Staubbeutel,
b Staubfaden, **c** Blütenstiel; **6** Diagramm einer Scheinblüte.

1 ☠   2 ☠

1 a ☠

1 Zypressenwolfsmilch *(Euphorbia cyparissias)*   Wolfsmilchgewächse

ausdauernd, 15–30 cm hoch; Blätter   Halbtrockenrasen,
wechselständig, schmal, bläulichgrün;   Straßenböschungen,
Blütenstand doldenförmig;   Schafweiden, häufig;
Nektardrüsen halbmondförmig   Blüte: Apr.–Juni

Aus dem kriechenden, bald verholzenden Wurzelstock wachsen blühende
und nichtblühende Triebe. Blütentragende Sprosse sind stärker verzweigt,
unterhalb des doldenähnlichen Blütenstandes finden sich meistens noch
mehrere nichtblühende Äste. Häufig findet man Pflanzen, deren Aussehen
(1a) so verändert ist, daß man sie kaum erkennt: Sie bleiben unverzweigt,
kommen nicht zur Blüte und haben gelblichgrüne, kurz-eiförmige, verdickte
Blätter mit rostroten Pusteln auf der Unterseite. Schuld an diesen Veränderungen ist der *Erbsenrost (Uromyces pisi)*, ein Rostpilz, dessen verschiedene
Entwicklungsstadien nacheinander auf Erbsen (bzw. Platterbsen) und der
Zypressenwolfsmilch schmarotzen.

2 Sonnenwolfsmilch *(Euphorbia helioscopia)*   Wolfsmilchgewächse

einjährig, 10–30 cm hoch; Stengel aufrecht;   Gärten, Äcker, Wein-
Blätter eiförmig, vorne fein gesägt;   berge, Schuttplätze;
Blütenstand 4–5 strahlig   Blüte: Apr.–Okt.

Dieses häufige Unkraut hat seinen Namen bekommen, weil sich die Blütenstände immer der Sonne zuwenden. Die ähnliche *Gartenwolfsmilch (Euphorbia peplus)* hat dreistrahlige Trugdolden und halbmondförmige Nektardrüsen.

1 Waldbingelkraut *(Mercurialis perennis)*   Wolfsmilchgewächse

ausdauernd; Stengel rund, aufrecht,   gesellig in schattigen
unverzweigt, 15–30 cm hoch;   Wäldern auf nährstoff-
Blätter gegenständig; Blüten grünlich,   reichen Böden;
unscheinbar, in ährigen Knäueln   Blüte: Apr.–Mai

Das Bingelkraut ist zweihäusig, d. h. auf einer Pflanze finden sich entweder
nur die länglichen männlichen oder nur die rundlichen weiblichen Blütenstände. Die unangenehm riechende Pflanze enthält stark abführende und
harntreibende Stoffe und wurde deshalb früher als Heilpflanze verwendet,
doch sind auch schon Vergiftungen vorgekommen. Vor dem Gebrauch muß
eindringlich gewarnt werden. Das ähnliche *Einjährige Bingelkraut (Mercurialis annua)* mit vierkantigen Stengeln ist ein Ackerunkraut.

2 Roßkastanie *(Aesculus hippocastanum)*   **Roßkastanien-
gewächse**

bis 25 m hoher Baum; Blätter gegen-   Heimat: Nordgrie-
ständig, gefingert; Blüten weiß,   chenland; Zierbaum;
mit gelben oder roten Flecken   Blüte: Mai–Juni

Die Roßkastanie hat ihren Namen im Gegensatz zur Edelkastanie erhalten,
weil ihre Früchte für den Menschen nicht genießbar sind und nur für das
Vieh taugen. Die Blüten haben zum Teil nur Staubblätter, zum Teil Staubblätter und Stempel. Unmittelbar nach dem Aufblühen sind die Saftmale
gelb, die Staubblätter nach unten gebogen, die empfängnisfähige Narbe
streckt sich nach vorn. Später werden die Saftmale rot, und die Staubblätter
krümmen sich nach oben. So wird Selbstbestäubung verhindert. Die bekannten Samen schmecken bitter, werden aber vom Wild gefressen. Ähnlich ist
die *Rotblühende Roßkastanie (Aesculus carnea)*, ein Bastard mit der nord-
amerikanischen Art *Aesculus pavia.*

3 Gemeine Kreuzblume *(Polygala vulgaris)*   **Kreuzblumen-
gewächse**

ausdauernd, 5–35 cm hoch;   trockene Wiesen,
Blätter kahl, wechselständig;   Halbtrockenrasen;
Blüten rosa, blau oder weiß   Blüte: Mai–Aug.

Von den fünf Kelchblättern sind zwei kronblattartig ausgebildet und bunt
gefärbt. Sie werden als *Flügel* bezeichnet, und die Kreuzblumenblüte erinnert entfernt an eine Schmetterlingsblüte. Der wissenschaftliche Name weist
auf die frühere Verwendung hin: *poly* = viel, *gala* = Milch; die Verfütte-
rung der Pflanze sollte bei Kühen erhöhte Milchproduktion bewirken.

4 Buchs *(Buxus sempervirens)*   **Buchsgewächse**

15–100 cm hoher Strauch oder   Heimat: Mittelmeer-
niedriger Baum mit gegenständigen,   gebiet; Zierstrauch;
immergrünen, ledrigen Blättern   Blüte: März–Apr.

Die kleinen, gelblichweißen, in Knäueln stehenden Blüten duften stark.
Schon vor fast 2000 Jahren wurde der Buchs in den römischen Gärten zu
großen Tierfiguren geschnitten. Die Park- und Gartenanlagen der Barock-
und Rokokozeit waren ohne kunstvoll geschnittene Buchshecken gar nicht
denkbar. Heute findet man ihn fast nur noch auf Friedhöfen. Er ist gebietsweise geschützt.

1 ☠

2

3

4 ☠

1 Stechpalme *(Ilex aquifolium)*

Stechpalmen-gewächse

bis 10 m hoher Baum oder Strauch;
Blätter immergrün, lederartig, am
Rand stachelspitzig; Früchte rot

Zierpflanze, im westlichen Europa heimisch;
Blüte: Mai–Juni

Die Stechpalme ist zweihäusig, d. h. auf einer Pflanze finden sich entweder
nur männliche oder nur weibliche Blüten. Nur selten werden die Früchte
von Vögeln verzehrt und verbreitet, die Vermehrung erfolgt hauptsächlich
durch Wurzelausschläge. Die Zweige werden zu Kränzen verarbeitet, auch
als frisches Grün zu Weihnachten in die Zimmer geholt; deshalb sind die
wildwachsenden Bestände der schönen Pflanze bedroht, und sie steht in
vielen Gegenden unter Naturschutz.

2 Pfaffenhütchen *(Euonymus europaea)*

Spindelbaumgewächse

bis 6 m hoher Strauch mit grünen,
vierkantigen Zweigen; Blätter
gegenständig; Früchte rosenrot

Waldränder,
Gebüsche, Hecken;
Blüte: Mai–Juli

Der Name kommt von der eigenartigen Form der Früchte, die an das Amts-
barett der Geistlichen erinnert. Nach dem Aufspringen der rosafarbenen
Hülle werden die orangefarbenen Samen sichtbar, die gern von Rotkehlchen
verzehrt werden. Für den Menschen sind sie giftig und rufen Erbrechen und
Durchfall hervor. Früher wurde das Holz zu Spindeln verarbeitet.

3 Weinrebe *(Vitis vinifera)*

Weinrebengewächse

bis 10 m hoher Kletterstrauch;
Blätter fünflappig; Ranken gabelig
verzweigt; Blüten klein, grünlich

Kulturpflanze,
selten verwildert;
Blüte: Juni

Der Weinstock ist eine uralte Kulturpflanze, die seit vielen tausend Jahren
ihrer saftigen Früchte und des aus ihnen gewonnenen edlen Getränks wegen
in warmen Gegenden angebaut wird. Aus den Knospen der verholzten
Stämme und Äste *(Reben)* wachsen im Frühjahr lange Triebe *(Lotten)* mit
Blättern, Ranken und rispigen Blütenständen, die der Winzer *Gescheine*
nennt. Die duftenden, 1 mm großen Einzelblüten werden von Insekten bestäubt, nachdem die verwachsenen grünen Kronblätter wie ein Mützchen
von den sich streckenden Staubblättern emporgehoben worden sind. Weil
aus den Samen wieder Wildformen entstehen würden, vermehrt man die
Edelreben durch Stecklinge. Wilde Weinreben gibt es noch in den Auwäldern von Donau und Rhein sowie in Westasien und im Mittelmeergebiet.

4 Wilder Wein *(Parthenocissus quinquefolia)*

Weinrebengewächse

bis 12 m hoch kletternder Strauch mit
Stengelranken; Blätter 6–7fingerig;
junge Zweige im Frühjahr hellrot

Heimat: Nordamerika;
Zierstrauch;
Blüte: Juli–Aug.

Wie einige nahe verwandte Arten wird auch der Wilde Wein häufig zur
Bekleidung von Mauern, Zäunen und Lauben angepflanzt. Die Ranken-
spitzen verdicken sich an ihren Enden, sobald sie in die Nähe eines festen
Gegenstandes kommen, scheiden ein zähflüssiges, später erstarrendes Sekret
aus und verbinden sich so untrennbar mit der Unterlage.

1 ☠

2 ☠

3

4

1 Faulbaum *(Frangula alnus)*   Kreuzdorngewächse

bis 3 m hoher Strauch, selten baumförmig;
Blätter mit bogigen Seitennerven;
Blüten grünlichweiß;
Früchte grün, rot, dann schwarz

Wälder, Gebüsche,
Ufer, auf staunassen
Böden;
Blüte: Mai–Juni

Der häufige Strauch mit den unscheinbaren Blüten findet heute kaum Beachtung. Früher hat man aus seinen Zweigen eine feine Holzkohle gewonnen, die ein wichtiger Bestandteil des Schießpulvers war. Daher kommt auch der Name *Pulverholz*. Die graubraune, durch helle Korkwarzen getüpfelte Rinde riecht etwas faulig; die in ihr enthaltenen Stoffe wirken anregend auf die Peristaltik des Dünndarms, deshalb wird sie als mildes Abführmittel gebraucht. Allerdings muß sie mindestens ein Jahr getrocknet werden, da sie im frischen Zustand starken Brechreiz erzeugt.

2 Kornelkirsche *(Cornus mas)*   Hartriegelgewächse

bis 5 m hoher Baum oder Strauch;
Blätter gegenständig, bogennervig;
Blüten gelb, vor dem Laubausbruch
erscheinend

Wälder in Mittel-
und Süddeutschland;
häufiger Zierstrauch;
Blüte: Febr.–Apr.

Die Kornelkirsche oder *Dirlitze* gehört zu den ersten Frühblühern. Schon im Vorfrühling brechen die auffälligen, kugeligen Knospen auf, die gelben Blütenbüschel entfalten sich und bieten den Bienen die erste Weide. Aus den kirschenähnlichen, bis 12 mm langen, ovalen, eßbaren Früchten stellt man Kompott, Marmelade oder Fruchtsaft her.

3 Roter Hartriegel *(Cornus sanguinea)*   Hartriegelgewächse

1–4 m hoher Strauch; Zweige im Herbst
blutrot gefärbt; Blätter gegenständig,
bogennervig; Blüten klein, weiß,
mit vier Kronblättern

Hecken, Mischwälder,
Magerweiden; auch als
Zierstrauch gepflanzt;
Blüte: Mai–Juni

Der Hartriegel heißt auch *Hornstrauch* (lat. cornus = das Horn, nach dem harten Holz). Wegen seiner Fähigkeit, mit Hilfe der Wurzeln den Boden zu festigen und wegen der vielen Wurzelschößlinge wird der Strauch häufig als Hecke angepflanzt. Die zähen, biegsamen Zweige wurden früher zu Körben geflochten. Aus den ungenießbaren, bitteren, schwarzen Früchten läßt sich ein Öl gewinnen, das zuweilen als Brennöl Verwendung fand.

4 Efeu *(Hedera helix)*   Efeugewächse

holzige Kletterpflanze, die mit Hilfe
brauner Haftwurzeln bis 20 m hoch
klettern kann; Blätter immergrün,
ledrig, glänzend

Wälder, Felsen und
Mauern, Parkanlagen,
Friedhöfe;
Blüte: Sept.–Nov.

Der Efeu ist der einzige bei uns vorkommende Vertreter einer Familie mit 700 Arten tropischer Holzpflanzen. Nur ältere Exemplare entwickeln bei starker Besonnung Blütentriebe mit ungeteilten, spiralig stehenden Blättern und grünlichen Blüten, die in Dolden stehen. Die giftigen, schwarzen, erbsengroßen Beeren reifen erst im folgenden Frühjahr. Die gelappten Blätter der nicht blühenden Triebe sind in Abb. 4 unten rechts dargestellt.

1

2

3

4

Familie Doldengewächse *(Umbelliferae)*

Zu den Doldengewächsen gehören rund 2600 Arten von Kräutern und Stauden, die vorwiegend in den gemäßigten Gebieten der Erde vorkommen; in Mitteleuropa gibt es etwa 200 Arten. Sie sind an ihren charakteristischen schirmartigen Blütenständen leicht zu erkennen: Die vielen kleinen (meist mehrere hundert) weißen oder gelben Einzelblüten sind zu zusammengesetzten, seltener zu einfachen Dolden vereinigt (*umbella* = Dolde!). Den Aufbau des Blütenstands zeigt Abb. 1. Typisch ist, daß die Seitenäste (Doldenstrahlen) immer aus einem Punkt entspringen; man muß den »Schirm« schon umdrehen, um dieses wichtige Merkmal eindeutig zu erkennen. Unter der Lupe zeigt sich der Aufbau einer Einzelblüte: fünf Kronblätter, oft ungleich groß, und fünf Staubblätter stehen um ein rundliches Polster, das die beiden Griffel trägt und *Griffelpolster* genannt wird. Es scheidet den Nektar ab, der den Insekten frei zugänglich ist. Bei sonnigem Wetter kann man auf den Doldenblüten oft eine Unmenge von Fliegen, Käfern und anderen kurzrüsseligen Besuchern sehen. Aus den Blüten entwickeln sich zweiteilige Spaltfrüchte, die wie alle Pflanzenteile ätherische Öle enthalten. Die Familie umfaßt viele Gewürzpflanzen, z. B. Kümmel, Dill, Fenchel, Anis, Koriander, Petersilie, Liebstöckel, Sellerie. Gefährliche Giftpflanzen sind Schierling, Wasserschierling und Hundspetersilie.

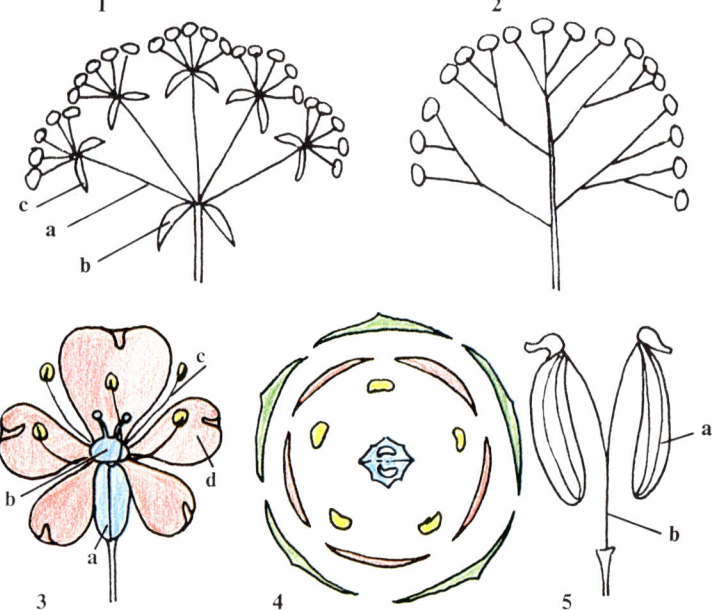

Doldengewächse: 1 zusammengesetzte Dolde: **a** Doldenstrahlen, **b** Hüllblätter; **c** Hüllchenblätter; **2** Rispe (Trugdolde); **3** Einzelblüte: **a** Fruchtknoten, **b** Griffelpolster mit zwei Griffeln, **c** Staubblätter, **d** Kronblätter; **4** Blütendiagramm; **5** Spaltfrucht: **a** Teilfrüchte, **b** Fruchthalter.

1 Waldsanikel *(Sanicula europaea)*   Doldengewächse

ausdauernd, 20–50 cm hoch;	schattige Laub- und
Stengel meistens blattlos;	Mischwälder, beson-
Grundblätter handförmig fünflappig;	ders auf guten Lehmbö-
Döldchen kopfförmig, Blüten rötlich-weiß	den; Blüte: Mai–Juni

In den köpfchenartigen Döldchen der Sanikel findet man zweierlei Blüten:
1–3 Zwitterblüten mit Staubblättern und langen Griffeln in der Mitte, und
rein männliche Blüten, die nur Staubblätter haben, gegen den Rand zu.
Weil die Staubbeutel zuerst reifen, kann die Narbe in der Regel nur durch
Pollen anderer Blüten bestäubt werden. Der Name Sanikel kommt vom
lateinischen *sanare* = heilen; die scharf schmeckende Pflanze enthält Gerb-
und Bitterstoffe und galt früher als vorzügliches Wundheilmittel.

2 Große Sterndolde *(Astrantia major)*   Doldengewächse

ausdauernd, 30–100 cm hoch;	feuchte Wälder und
Grundblätter 3–7teilig, lang gestielt;	Gebüsche, vor allem
Hüllblätter zahlreich, grünlich, weiß, rötlich,	im Gebirge;
Kronblätter vortäuschend	Blüte: Juni–Aug.

Auf den ersten Blick meint man eine Pflanze mit großen Einzelblüten vor
sich zu haben. Erst bei näherer Betrachtung erkennt man, daß die Sterndolde
einen Blütenstand darstellt, bei dem die sehr kleinen Einzelblüten in winzigen Dolden angeordnet und von den vergrößerten, zur Erhöhung der
Lockwirkung farbigen Hüllblättern umgeben sind. Die Art ist gebietsweise
geschützt.

1 Wiesenkerbel *(Anthriscus sylvestris)*

ausdauernd, 30–150 cm hoch;
Stengel kantig, hohl; Hülle fehlend oder
1–2blättrig, Hüllchen 5–8blättrig;
Kronblätter ausgerandet

Doldengewächse

häufig auf gedüngten
Wirtschaftswiesen,
Gebüsche;
Blüte: Apr.–Aug.

Er liebt etwas feuchte, nährstoffreiche Böden, gedeiht in Massen auf stark mit Jauche gedüngten Wiesen und läßt hier andere Wiesenpflanzen nicht aufkommen. Im späten Frühjahr, zur Blütezeit des Wiesenkerbels sehen solche Wiesen wie beschneit aus. Zur Zeit der Heuernte ist die Pflanze bereits verholzt und wird vom Vieh nicht verzehrt; sie gilt deshalb als Wiesenunkraut. Der *Gartenkerbel (Anthriscus cerefolium)* wird seit dem 16. Jahrhundert als Gewürzpflanze angebaut. Die Doldenstrahlen der stark riechenden Pflanze sind dicht flaumhaarig.

2 Geißfuß *(Aegopodium podagraria)*

ausdauernd, 60–100 cm hoch;
Blätter einfach oder doppelt dreizählig;
Hülle und Hüllchen fehlen

Doldengewächse

Gartenunkraut, Ufer,
feuchte Wälder;
Blüte: Mai–Juli

Der Geißfuß oder *Giersch* tritt immer in größeren Beständen auf, weil sich die Pflanze durch unterirdische Ausläufer vermehrt. In Gärten und Kulturland, vor allem auf feuchten, nährstoffreichen Böden läßt er sich schwer bekämpfen; bleiben nur wenige Stücke der weißen Ausläufer im Boden, so entwickeln sich daraus bald wieder neue Pflanzen. Früher galten die zerquetschten Blätter als Heilmittel gegen die Fußgicht (Podagra).

3 Wiesenkümmel *(Carum carvi)*

zweijährig, 30–100 cm hoch;
Blätter doppelt fiederteilig,
unterste Fiederchen an den Blattscheiden;
Hülle und Hüllchen fehlen; Kümmelgeruch!

Doldengewächse

Wiesen, vor allem im
Bergland; als Gewürz-
pflanze angebaut;
Blüte: Mai–Juli

Der Kümmel ist eine alte Gewürz- und Arzneipflanze. Die getrockneten Früchte enthalten ätherische Öle und werden Fleischgerichten, Gemüsen, Backwaren (Kümmelbrot!) und bestimmten Käsesorten beigegeben. Sie verleihen auch dem Kümmelschnaps seinen aromatischen Geschmack. Die Inhaltsstoffe der Früchte wirken verdauungsfördernd und krampfstillend; sie gelten deshalb als Heilmittel bei Magen-, Darm- und Leberbeschwerden.

4 Große Bibernelle *(Pimpinella major)*

ausdauernd, 50–100 cm hoch;
Blätter einfach gefiedert, dunkelgrün,
zerrieben unangenehm riechend;
Stengel scharfkantig; Hülle und Hüllchen fehlen

Doldengewächse

Wiesen, Wegränder
auf feuchten,
lehmigen Böden;
Blüte: Juni–Okt.

Neben der Großen Bibernelle kommt bei uns die ähnliche *Kleine Bibernelle (Pimpinella saxifraga)* vor. Ihr runder, fein gerillter, fast blattloser Stengel wird nur 15–50 cm hoch. Sie wächst in sonnigen Magerrasen, trockenen Wäldern und im lichten Gebüsch auf mageren Böden. Die Wurzeln beider Arten enthalten Gerbstoffe und das scharf schmeckende *Pimpinellin.*

1

2

3

4

1 Gartenpetersilie *(Petroselinum crispum)*

zweijährig; Blätter im Umriß rundlich
bis dreieckig, fiederschnittig,
oft kraus, mit würzigem Geruch;
Blüten erst im 2. Jahr, grünlichgelb

Doldengewächse
Heimat: Südeuropa;
Gewürzpflanze,
häufig angepflanzt;
Blüte: Juni–Juli

Die Petersilie wurde wahrscheinlich schon zur Zeit Karls des Großen (768 bis 814) in Europa eingeführt und zuerst in den Gewürz- und Arzneipflanzengärtchen der Klöster angepflanzt. Heute werden vor allem die verschiedenen Formen der *Blattpetersilie* kultiviert, weniger bekannt ist die *Wurzelpetersilie* mit weichen, bis 20 cm langen und 4–5 cm dicken Wurzeln. Am besten gedeiht die Pflanze auf tiefgründigen, nährstoffreichen Böden in feuchter, halbschattiger Lage. Die Inhaltsstoffe (ätherische Öle, *Apiol*) wirken harntreibend, verdauungsfördernd und krampflösend.

2 Hundspetersilie *(Aethusa cynapium)*

einjährig, 10–150 cm hoch;
Blätter glänzend, petersilienähnlich,
zerrieben knoblauchartig riechend;
drei einseitswendige Hüllchenblätter

Doldengewächse
Schuttplätze, Äcker,
Gärten, Waldränder,
stickstoffliebend;
Blüte: Juni–Okt.

Die Hundspetersilie oder *Gleiße* enthält das stark giftige Alkaloid *Coniin*, das auch im Schierling vorkommt. Verwechslungen mit der Gartenpetersilie können unangenehme Folgen haben; sogar tödliche Vergiftungen sind schon bekanntgeworden. Am unangenehmen Geruch der zerriebenen Blätter ist die Pflanze leicht zu erkennen, außerdem treibt sie schon im ersten Jahr Blütenstengel und fällt durch den rascheren Wuchs in den Petersilienkulturen sofort auf.

3 Dill *(Anethum graveolens)*

einjährig, 50–100 cm hoch;
stark aromatisch riechend;
Blätter dreifach fiederteilig;
Hülle und Hüllchen fehlen, **(3a)** Döldchen

Doldengewächse
Heimat: Orient
(Persien);
Gewürzpflanze;
Blüte: Juli–Aug.

Der Dill ist eine alte Gewürzpflanze. Das aromatische Kraut wird vor allem beim Einlegen von Gurken verwendet, aber auch Fischgerichten, Soßen und dem Kopfsalat beigegeben. Weniger bekannt ist der Dill als Heilpflanze: Die getrockneten Samen haben ähnliche Inhaltsstoffe wie der Kümmel und helfen bei Blähungen, Leibschmerzen und Koliken.

4 Fenchel *(Foeniculum vulgare)*

zweijährig bis ausdauernd, bis 2 m hoch;
sehr ähnlich dem Dill, Blattscheiden
aber länger, Früchte nicht geflügelt,
ganze Pflanze kräftiger

Doldengewächse
Heimat: Mittelmeer-
gebiet; Gewürz- und
Gemüsepflanze;
Blüte: Juli–Okt.

Bei uns wird die Pflanze ihrer Früchte wegen angebaut, die als Gewürz dienen. Der Fenchel ist aber auch eine Heilpflanze: Fencheltee hilft gegen Blähungen, die Inhaltsstoffe lindern auch Bronchialleiden und sind oft in Hustenbonbons enthalten. Vom südeuropäischen *Gemüsefenchel* verwendet man die jungen, zwiebelartig ausgebildeten Blattscheiden. Querschnitt durch Gemüsefenchel **(4a)**.

1

2 ☠

3 a

3

4

4 a

1 Waldengelwurz *(Angelica sylvestris)* — Doldengewächse

zwei- bis mehrjährig, bis 2 m hoch;
Blätter groß, 2–3fach fiederteilig;
Hülle fehlend oder 1–3blättrig,
Hüllchenblätter zahlreich

feuchte Wälder, Ufer,
Naßwiesen, auf nähr-
stoffreichen Böden;
Blüte: Juli–Sept.

An den großen Blättern, dem oberseits rinnigen Blattstiel, vor allem aber an den flaumig zottig behaarten Doldenstielen ist die Engelwurz leicht von den anderen Doldengewächsen zu unterscheiden. Die großen Dolden tragen weiße, grünliche oder rosafarbene Blüten. Der Name geht auf eine Sage zurück, wonach ein Engel den Menschen die heilkräftige Pflanze gezeigt haben soll. Die lange, fingerdicke Wurzel enthält ätherische Öle und gilt als Heilmittel bei Brustleiden und Magenschwäche. Noch heilkräftiger ist die ähnliche *Echte Engelwurz (Angelica archangelica)* mit honigduftenden Blüten, die angebaut und zu Magenbittern verarbeitet wird.

2 Pastinak *(Pastinaca sativa)* — Doldengewächse

zweijährig, 30–100 cm hoch;
zerriebene Blätter riechen nach Möhren;
Hülle und Hüllchen fehlen; Blüten gelb

Wiesen, Wegränder,
Bahndämme, Ufer;
Blüte: Juli–Sept.

Bis ins 18. Jahrhundert wurde der Pastinak als wichtiges Wurzelgemüse angebaut, doch war die süßlich und gewürzhaft schmeckende Wurzel offenbar nicht für jedermann bekömmlich. Die besser schmeckende Möhre und vor allem die Kartoffel haben sie rasch verdrängt, heute ist diese alte Kulturpflanze völlig in Vergessenheit geraten.

3 Bärenklau *(Heracleum sphondylium)* — Doldengewächse

ausdauernd, 50–150 cm hoch;
Stengel steifhaarig, kantig gefurcht;
Blattscheiden aufgeblasen;
Randblüten vergrößert, Hüllchenblätter zahlreich

Wiesen, Ufer, Auwäl-
der, auf nährstoff-
reichen Böden;
Blüte: Juni–Sept.

Wie der Wiesenkerbel (S. 173) ist auch der Bärenklau eine Charakterpflanze jauchegedüngter Wiesen. Hier breitet er sich stark aus und unterdrückt die wertvolleren Wiesenpflanzen. Die weißen Blütendolden erscheinen meistens erst nach dem ersten Schnitt und lassen die ganze Wiese weiß erscheinen. Jung werden die Blätter vom Vieh gern verzehrt (gutes Kaninchenfutter!), im Heu zerbröseln sie und neigen zu Schimmelbildung. Imponierend und dekorativ wirkt die bis 3 m hohe *Herkulesstaude (Heracleum mantegazzianum)* in Gärten und aus diesen verwildert.

4 Wilde Möhre *(Daucus carota)* — Doldengewächse

zweijährig, 50–80 cm hoch; Hüllblätter
fiederteilig; Hüllchenblätter spitz;
in der Mitte der Dolde dunkle »Mohrenblüte«;
typischer Möhrengeruch

Halbtrockenrasen,
Wegränder, Schutt-
plätze, Wiesen;
Blüte: Juli–Okt.

Der Fruchtstand der Wilden Möhre mit den stacheligen Früchten ist nur bei trockenem Wetter ausgebreitet. In feuchter Luft neigen sich die Doldenstrahlen zusammen und bilden das bekannte »Vogelnest«. Durch jahrhundertelange Auslese wurden aus der Wilden Möhre viele Rassen von *Gelben Rüben* und *Karotten* mit fleischigen, weichen Wurzeln gezüchtet.

Familie Weidengewächse *(Salicaceae)*

Zu dieser Familie gehören unsere Weiden und Pappeln, kätzchentragende Bäume und Sträucher mit weichem Holz. Alle Arten sind zweihäusig, d. h. eine Pflanze trägt entweder nur männliche oder nur weibliche Blütenkätzchen, die aus vielen, sehr einfach gebauten Einzelblüten zusammengesetzt sind: Am Grund einer oft silbrig behaarten Schuppe entspringen entweder zwei oder mehrere Staubblätter oder ein Stempel. Bei den insektenblütigen Weiden findet sich noch eine Nektardrüse, die windblütigen Pappeln erzeugen keinen Nektar. In den Fruchtkapseln entwickeln sich kleine Samen mit weißen Samenhaaren, die durch den Wind verbreitet werden. Weiden und Pappeln bilden untereinander sehr leicht Bastarde, so daß die genaue Bestimmung der Arten oft sehr schwierig ist.

1 Schwarzpappel *(Populus nigra)* — Weidengewächse

bis 30 m hoch; Knospenschuppen klebrig, balsamisch duftend; Blätter annähernd rautenförmig — Auwälder, oft angepflanzt; Blüte: März–Apr.

Die **(1a) Pyramidenpappel** *(ssp. pyramidalis)* ist eine Abart der Schwarzpappel, seit Napoleon in Mitteleuropa als Alleebaum gepflanzt.

2 Silberpappel *(Populus alba)* — Weidengewächse

bis 30 m hoher Baum; Blätter oft gelappt, unterseits weißfilzig behaart — Auwälder, Ufer; Blüte: März–Apr.

3 Zitterpappel oder **Espe** *(Populus tremula)* — Weidengewächse

Strauch oder bis 20 m hoher Baum; Blätter rundlich, langgestielt — Waldränder, Gebüsche; Blüte: März–Apr.

Ihre langgestielten Blätter werden vom leisesten Windhauch bewegt. Daher kommt die Redensart »zittern wie Espenlaub«. Sie ist geschützt.

4 Silberweide *(Salix alba)* — Weidengewächse

Strauch oder bis 20 m hoher Baum; Blätter schmal, unterseits weißlich; Blüten mit den Blättern erscheinend — Flußufer, Waldränder, oft angepflanzt; Blüte: März–Mai

5 Sie bildet leicht Bastarde mit der **(5) Bruchweide** *(Salix fragilis)*, deren junge Blätter nicht silbrig behaart sind. Die zähen Zweige beider Arten und der Bastarde werden abgeschnitten und zu Flechtwerk verarbeitet. Auf diese Weise entstehen die bekannten *Kopfweiden*. Alle Arten der Gattung Salix sind geschützt.

6 Salweide *(Salix caprea)* — Weidengewächse

3–9 m hoher Strauch oder Baum; Blätter rundlich oder eiförmig, unterseits filzig behaart — Waldränder, Kahlschläge, Gebüsche; Ufer; Blüte: März–Mai

Der Name *Palmkätzchen* für die silbrigen Frühlingsboten geht auf den Brauch zurück, Zweige am Palmsonntag zu weihen. Weil die Salweidenbüsche oft rücksichtslos geplündert werden, stehen sie unter Naturschutz.

Familie Birkengewächse *(Betulaceae)*

Zu den Birkengewächsen gehören ausschließlich Holzgewächse, also Bäume und Sträucher, die vorwiegend die nördliche gemäßigte Zone bewohnen. Alle Arten sind einhäusig, d. h. auf einer Pflanze finden sich männliche Blüten mit Staubblättern und weibliche Blüten mit Stempeln – Staubblüten und Stempelblüten »wohnen in einem Haus, aber in verschiedenen Zimmern«. Die Blüten sind ganz für die Bestäubung durch den Wind eingerichtet: In den hängenden, leicht beweglichen männlichen Blütenkätzchen sitzen die Staubbeutel unter schuppenartigen Dächlein und produzieren eine Unmenge von mehligem Blütenstaub, der aus sehr kleinen Pollenkörnern mit glatter Oberfläche besteht. Dieser feine Staub kann vom Wind über Hunderte von Kilometern verweht werden, besonders da zur Blütezeit der Wald noch nicht belaubt ist. Auch die weiblichen Blüten sind zu Blütenständen vereinigt, oft in Kätzchen, bei der Hasel aber in knospenartigen Gebilden. Weit ragen die behaarten Narben heraus, um den Pollen aufzufangen. Blütenhüllen (Kron- und Kelchblätter) würden nur stören und sind deshalb weitgehend zurückgebildet. Nach der Bestäubung und Befruchtung entwickeln sich die einsamigen Schließfrüchte mit harter Schale, die man als Nüßchen bezeichnet. Sie werden bei den meisten Arten durch den Wind, bei der Hasel durch Tiere verbreitet.

Familie Buchengewächse *(Fagaceae)*

Die Buchengewächse sind mit den Birkengewächsen nahe verwandt und werden mit ihnen zu den *Buchenverwandten (Fagales)* vereinigt. Auch die Buchengewächse umfassen ausschließlich einhäusige Bäume und Sträucher, deren Blüten mit wenigen Ausnahmen durch den Wind bestäubt werden. Manchmal enthalten die Blütenstände (z. B. bei den Eichen) männliche und weibliche Blüten gleichzeitig. Ob dies ein ursprüngliches oder ein abgeleitetes Merkmal ist, kann nur schwer entschieden werden, genausowenig kann man entscheiden, ob die Windblütigkeit oder die Bestäubung durch Insekten (z. B. bei der Edelkastanie) innerhalb der Buchengewächse erdgeschichtlich früher aufgetreten ist. Das wichtigste Kennzeichen der Buchengewächse findet sich an der Frucht, nämlich ein verholzender, mit Schuppen oder Stacheln versehener *Fruchtbecher*, in dem die hartschalige Eichel oder Buchecker sitzen. Wegen dieses Bechers werden die Buchengewächse häufig auch als *Becherfrüchtler* bezeichnet.

Birken- und Buchengewächse: 1 Birkenzweig mit männl. **a** und weibl. **b** Blütenkätzchen; **2** weibl. Blüte der Birke: **a** Deckblatt, **b** Fruchtknoten, **c** Narben; **3** männl. Blüte der Birke: **a** Deckblatt, **b** Staubbeutel; **4–7** Früchte von Birkengewächsen (**a** Nüßchen): **4** Birke (Fruchtstand), **5** Einzelfrucht der Birke, **6** Hainbuche, **7** Haselnuß; **8–10** Früchte von Buchengewächsen (**a** Nuß, **b** Fruchtbecher): **8** Eiche, **9** Rotbuche, **10** Edelkastanie.

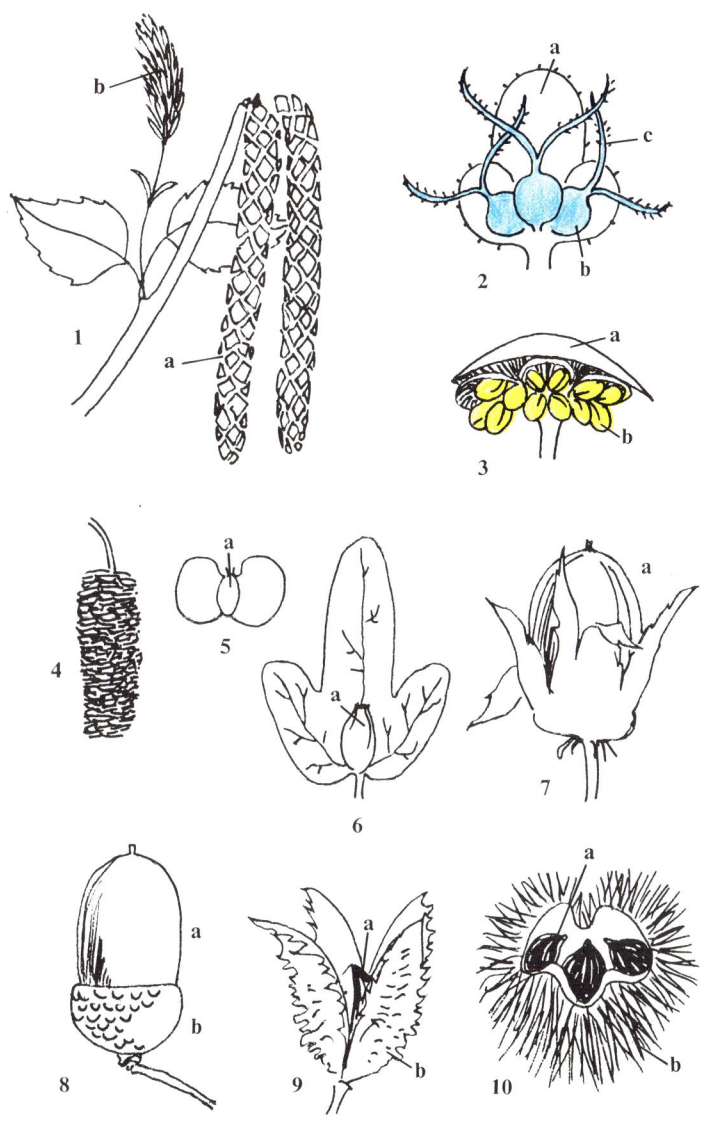

1 Schwarzerle *(Alnus glutinosa)*

bis 25 m hoher Baum mit schlankem Stamm
und graubrauner Rinde;
Blätter dunkelgrün, verkehrt eiförmig,
vorne stumpf oder ausgerandet

Birkengewächse

Auwälder, Waldsümpfe
Bachränder,
Erlenbrüche;
Blüte: März–Apr.

Von allen unseren Laubbäumen verträgt die Schwarzerle die meiste Boden-
feuchtigkeit; sie kann auch auf morastigen Böden noch gut gedeihen. An
den Wurzeln findet man merkwürdige Knöllchen, die für die Ernährung
des Baumes sehr wichtig sind. In ihnen leben nämlich Bakterien, die den
Luftstickstoff in Verbindungen überführen, so daß ihn die Pflanze verwerten
kann. Das weiche, trocken rostrote Holz hat wenig Heizkraft. Neuerdings
2 wird die ähnliche **(2) Grau-Erle** *(Alnus incana)* mit zugespitzten Blättern
häufig zur Festigung von Straßenböschungen angepflanzt. Alle Erlen sind
geschützt.

3 Grünerle *(Alnus viridis)*

bis 2,5 m hoher Strauch, oft mit niederliegenden Ästen; Blätter zugespitzt;
Blütenkätzchen gleichzeitig
mit dem jungen Laub erscheinend

Birkengewächse

Gebirgspflanze, am
häufigsten in den Alpen
von 1500–2000 m;
Blüte: Apr.–Mai

Die Grünerle bildet in den Alpen, besonders auf kalkarmen Urgesteinsböden,
ausgedehnte Bestände. Mit Vorliebe siedelt sie sich in den Lawinenschneisen
an, festigt den Boden und verhindert das Abrutschen des Schnees. Anderer-
seits kann sie auf den Weiden der Voralpen sehr schädlich werden, weil sie
den Graswuchs fast vollständig unterdrückt.

4 Hasel *(Corylus avellana)*

bis 4 m hoher Strauch oder kleiner Baum;
junge Zweige behaart, oft rotborstig;
Blätter breit, am Vorderende
mit vorgezogenen Spitzchen

Birkengewächse

lichte Wälder, Wald-
ränder, Hecken, auch
angepflanzt;
Blüte: Febr.–März

Die bekannten Haselkätzchen werden bereits im Sommer angelegt. Im ersten
Vorfrühling, manchmal schon Ende Januar, strecken sie sich und beginnen
zu stäuben. Ab August reifen dann die ölhaltigen *Haselnüsse*, die schon im
Altertum von den Griechen und Römern sehr geschätzt wurden. Im Süden
und Südosten Europas bilden sie einen wichtigen Handelsartikel. Der
Strauch ist geschützt.

5 Weißbirke *(Betula pendula)*

bis 25 m hoher Baum; Stamm mit weißer Rinde;
junge Zweige mit Harzdrüsen;
Blätter rautenförmig

Birkengewächse

lichte Laubwälder,
Waldlichtungen;
Blüte: Apr.–Mai

Gegenüber dem Boden ist die Birke äußerst anspruchslos, doch braucht sie
viel Licht zum Gedeihen. Als »Pionier-Holzart« siedelt sie sich auf Waldlichtungen und Schlägen an, und in ihrem Schutz keimen dann die anderen
Waldbäume. Das Holz wird zu Möbelfurnieren verarbeitet, der Rindensaft
ist Bestandteil vieler Haarpflegemittel. Die Art ist geschützt.

1

2

3

2

3

2

4

5

1 Hainbuche *(Carpinus betulus)*   Birkengewächse
bis 25 m hoher Baum; Blätter doppelt gesägt;   Laubwälder, Hecken;
Rinde glatt, grau, mit Längswülsten   Blüte: Apr.–Mai

Der Name Hainbuche oder *Hagebuche* deutet auf ihre Verwendung für
Hecken hin. Sie läßt sich nämlich gut zurückschneiden und schlägt besser
als die Rotbuche aus einem abgehauenen Stamm wieder aus. Der Baum
erreicht nur etwa 150 Jahre. Seine Früchte werden durch ein blattartiges
Anhängsel zu vom Wind getriebenen Schraubenfliegern.

2 Rotbuche *(Fagus sylvatica)*   **Buchengewächse**
bis 40 m hoher Baum;   Wälder;
Rinde glatt, grau; Stamm meist   Blüte: Apr.–Mai
ziemlich gleichmäßig rund

Die Rotbuche ist der charakteristische Laubbaum Mitteleuropas. An den
meisten Standorten ist sie in der Konkurrenzkraft den anderen Baumarten
überlegen. Ihre Blüten sind unscheinbar. Nicht jedes Jahr kommt es zu
Blüte und Samenansatz. Das kostet sie zuviel Kraft. Daher ist nur etwa alle
vier Jahre ein »Bucheckernjahr«. Aus den Früchten *(Bucheckern)* wurde in
Notzeiten ein geschätztes Speiseöl gewonnen. Der Keimling entwickelt zwei
breite, nierenförmige Keimblätter, die in der Form keine Ähnlichkeit mit
den normalen Blättern des Baumes zeigen.

3 Edelkastanie *(Castanea sativa)*   Buchengewächse
bis über 30 m hoher Baum;   Wälder, meist auf
Blätter stachelspitzig gesägt;   kalkarmem Boden;
Fruchtbecher stachelig   Blüte: Juni

Die Edelkastanie ist mit der Roßkastanie (S. 164) nicht näher verwandt.
Ihre Früchte sind eßbar und haben als *Maroni* Eingang in die Küche
gefunden. Der Baum ist besonders im Mittelmeergebiet zu Hause, wurde
aber zur Römerzeit auch in Mitteleuropa in milden Klimagebieten durch
den Menschen stärker verbreitet.

4 Stieleiche *(Quercus robur)*   Buchengewächse
bis 50 m hoher Baum; Blattstiel kurz,   Wälder;
weniger als 1 cm lang   Blüte: Apr.–Mai

Der Name »Stiel«eiche rührt von dem langgestielten Fruchtstand und nicht
vom Blattstiel her. Die Blüten sind wie die der anderen Buchengewächse
ganz unscheinbar und werden vom Wind bestäubt. Sie heißt auch *Sommer-
eiche. Eicheln* wurden früher zur Schweinemast verwendet.

5 Traubeneiche *(Quercus petraea)*   Buchengewächse
bis 40 m hoher Baum;   Wälder;
Blattstiel länger als 1 cm, meist gelb   Blüte: Apr.–Mai

Während die Stieleiche auch in staunassen Auwäldern vorkommt, zieht die
Traubeneiche trockene Standorte an Südhängen oder Westhängen vor. Sie
wird, wie die Stieleiche, 500–800 Jahre alt und liefert ein wertvolles Furnier-
holz.

1 Walnuß *(Juglans regia)*   **Walnußgewächse**

bis 25 m hoher Baum;   Auwälder, Gärten;
Blätter zerrieben stark riechend   Blüte: Apr.–Juni

Die Walnuß ist in den Auwäldern der Balkanhalbinsel heimisch. Sie ist
frostempfindlich und gedeiht daher nicht überall. Schon in der jüngeren
Steinzeit hat man Walnüsse gesammelt und damit den Baum absichtlich
und unabsichtlich verbreitet. Sein Holz wird zu Möbeln verarbeitet, die
Samen enthalten ein wertvolles Speiseöl.

2 Bergulme *(Ulmus glabra)*   **Ulmengewächse**

bis 40 m hoher Baum;   Hangwälder,
Blattoberseite rauh   Schluchtwälder;
                                         Blüte: März–April

Ulmen erkennt man an ihrem eigenartigen asymmetrischen Blattgrund. Am
sichersten sind die einander ziemlich ähnlichen Arten an den Früchten zu
unterscheiden. Bei der Bergulme sitzt der Same inmitten des ungestielten
häutigen Flügels, bei der Feldulme im vorderen Teil.

3 Feldulme *(Ulmus minor)*   Ulmengewächse

Strauch oder bis 40 m hoher Baum;   Auwälder, Wald-
Blätter oberseits meist glatt   ränder, Hecken;
                                         Blüte: März–Apr.

Die Feldulme hat im allgemeinen kleinere Blätter als die Bergulme. Sie
entwickelt oft aus den Wurzeln neue Sprosse.

4 Flatterulme *(Ulmus laevis)*   Ulmengewächse

bis 35 m hoher Baum;   Auwälder, Parks;
Frucht am Rand gewimpert   Blüte: März–Apr.

Im Gegensatz zu den anderen Ulmen hat die Flatterulme langgestielte
Früchte.

5 Hopfen *(Humulus lupulus)*   **Hanfgewächse**

ausdauernde, 2–6 m hohe Schlingpflanze,   Auwälder, Gebüsche;
Blätter rauh, ungeteilt oder drei- bis fünflappig   Blüte: Juli–Aug.

Der Hopfen kommt bei uns wild und kultiviert vor. In Kultur wird er an
langen Stangen oder Drähten gezogen. Nur die Pflanzen mit weiblichen
Blüten sind wertvoll. Diese Blüten werden im Hochsommer geerntet und
zur Bierherstellung verwertet. Sie enthalten ein Harz, das dem Bier den
bitteren Geschmack gibt und es haltbar macht.

6 Hanf *(Cannabis sativa)*   Hanfgewächse

einjährig, 30–350 cm hoch;   Felder, Schuttplätze;
Blätter gefingert, gesägt   Blüte: Juli–Aug.

Vom Hanf gibt es viele verschiedene Sorten; aus den Samen der einen
gewinnt man Öl, aus den Stengeln der anderen Fasern für Seile und Stricke.
Aus dem indischen Hanf wird das Rauschgift Haschisch hergestellt.

1 Große Brennessel *(Urtica dioica)*

ausdauernd, 60–150 cm hoch;
Blätter herzförmig, zugespitzt

Brennesselgewächse

Flußufer, Schuttplätze;
Blüte: Juni–Okt.

Die Große Brennessel findet sich überall da, wo der Boden etwas feucht, nährstoffreich und gut gedüngt ist. Wegen ihrer Ausläufer und Wurzeln, die bis 70 cm tief reichen, läßt sie sich aus Kulturland schwer vertreiben. Sie ist zweihäusig; deshalb stehen männliche und weibliche Pflanzen oft in getrennten Gruppen. Eine weibliche Pflanze bildet zwischen 15000 und 30000 Samen, die durch den Wind verbreitet werden. Die Brennhaare sind innen hohl. Wenn man sie streift, so bricht ihre Spitze ab, und das im Haar enthaltene Gift dringt mit dem Haar in die Haut.

2 Mistel *(Viscum album)*

kugeliger Halbstrauch, bis 1 m hoch,
auf fremden Bäumen wachsend

Riemenblumen-gewächse

Wälder, Parks,
Obstgehölze;
Blüte: März–Mai

Die Mistel ist ein Halbschmarotzer. Sie entzieht ihrer Wirtspflanze nur Wasser und Nährsalze. Mit ihren grünen Blättern und Zweigen bildet sie ihre Reservestoffe selbst. Einen Obstbaum kann sie zwar schwächen, aber nicht zum Absterben bringen. Mistelbüsche sind entweder männlich oder weiblich. Männliche Blüten enthalten vier gelbgrüne Blütenblätter. Die Staubblätter sind mit diesen so verwachsen, daß der Blütenstaub in Grübchen der Blütenblätter gebildet wird. Die Bestäubung erfolgt durch Fliegen und durch den Wind, die Verbreitung der Beeren durch Vögel (Misteldrossel und Seidenschwanz). Der klebrige Same keimt auf dem Zweig. Es dauert aber mehr als ein Jahr, bis seine Wurzel sich so im Zweig verankert hat, daß er Anschluß an das Wasserleitungssystem findet. Bei uns gibt es drei verschiedene Mistelrassen, die nur auf ganz bestimmten Wirtsbäumen wachsen; eine auf Laubholz, eine auf Weißtannen und eine auf Kiefern. Misteln auf Eichen gehören zu den größten Raritäten.

3 Haselwurz *(Asarum europaeum)*

ausdauernd, 5–10 cm hoch;
Blätter nierenförmig, wintergrün

Osterluzeigewächse

Laubwälder;
Blüte: März–Mai

Die Haselwurz dürfte zu einem uralten, besonderen Stamm unter den Zweikeimblättrigen Blütenpflanzen (S. 76) gehören. Ihre bräunlichen Blüten mit den drei Blütenzipfeln enthalten zwölf Staubblätter und einen unterständigen Fruchtknoten. Die meist unter Laub versteckte Blüte bestäubt sich selbst. Blütenbesucher wurden noch nie beobachtet. Die Samen werden durch Ameisen verbreitet.

4 Stumpfblättriger Ampfer *(Rumex obtusifolius)*

ausdauernd, 50–120 cm hoch;
Blätter breit, stumpf,
am Grunde oft herzförmig

Knöterichgewächse

Weiden, Äcker, Wege,
Schuttplätze;
Blüte: Juni–Aug.

Der stumpfblättrige Ampfer ist ein häufiges Weideunkraut. Er wurzelt bis zu 2 m tief und entwickelt große Blätter, die etwas an Rhabarberblätter erinnern. Man erkennt ihn auch an den gezähnten inneren Blütenhüllblättern.

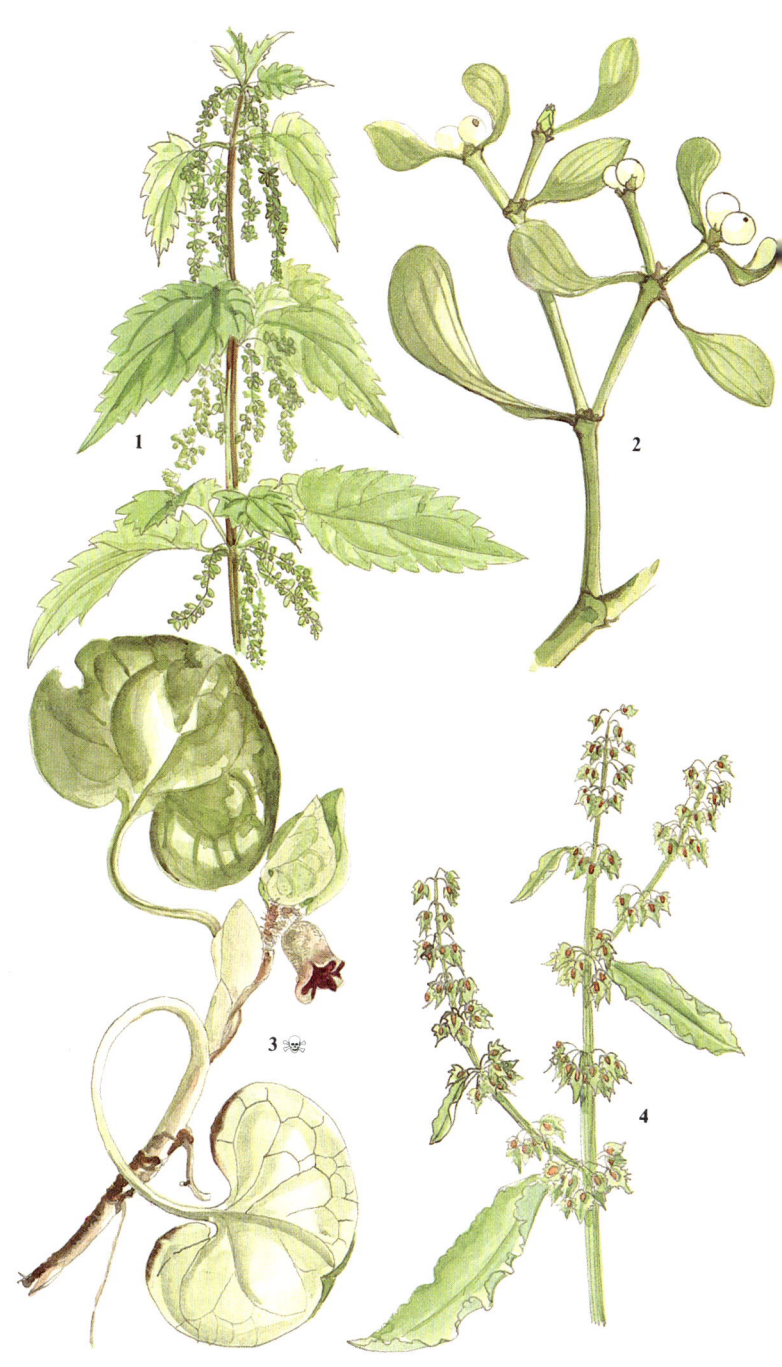

1

2

3 ☠

4

1 Sauerampfer *(Rumex acetosa)*
ausdauernd, 30–100 cm hoch;
Blätter pfeilförmig; Blütenstand locker

Knöterichgewächse
Wiesen;
Blüte: Mai–Juni

Der Sauerampfer enthält in den frischen Blättern etwa 1% *Caliumbioxalat*, das den sauren Geschmack ausmacht. Dieses ist in geringer Menge unbedenklich, kann aber in größerer Menge, besonders bei Kindern, gefährlich werden. In größeren Beständen schadet er auch dem Weidevieh. Die Pflanze ist zweihäusig.

2 Schlangenknöterich *(Polygonum bistorta)*
ausdauernd, 30–100 cm hoch;
Blätter unterseits bläulichgrün;
Blütenstand dicht

Knöterichgewächse
feuchte Wiesen;
Blüte: Mai–Juli

Der dicke, schlangenartig gewundene Wurzelstock hat diesem Knöterich seinen Namen eingebracht. Er ist eine typische Pflanze der feuchten Wiesen des Berglands, wo er oft in großen Gruppen wächst. Wie alle Knöterich-arten besitzt er eine *Tute* am Blatt. Das ist eine besondere Blattscheide, die den Stengel oberhalb der Stelle, wo der Blattstiel angewachsen ist, umfaßt. Sie ist oft braun, häutig und teilweise zerschlitzt.

3 Wasserknöterich *(Polygonum amphibium)*
ausdauernd, 30–300 cm lang;
Blatt am Grunde abgerundet bis herzförmig

Knöterichgewächse
Teiche, Seen,
Ufer, Äcker;
Blüte: Juni–Sept.

Der Wasserknöterich ist eine Pflanze, die sowohl im Wasser als auch auf dem Lande leben kann. Die im Wasser lebende Form läßt ihre Blätter auf dem Wasser schwimmen. Wird der Teich abgelassen, so wächst die Pflanze auf dem Schlamm weiter. Selbst auf trockenen Äckern oder an Böschungen kann man die Pflanze als Unkraut finden. Hier scheint sie fast ohne Wasser auszukommen.

4 Vogelknöterich *(Polygonum aviculare)*
ein- bis zweijährig, 5–50 cm hoch;
Stengel stark verzweigt; Blüten blattachselständig

Knöterichgewächse
Wege, Schutt, Äcker;
Blüte: Juni–Okt.

Der Vogelknöterich preßt seine Zweige meist dem Boden dicht an und wird so durch Tritte nicht abgeknickt. Er ist sehr zäh und hält an seinen Standorten außergewöhnliche Belastungen aus. Daher ist er bei uns in verschiedenen Formen weit verbreitet. Die Gruppe der Knötericharten hat eine Reihe von Unkräutern hervorgebracht. Zu ihnen gehört auch der *Japanische Staudenknöterich (Reynoutria japonica)*. Zunächst wurde er als Zierpflanze in Gärten gehalten, hat sich aber von dort ausgebreitet. Er bildet 1–2 m hohe, dichte Gebüsche entlang von Flußufern, wo er sich stellenweise eingebürgert hat. Seine Blätter sind groß, bis etwa 13 cm lang und 10 cm breit, zugespitzt und derb. In dieselbe Familie gehört auch der *Buchweizen (Fagopyrum esculentum)*, der in früheren Jahrhunderten als Mehlfrucht angebaut wurde, und der aus Ostasien stammende *Rhabarber (Rheum rhabarbarum)*. Weiter gehören hierher zahlreiche Unkrautarten, z. B. der *Windenknöterich (Fallopia convolvulus)*, dessen windender und kriechender Stengel weiße Blüten trägt.

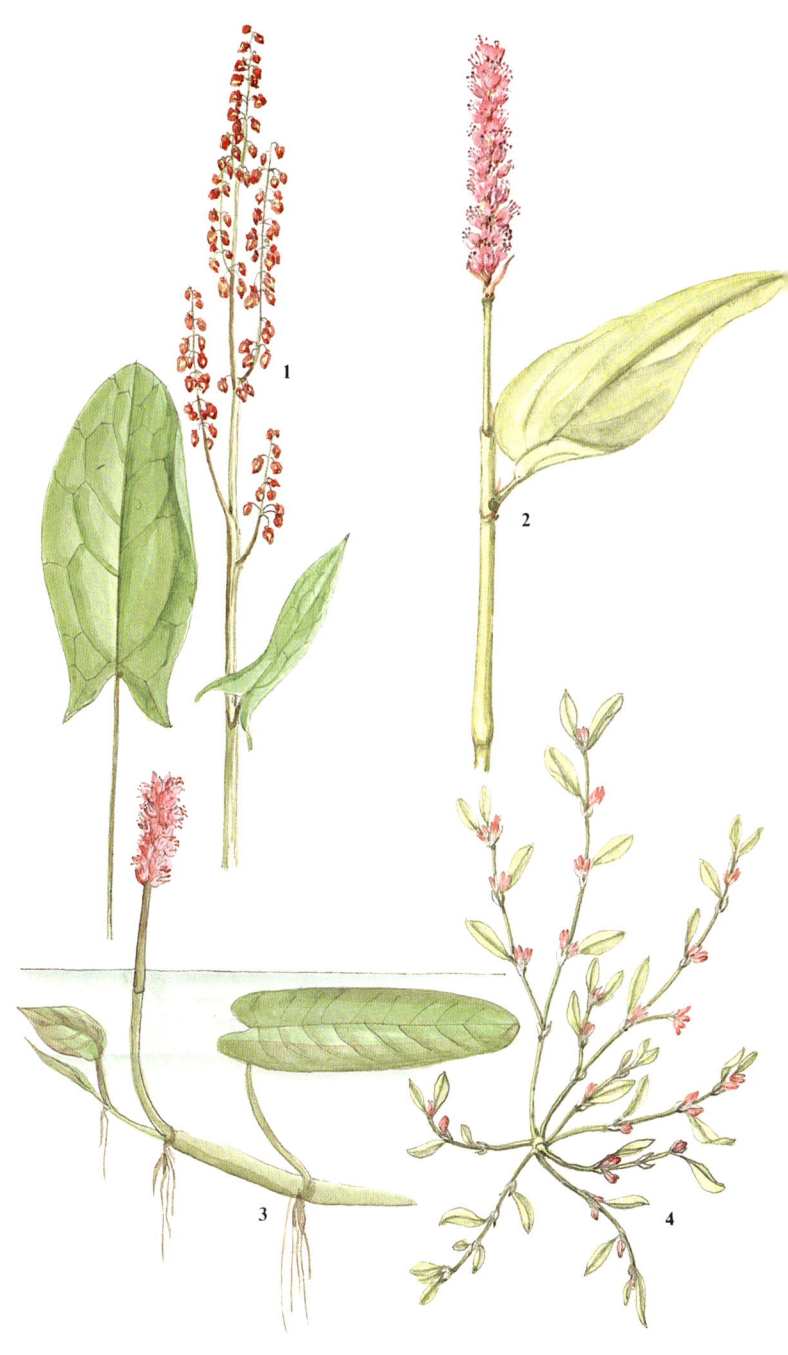

1 Weißer Gänsefuß *(Chenopodium album)*

einjährig, 25–300 cm hoch;
Pflanze weißmehlig, oft stark verzweigt

Gänsefußgewächse

Schuttplätze, Äcker,
Gärten;
Blüte: Mai–Juli

Auf frisch angefülltem Schutt kann der Weiße Gänsefuß dichte Bestände bilden. Seine Blüten sind unscheinbar, aber er entwickelt gewaltige Samenmengen. Üppige Exemplare bilden bis zu 1,5 Millionen Samen. Der mehlige Überzug auf den Blättern wird von winzigen, blasenförmigen Haaren gebildet. Sie enthalten Wasser und speichern es für Dürrezeiten.

2 Runkelrübe *(Beta vulgaris)*

zweijährig, 50–150 cm hoch;
mit Blattrosette; Blüten zu 2–4 geknäuelt

Gänsefußgewächse

Äcker, Gärten;
Blüte: Juni–Sept.

Die Runkelrübe ist wie der Gemüsekohl (S. 106) eine Wildpflanze der Meeresküsten. Durch Züchtung in Kultur entstand aus ihr zunächst der *Mangold*, der als Blatt- und Stengelgemüse geschätzt wird. Die *Rüben*sorten mit fleischig verdickten Wurzeln sind auf anderem Wege aus der Wildpflanze neu entstanden. Am bekanntesten sind die *Rote Rübe*, die *Futterrübe* und die *Zuckerrübe*. Von der letzteren konnte der Zuckergehalt durch Züchtung von wenigen Prozent auf 16–20% gesteigert werden. Die Zuckerrübe ist – vom Zuckerrohr abgesehen – zur wichtigsten zuckerliefernden Pflanze geworden.

3 Gemeine Melde *(Atriplex patula)*

einjährig, 30–80 cm hoch;
Blätter dreieckig-lanzettlich;
Fruchthülle rautenförmig

Gänsefußgewächse

Schuttplätze, Äcker,
Gärten;
Blüte: Juli–Okt.

Die Gemeine Melde ist mit dem *Spinat (Spinacia oleracea)* näher verwandt. Seine Heimat ist Mittelasien.

4 Queller *(Salicornia europaea)*

einjährig, 5–30 cm hoch;
Stengel fleischig, scheinbar blattlos,
an den Knoten eingeschnürt

Gänsefußgewächse

Meeresküste,
Salzstellen;
Blüte: Aug.–Okt.

Der Queller kommt hauptsächlich auf Schlickböden an der Küste vor. Wie viele Gänsefußgewächse kann er salzhaltigen Boden besser ertragen als andere Pflanzen. Sein Bau mit rückgebildeten Blättern und fleischigem Stengel ist diesen Bedingungen angepaßt.

5 Kalisalzkraut *(Salsola kali)*

einjährig, 5–30 cm hoch;
Pflanze fleischig;
Blätter stachelspitzig

Gänsefußgewächse

Meeresküste,
Schuttstellen;
Blüte: Juli–Sept.

Das Kalisalzkraut ist ursprünglich eine Steppen- und Küstenpflanze. Früher gewann man durch Verbrennen der Pflanze Pottasche zur Herstellung von Seife.

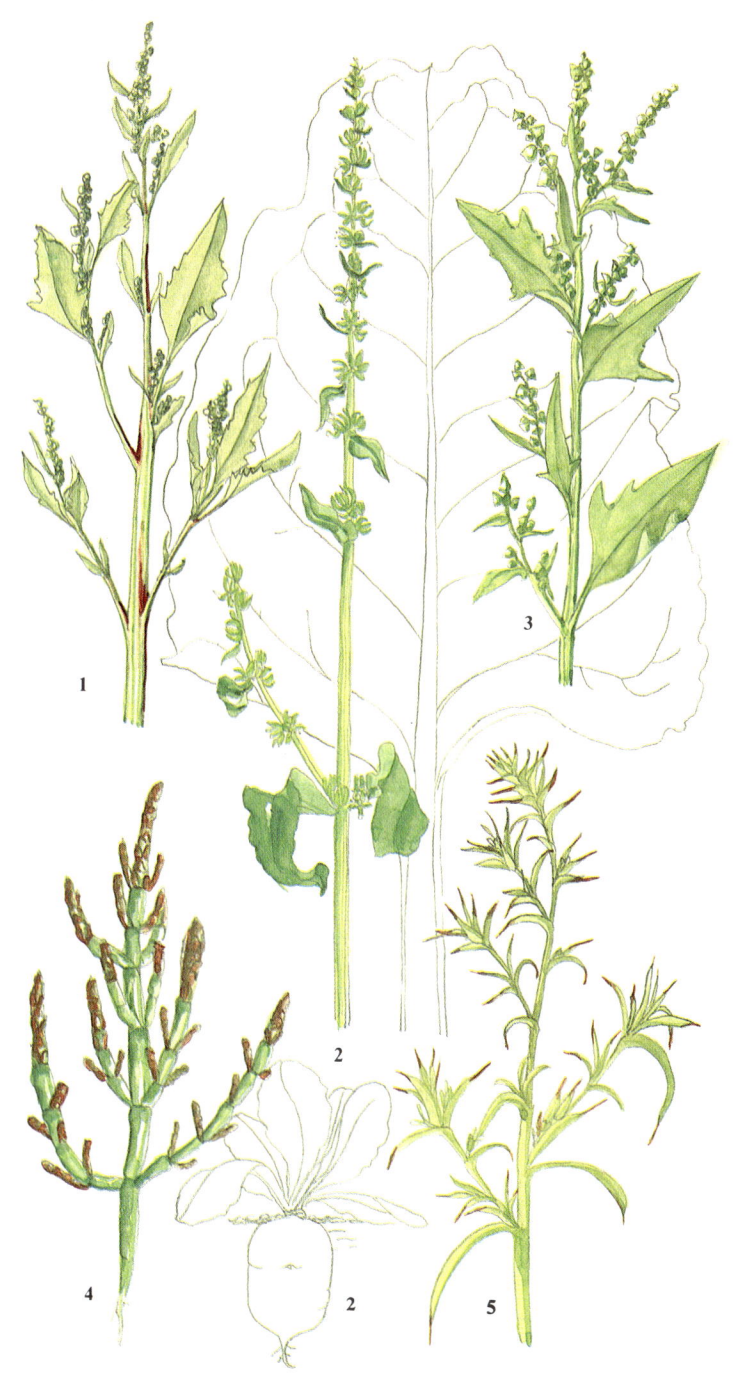

1

2

3

4   2   5

Familie Nelkengewächse *(Caryophyllaceae)*

Die Nelkengewächse gehören zu einer Gruppe von Pflanzenfamilien, bei denen die Samen im Fruchtknoten auf einem Säulchen in der Mitte gebildet werden. Daß diese Familiengruppe, zu der außer den Nelkengewächsen die Gänsefußgewächse und eine Reihe weiterer Familien gehören, wirklich näher miteinander verwandt sind, beweist auch ein besonderer roter Farbstoff, der dieser Gruppe eigentümlich ist. Am bekanntesten ist der Farbstoff vom Saft der *Roten Rübe* (S. 192). Die Nelkengewächse haben innerhalb dieser Gruppe eine besondere Entwicklung genommen. Ihren Blüten liegt die Zahl Fünf zugrunde. Sie bestehen aus fünf Kelchblättern, fünf Kronblättern, zweimal fünf Staubblättern und einem fünf-, drei- oder zweiteiligen Fruchtknoten. Die Blüten sind sternförmig symmetrisch gebaut. 2000 Arten gehören zu dieser Familie. Sie lassen sich in zwei Gruppen teilen. Bei den einen sind die Kelchblätter nicht miteinander verwachsen; sie umfaßt die unscheinbareren Formen. Bei der anderen ist der Kelch zu einer engen Röhre verwachsen. Die daraus herausragenden Blütenblätter sind nicht verwachsen. Wo sie aus der Öffnung heraustreten, haben sie einen Knick und sind im vordersten Teil breiter. So entsteht die Form eines Nagels. Der Name »Nelke« geht auf *Nagel*, »Nägelchen« zurück.

Nelkengewächse: 1 typischer Sproß mit gabeliger Verzweigung und gegenständigen Blättern; **2** Blüte mit verwachsenen Kelchblättern (Längsschnitt); **3** einzelnes Kronblatt: **a** Nagel, **b** Nebenkrone; **4** Blütendiagramm von 2; **5** Blüte der Vogelmiere; **6** einzelnes Kronblatt; **7** Blütendiagramm von 5.

1   2   3

1 Kornrade *(Agrostemma githago)*   Nelkengewächse
einjährig, 50–100 cm hoch   Äcker;
    Blüte: Juni–Sept.

Die Kornrade muß früher teilweise ein lästiges Ackerunkraut gewesen sein.
Wenn ihre Samen durch das Getreide ins Mehl kamen, wurde das Brot
giftig. Durch die Reinigung des Saatguts ist heute die Pflanze bei uns fast
ganz verschwunden. Ihre ursprüngliche Heimat dürfte das östliche Mittelmeergebiet gewesen sein.

2 Weiße Lichtnelke *(Silene alba)*   Nelkengewächse
ein- bis zweijährig, 30–100 cm hoch;   Ackerränder,
∅ der Blüte 25–30 mm;   Schuttplätze;
duftend, erst nachmittags geöffnet   Blüte: Juni–Sept.

Die Weiße Lichtnelke ist zweihäusig. Ihre Blüten enthalten daher entweder
nur die Staubblätter oder nur den Fruchtknoten mit fünf Griffeln.

3 Rote Lichtnelke *(Silene dioica)*   Nelkengewächse
zweijährig bis ausdauernd,   feuchte Wiesen,
30–90 cm hoch;   Wälder;
∅ der Blüte 18–25 mm; duftlos   Blüte: Apr.–Sept.

Auch die Rote Lichtnelke hat nur eingeschlechtige Blüten.

1 Taubenkropf *(Silene vulgaris)*   Nelkengewächse

ausdauernd, 15–50 cm hoch;   Steinbrüche, Kies-
Pflanze kahl;   gruben, Böschungen;
Kelch aufgeblasen, netzaderig   Blüte: Mai–Sept.

Überall, wo offene Erde, Kies oder Steine bloßgelegt sind, kann der Taubenkropf gedeihen. Die Schwierigkeiten solcher trockenen Standorte meistert
er durch seine bis über einen Meter tief reichenden Wurzeln sowie durch
einen blaugrünen Wachsüberzug, den die Blätter an sonnigen Standorten
tragen. Letzterer sorgt für eine geringere Wasserverdunstung. Verwandt ist
das *Nickende Leimkraut (Silene nutans)*, dessen Kelch nicht aufgeblasen ist,
und dessen Stengel im oberen Teil klebrig sind. Seine Blüten öffnen sich
nur nachts.

2 Stengelloses Leimkraut *(Silene acaulis)*   Nelkengewächse

ausdauernd, 1–4 cm hoch; lockere Polster   Steinrasen der Alpen
bildend; Kelch am Grunde gestutzt   Blüte: Juni–Aug.

Das unter Naturschutz stehende Stengellose Leimkraut kommt in den Alpen
in Höhenlagen zwischen 1700 und 3600 m vor, selten weiter unten. Seine
Polster sind oft aus einer einzigen Pflanze hervorgegangen, die sich immer
stärker verzweigt hat. Man findet Polster mit rein männlichen oder rein
weiblichen Blüten, aber auch solche mit Zwitterblüten. Durch den dichten
Wuchs schützen sich die Pflanzen gegenseitig vor zu starker Austrocknung.

3 Kuckuckslichtnelke *(Lychnis flos-cuculi)*   Nelkengewächse

ausdauernd, 30–90 cm hoch; Blütenblätter   feuchte Wiesen;
in schmale Zipfel gespalten   Blüte: Mai–Aug.

Die Kuckuckslichtnelke verdankt ihren Namen einer Schaumzikade, die im
Schaum versteckt an ihren Stengeln immer wieder vorkommt. Da dieser
Schaum im Volksmund *Kuckucksspeichel* heißt, nannte man auch diese
Lichtnelke danach. Am Grunde der Kronenröhre sammelt sich der Nektar,
der von Schmetterlingen, Bienen und Fliegen aufgesaugt wird. Die Pflanze
ist dort, wo sie reichlicher vorkommt, ein Anzeiger für einen hohen Grundwasserstand.

4 Gemeines Seifenkraut *(Saponaria officinalis)*   Nelkengewächse

ausdauernd, 30–70 cm hoch;   Flußufer, Wegränder,
Blüten blaßrosa, seltener weiß,   Schuttplätze;
büschelig gehäuft   Blüte: Juli–Aug.

Das Seifenkraut enthält in seinem Wurzelstock Stoffe, die in Wasser wie
Seife schäumen und auch zur Reinigung von Textilien verwendet werden
können. Die Pflanze wurde deshalb früher in Gärten angebaut. Diese Stoffe
(Saponine) sind giftig. Die Blüten, die Tag und Nacht geöffnet sind, duften
am Abend stärker. Unter den Schmetterlingen sind es hauptsächlich
Schwärmer, die mit ihrem langen Rüssel an den Nektar gelangen können
und die Bestäubung durchführen. Auf Geröll und Erdanrissen in den Tälern
der Alpen findet sich auch das intensiv rot blühende *Rote Seifenkraut
(Saponaria ocymoides)*.

1 Steinbrech-Felsennelke *(Petrorhagia saxifraga)*

ausdauernd, dichtrasig, 10–35 cm hoch;
Stengel niederliegend oder aufsteigend

Nelkengewächse

Trockenrasen,
Kiesstellen;
Blüte: Juni–Sept.

Man findet sie besonders in den Alpen in wärmeren Talgebieten. Mit ihren rosafarbenen Blüten fällt sie eher auf als die mit ihr verwandte *Sprossende Felsennelke (Petrorhagia prolifera)*, deren Blüten nur wenige Stunden an wenigen Tagen des Jahres geöffnet sind. Diese letztere Art gedeiht in sonnigen Trockenrasen; sie ist einjährig. Verwandtschaftlich stehen beide Arten den eigentlichen Nelken (Gattung *Dianthus*) nahe.

2 Büschelnelke *(Dianthus armeria)*

zweijährig, 30–80 cm hoch;
Pflanze behaart

Nelkengewächse

Waldränder, Wald-
wege; Blüte: Juni–Juli

Die Blüten der Büschelnelke sind meist intensiv dunkelrot, seltener hellrot gefärbt. Man findet die gebietsweise geschützte Pflanze hauptsächlich auf sandigen und kalkarmen Böden, oft zusammen mit dem Besenginster oder dem Roten Straußgras. Die Nelken (Gattung *Dianthus*) bilden mit etwa 350 Arten die zweitgrößte Gattung der Familie.

3 Heidenelke *(Dianthus deltoides)*

ausdauernd, 20–45 cm hoch; Blüten
einzeln, langgestielt, Außenkelchblätter
mit grannenartiger Spitze

Nelkengewächse

Magerrasen, Heiden;
Blüte: Juni–Sept.

Die Heidenelke besitzt wie die anderen Nelkenarten einen sogenannten Außenkelch: eine zweite, äußere Hülle, die aus Hochblättern entstanden ist und den Grund des Kelches umgibt. Seine Form ist für viele Arten charakteristisch. Wegen der schmalen Kelchröhre ist es nur Schmetterlingen möglich, den Nektar am Grunde der Blüte zu erreichen. Die Blütenblätter tragen hellere Punkte und Streifen zur Markierung für die Bestäuber. Die Heidenelke wächst gerne auf sandigem und kalkarmen Boden. Da sie lichtliebend ist, findet sie sich aber nur an offenen, wenig stark bewachsenen Stellen, wo sie von höherwüchsigen Gräsern nicht verdrängt wird. Die Art ist gebietsweise geschützt.

4 Pfingstnelke *(Dianthus gratianopolitanus)*

ausdauernd, 10–25 cm hoch;
Stengel kahl; Kronblätter am Schlund bärtig

Nelkengewächse

Felsen, Gärten;
Blüte: Mai–Juni

Die Pfingstnelke ist eine besondere Zierde sonniger Felsen. Wegen ihrer Seltenheit und Beliebtheit wurde sie unter Naturschutz gestellt. Ihre schmalen Blätter, die außerdem noch mit einem dünnen Wachsüberzug versehen sind, schützen sie vor zu starker Austrocknung. Denn an ihren Felsstandorten ist sie Wind und Sonne voll ausgesetzt und muß das Wasser aus schmalen Felsritzen entnehmen. Die Pflanze kommt nur in einem relativ kleinen Gebiet der Erde vor. Dieses reicht von Mitteleuropa aus nach Westeuropa und ein kleines Stück nach Osteuropa hinein. Nirgends trifft man sie ausgesprochen häufig.

1 Prachtnelke *(Dianthus superbus)*

ausdauernd, 50–100 cm hoch;
Blütenblätter bis über die
Mitte fein zerschlitzt

Nelkengewächse
Waldränder, Moor-
wiesen, Alpenmatten
Blüte: Juni–Sept.

Die Prachtnelke ist mit ihren großen Blüten sehr auffällig. Diese erreichen
einen Durchmesser von 3–6 cm. Gebietsweise geschützt!

2 Karthäusernelke *(Dianthus carthusianorum)*

ausdauernd, 15–45 cm hoch;
Blüten meist zu mehreren, von
braunen Hochblättern umgeben

Nelkengewächse
Trockenrasen;
Blüte: Juni–Aug.

Die Karthäusernelke wurde zu Ehren der beiden Naturforscher *Johann* und
Friedrich Karthäuser benannt, die im 18. Jahrhundert lebten. Die Pflanze
gedeiht hauptsächlich auf kalkhaltigem Boden. Ihre Blüten werden von
Schmetterlingen bestäubt. Sie ist gebietsweise geschützt!

3 Gartennelke *(Dianthus caryophyllus)*

ausdauernd, 5–90 cm hoch;
Blüten einzeln, stark duftend,
mit vier bis sechs Außenkelchblättern

Nelkengewächse
Gärten;
Blüte: Juli–Aug.

Die Gartennelke kommt wild im Mittelmeergebiet vor. In der Zeit der
Kreuzzüge gelangte sie vermutlich zuerst als Heilpflanze nach Mitteleuropa.
Erst Anfang des 20. Jahrhunderts wurde ihre Wildform in Dalmatien wie-
derentdeckt. Mit gefüllten Blüten ist sie eine der bekanntesten Schnittblumen geworden. Ihre Vermehrung erfolgt durch Stecklinge.

4 Gewöhnliches Hornkraut *(Cerastium vulgatum)*

ausdauernd, 5–50 cm hoch;
Kronblätter nur etwa so lang
wie die Kelchblätter

Nelkengewächse
Weiden, Äcker,
Wiesen, Wege;
Blüte: März–Juni

Das Gewöhnliche Hornkraut ist überall häufig. Seine unscheinbaren Blüten
sind auf Bestäubung durch Fliegen eingerichtet, können sich aber auch
selbst bestäuben.

5 Ackerhornkraut *(Cerastium arvense)*

ausdauernd, 5–30 cm hoch;
Blätter behaart;
Blüte mit fünf Griffeln

Nelkengewächse
Wegränder, Mauern,
Böschungen;
Blüte: Apr.–Sept.

Das Ackerhornkraut kann auf den ersten Blick mit der großen Sternmiere
(S. 202) verwechselt werden. Seine Blütenblätter sind aber weniger tief gespalten, nur etwa bis zu einem Viertel ihrer Länge. Außerdem hat die Sternmiere nur drei Griffel. Der Blütenstand des Ackerhornkrauts zeigt eine für
Nelkengewächse typische Form: Der Stengel gabelt sich in zwei Äste, zwischen denen eine Endblüte sitzt. Beide Äste gabeln sich wieder, ebenfalls
mit einer Blüte zwischen den Ästen. So entsteht ein Verzweigungsgebilde,
das in der Fachsprache *Dichasium* genannt wird.

1 Große Sternmiere *(Stellaria holostea)*

ausdauernd, 15–30 cm hoch;
Blütenblätter bis zur Mitte
zweispaltig

Nelkengewächse
lichte Wälder,
Waldränder;
Blüte: Apr.–Juni

Die Große Sternmiere bildet lange, aufsteigende, an den Knoten zerbrechliche Sprossen. Oft stehen dichte Gruppen von Stengeln mit und ohne Blüten beieinander. Sie ist eine Charakterpflanze der Laubmischwälder, die aus Eichen und Hainbuchen bestehen. Von den einheimischen Mierenarten hat sie die größte Blüte.

2 Vogelmiere *(Stellaria media)*

ein- bis zweijährig, 2–40 cm hoch;
Stengel rund,
untere Blätter gestielt

Nelkengewächse
Äcker, Weinberge,
Gärten, Schuttplätze;
Blüte: März–Okt.

Die Vogelmiere ist ein häufiges Unkraut. Sie gedeiht überall auf lockerer, frisch aufgeworfener Erde, die gut gedüngt ist. Das ganze Jahr über blüht sie und setzt nur in den kältesten Wochen des Winters aus. Die Blüten werden durch Insekten bestäubt. Wenn diese ausbleiben, erfolgt Selbstbestäubung. An einer einzelnen Pflanze können zwischen 10000 und 20000 Samen reifen. Deshalb bildet die Pflanze oft dichte, teppichartige Bestände. Diese entziehen dem Boden zwar Nährstoffe, sorgen aber dafür, daß seine Oberfläche nicht zu stark austrocknet. Völlige Vernichtung des Unkrauts kann also auch negative Folgen haben. Die Samen bilden ein gutes Vogelfutter. Die Pflanze hat eine sehr unterschiedliche Zahl von Staubblättern, zwischen zwei und elf schwankend, meist sind es aber drei oder fünf. Gelegentlich fehlen in der Blüte die Blütenblätter.

3 Dreinervige Nabelmiere *(Moehringia trinervia)*

einjährig bis ausdauernd, 10–30 cm hoch;
Blätter eiförmig, 3–5nervig;
Blütenblätter kürzer als die Kelchblätter

Nelkengewächse
Waldschläge,
Nadelwälder;
Blüte: Mai–Juli

Die Dreinervige Nabelmiere sieht der Vogelmiere etwas ähnlich. Im allgemeinen kommen beide aber an ganz verschiedenen Standorten vor. Die Nabelmiere hat auch kürzere, ungeteilte Blütenblätter. Im Sommer zeigen ihre Blätter, wenn man sie gegen das Licht hält, eine deutliche Punktierung. Das sind Kristalle aus Calciumoxalat.

4 Moosnabelmiere *(Moehringia muscosa)*

ausdauernd, 5–20 cm hoch;
Blätter fadenartig dünn, vier Blütenblätter

Nelkengewächse
Felsspalten, Mauern;
Blüte: Mai–Sept.

Es gibt in den Alpen eine Reihe von seltenen Mierenarten. Da die meisten von ihnen kleine weiße Blüten haben, sind sie einander ziemlich ähnlich und können zum Teil nur anhand feinster Merkmale auseinandergehalten werden. Die Moosnabelmiere läßt sich noch relativ leicht erkennen. Diese zarte Pflanze schattiert Kalkfelsen oder Mauern trifft man von tieferen Lagen bis in Höhen von 2300 m hinauf; sie ist in den Alpen recht verbreitet.

1 Einblütiges Wintergrün (*Pyrola uniflora*)   **Wintergrüngewächse**
ausdauernd, 5–10 cm hoch;   Nadelwälder;
Blätter in einer Rosette; Blüte einzeln, oft nickend   Blüte: Mai–Juli

Eine große Überraschung in schattigen und moosreichen Nadelwäldern ist
es, wenn man eine Gruppe des Einblütigen Wintergrüns findet. Die Art ist
ein Vertreter der Zone des nördlichen Nadelwaldes. Sie kommt in Nordeuropa bis nach Sibirien hinein und auch in Nordamerika vor und steht
unter Naturschutz.

2 Kleines Wintergrün (*Pyrola minor)*   Wintergrüngewächse
ausdauernd, 7–20 cm hoch;   Kiefernwälder,
Blätter rundlich   Fichtenwälder;
                                               Blüte: Juni–Juli

Das Kleine Wintergrün wurzelt im lockeren Moderboden, der sich unter
Nadelhölzern auf sandigem und kalkarmem Untergrund bildet. Wintergrünarten haben mit den Orchideen einiges gemeinsam. Beide bilden winzige Samen in größerer Zahl, die mit dem Wind auch sehr eng begrenzte
Standorte aufspüren und dort dann auch gedeihen können. Beide brauchen
zur Keimung die Mithilfe eines Pilzes, mit dem sie in einer Gemeinschaft
(Symbiose) leben. Deshalb findet man an Standorten, wo Wintergrünarten
gedeihen, oft auch Orchideen. Die Art steht unter Naturschutz.

3 Fichtenspargel (*Monotropa hypopitys)*   Wintergrüngewächse
ausdauernd, 10–25 cm hoch;   Nadelwälder,
Stengel nickend, erst zur Fruchtzeit   Laubwälder;
aufgerichtet   Blüte: Juni–Juli

Was bei den Orchideen die Nestwurz (S. 326) ist, das ist bei den Winter-
grüngewächsen der Fichtenspargel. Er besitzt kein Blattgrün mehr und ist
damit zeitlebens von der Ernährung durch einen Pilz abhängig. Beim Absterben wird die ganze Pflanze schwarz.

4 Rostblättrige Alpenrose   **Heidekrautgewächse**
(*Rhododendron ferrugineum)*   Latschenzone der
30–150 cm hoher Strauch;   Alpen;
Blätter unterseits rostrot   Blüte: Mai–Juli

5 Behaarte Alpenrose (*Rhododendron hirsutum)*   Heidekrautgewächse
20–100 cm hoher Strauch;   Latschenzone der
Blätter unterseits grün,   Alpen;
am Rande mit Haaren   Blüte: Juni–Aug.

Die Rostblättrige Alpenrose und die Behaarte Alpenrose teilen sich ihre
Standorte untereinander auf. Erstere kommt hauptsächlich auf Urgestein
in den Zentralalpen vor, letztere auf Kalkgestein der nördlichen und südlichen Alpen. Ganz gelegentlich treffen an einer Stelle auch beide Arten zusammen. Bei uns sind sie die einzigen Vertreter der Rhododendren oder
Azaleen (Gattung *Rhododendron*), von denen es insgesamt etwa 1300 Arten
gibt. Beide sind geschützt!

1

2

3

4

5

1 Heidelbeere *(Vaccinium myrtillus)*   Heidekrautgewächse

15–50 cm hoher Strauch;   Laub- und Nadelwäl-
Blätter fein gesägt;   der, Heiden;
Beere blauschwarz   Blüte: Mai–Juni

Die Heidelbeere ist mit ihren vitaminreichen Früchten nicht nur ein wichtiges Wildobst, ihr Saft und die getrockneten Beeren sind auch wertvolle Heilmittel. Die Frucht schmeckt säuerlich im Gegensatz zu der faden und zum Sammeln ungeeigneten Rauschbeere. Durch Gärung erhält man aus dem Saft den Heidelbeerwein.

2 Preiselbeere *(Vaccinium vitis-idaea)*   Heidekrautgewächse

5–15 cm hoher Strauch;   Nadelwälder, Moore;
Blätter immergrün, ganzrandig   Blüte: Mai–Juli

Die Preiselbeere trifft man oft gemeinsam mit der Heidelbeere; doch ist sie wesentlich seltener. Ihre Früchte enthalten viel Vitamin C. Sie gedeiht nur auf Böden, die reich an unzersetztem Rohhumus sind.

3 Rauschbeere *(Vaccinium uliginosum)*   Heidekrautgewächse

30–100 cm hoher Strauch;   Moore, Alpenmatten;
Blätter ganzrandig, blaugrün   Blüte: Mai–Juni

Die Früchte der Rauschbeere sind nicht ungefährlich. In größerer Menge genossen, können sie ähnliche, jedoch weniger schlimme Vergiftungserscheinungen hervorrufen wie die Tollkirsche. In der geringen Menge, in der man sie gelegentlich unter Heidelbeerbeständen findet, sind sie jedoch ungefährlich.

4 Heidekraut *(Calluna vulgaris)*   Heidekrautgewächse

30–100 cm hoher Strauch;   Heiden, Moore;
Blätter schuppenförmig   Blüte: Juli–Sept.

Das Heidekraut ist das Blümchen »Erika« der Volkslieder. Auf sandigem Boden bildet es häufig große Bestände. Aus seinen nektarreichen Blüten sammeln die Bienen im Spätherbst die Hauptmenge des Heidehonigs. In den Heidegebieten Norddeutschlands wurden früher diese Flächen alle paar Jahre abgeplaggt. Die abgehauenen Sträucher wurden als Streu im Stall verwendet.

5 Schneeheide *(Erica herbacea)*   Heidekrautgewächse

15–30 cm hoher Strauch;   Kiefernwälder der Al-
Blätter nadelförmig   pen; Blüte: März–Juni

Im Gegensatz zu den meisten Heidekrautgewächsen kommt die Schneeheide nur auf kalkreichem Boden vor. Sie bildet schon im Sommer die Blüten für das nächste Jahr aus; erstaunlicherweise erfrieren diese im Winter nicht. Im zeitigen Frühjahr kommen sie dann zur Blüte. Die Gattung Erica umfaßt mehr als 500 Arten, von denen die meisten nur in Südafrika vorkommen. Die Schneeheide steht gebietsweise unter Naturschutz.

1 Echte Schlüsselblume *(Primula veris)*

ausdauernde Rosettenpflanze,
10–30 cm hoch;
Blüte duftend

Primelgewächse

trockene Wiesen,
Laubwälder;
Blüte: Apr.–Mai

Die Echte Schlüsselblume ist meist seltener als die Hohe Schlüsselblume. Sie hat gern etwas kalkhaltigen Boden. Wie die Hohe Schlüsselblume kommt sie im Bergland häufiger vor als im Tiefland. Auch sie tritt entweder mit kurzgriffeligen oder mit langgriffeligen Blüten auf. Die Bestäubung erfolgt daher genauso wie bei (2) beschrieben. In vielen Ländern ist das Ausgraben der Schlüsselblumen verboten. Man darf jedoch an reicheren Wuchsorten einen Handstrauß ohne Schaden für den Bestand pflücken.

2 Hohe Schlüsselblume *(Primula elatior)*

ausdauernde Rosettenpflanze,
10–30 cm hoch;
Blüte kaum duftend

Primelgewächse

feuchte Wiesen und
Laubwälder;
Blüte: März–Mai

Die Hohe Schlüsselblume hat schon im Herbst ihre Blütenknospen so weit vorbereitet, daß sie bald nach der Schneeschmelze blühen kann, im Tiefland früher, im Gebirge später. Die Art bildet zweierlei Blütenformen: eine mit langem und eine mit kurzem Griffel. Die Form mit langem Griffel besitzt kurze, tief sitzende Staubblätter, die mit kurzem Griffel hoch sitzende. Die Bestäubung, v. a. durch Hummeln, findet nur dann statt, wenn der Blütenstaub einer kurzgriffeligen Form auf die Narbe einer langgriffeligen übertragen wird, oder umgekehrt. Da jede Pflanze nur einerlei Blütenform entwickelt, muß sie mit fremdem Blütenstaub bestäubt werden. Damit wird Inzucht vermieden. An allen Wuchsorten findet man beide Formen, die sich gegenseitig brauchen, vertreten. – Die Art steht unter Naturschutz!

3 Aurikel *(Primula auricula)*

ausdauernde Rosettenpflanze, 5–20 cm hoch;
junge Blätter mit mehligem Belag;
Blüten duftend

Primelgewächse

Felsspalten, selten
in Moorwiesen;
Blüte: Apr.–Juni

Die unter Naturschutz stehende Aurikel wächst in den Alpen am liebsten auf Kalk- oder Dolomitgestein. Ihre weißberandeten, dickfleischigen Blätter bleiben den Winter über grün und dienen der Pflanze als Nährstoff- und Wasserspeicher. Die meisten Primelarten sind wie sie Gebirgspflanzen; es gibt mehrere hundert Arten, größtenteils in den Gebirgen Chinas und Vietnams.

4 Mehlschlüsselblume *(Primula farinosa)*

ausdauernde Rosettenpflanze, 10–15 cm hoch;
Blätter unterseits mit mehligem Belag

Primelgewächse

Moorwiesen;
Blüte: Mai–Juli

Die Mehlschlüsselblume trägt einen weißen, mehligen Belag auf der Blattunterseite, der von besonderen Drüsenhaaren abgeschieden wird. Im Gebirge kann sie in solchen Mengen auftreten, daß die Wiesen aus der Ferne rosa erscheinen. In den meisten übrigen Gebieten ist sie dagegen durch Moorentwässerungen selten geworden. Sie steht unter Naturschutz.

1 Haariger Mannsschild   Primelgewächse
(Androsace chamaejasme)

ausdauernde Rosettenpflanze, 2–10 cm hoch;   Alpenmatten;
Blätter am Rand bewimpert; Blütenstand behaart   Blüte: Juni–Juli

Trotz seiner kleinen Wuchsform (Rosette, blattloser Stengel, Blütendolde)
zeigt er die Verwandtschaft zu den Schlüsselblumen an. Man findet ihn am
ehesten auf kalkhaltigem Boden zwischen 1800–2500 m Höhe. Gebietsweise geschützt.

2 Alpentroddelblume *(Soldanella alpina)*   Primelgewächse

ausdauernd, 5–15 cm hoch; Blütenglocke   Alpenmatten;
etwa bis zur Mitte fransig zerschlitzt;   Blüte: Apr.–Juli
Blütenstand mit 1–3 Blüten

Die Alpentroddelblumen, auch *Alpenglöckchen* genannt, umfassen mehrere
Arten, alle Gebirgspflanzen. Gleich nach der Schneeschmelze erscheinen
die Blüten, manchmal durch den Schnee hindurch. Die obige Art wird
durch Bienen bestäubt. Der zur Blütezeit nickende Blütenstiel richtet sich
nach der Bestäubung auf, und der Wind schüttelt die Samen aus der aufrecht stehenden Fruchtkapsel heraus.

3 Zwergtroddelblume *(Soldanella pusilla)*   Primelgewächse

ausdauernd, 3–10 cm hoch; Blütenglocke nur   Alpenmatten;
bis ¼ ihrer Länge fransig zerschlitzt;   Blüte: Mai–Juli
Blütenstand nur mit einer Blüte

4 Wildes Alpenveilchen *(Cyclamen purpurascens)*   Primelgewächse

ausdauernd, 5–15 cm hoch; mit Knolle   Bergwälder;
                                        Blüte: Juni–Sept.

Das Alpenveilchen gedeiht auf kalkhaltigem Boden in Laubwäldern des
östlichen und südlichen Alpengebiets. Wegen seiner Seltenheit und Schönheit steht es unter Naturschutz. Die in der Kapsel reifenden Samen werden durch
bung uhrfederartig ein. Die in der Kapsel reifenden Samen werden durch
Ameisen verschleppt und dadurch verbreitet. Wer die Pflanze findet, sollte
die Blätter von der Unterseite ansehen. Sie sind leuchtend rot gefärbt. Das
als Topfpflanze kultivierte Alpenveilchen stammt von einer verwandten Art
(Cyclamen persicum) ab. Das Alpenveilchen ist giftig.

5 Roter Gauchheil *(Anagallis arvensis)*   Primelgewächse

einjährig, 5–30 cm hoch; Blütenblätter   Äcker, Gärten, Wein-
am Rand mit feinen Drüsen;   berge, Schuttplätze;
Blütenstiele länger als Blätter   Blüte: Juni–Jan.

Dieses häufige, aber harmlose Unkraut kommt in mehreren Farbrassen
vor: am häufigsten mit roten, selten mit blauen oder rosaroten Blüten.
Falls sie nicht durch Insekten bestäubt werden, können sie sich auch selbst
bestäuben. Die kleinen, kugelrunden Kapselfrüchte haben einen halbku-
geligen Deckel, der zur Reife abspringt und die zahlreichen Samen freigibt.

1 Gemeiner Gilbweiderich *(Lysimachia vulgaris)*   Primelgewächse
ausdauernd, 50–150 cm hoch;   Ufer, Gräben,
Kelchzipfel rot berandet,   Moorwiesen;
Blütenzipfel ohne Wimpern   Blüte: Juni–Aug.

Daß der Gilbweiderich zu den Primelgewächsen zählt, ist auf den ersten Blick erstaunlich. Seine fünf Blütenzipfel sind jedoch unten miteinander verwachsen, was man erst erkennt, wenn man die Blüte auszupft. Der schmale Ring, an dem sie verwachsen sind, ist bei den Schlüsselblumen zu einer langen Röhre geworden. Wesentlich für die Verwandtschaft ist der Bau der Früchte. Beide Gattungen haben Kapseln, in deren Innern die Samen auf einer gemeinsamen Säule sitzen. Eigenartig ist auch die Blattstellung, sie scheint allen Gesetzen der Botanik Hohn zu sprechen. Einmal stehen die Blätter zu vieren, dann zu dreien oder zu zweien. Nahe verwandt ist der in Gärten gern gepflanzte *Tüpfelstern (Lysimachia punctata)*.

2 Pfennigkraut *(Lysimachia nummularia)*   Primelgewächse
ausdauernd, niederliegend, 10–50 cm lang;   Wiesen,
Kelchzipfel herzförmig   feuchte Gräben;
                                                     Blüte: Mai–Juli

Das Pfennigkraut hat seinen Namen von den kreisrunden Blättchen. Daß es zur Gattung Gilbweiderich gehört, sieht man erst an seiner Blüte. Diese setzt nur selten Samen an. Die Pflanze vermehrt sich hauptsächlich durch Seitentriebe, die selbst wieder wurzeln können.

3 Strandnelke *(Limonium vulgare)*   **Grasnelkengewächse**
ausdauernd, 15–70 cm hoch;   Salzwiesen der
Blüten in Rispen, kammförmig   Meeresküste;
auf einer Seite des Ästchens angeordnet   Blüte: Aug.–Sept.

Neben der Gemeinen Strandnelke gibt es viele weitere Strandnelkenarten. Sie kommen hauptsächlich in den Salzsteppen aller Kontinente vor und haben von dort aus auch die Salzstandorte des Meeresstrandes besiedelt. Die Blätter tragen auf der Ober- und Unterseite besondere Drüsen, die überschüssiges Salz ausscheiden können. Die Blütenstände eignen sich besonders für Trockensträuße.

4 Gemeine Grasnelke *(Armeria maritima)*   Grasnelkengewächse
ausdauernd, 15–30 cm hoch;   Sandflächen,
Blätter grasähnlich, in einer Rosette   Salzwiesen der Küste;
                                                    Blüte: Mai–Sept.

Von der Gemeinen Grasnelke gibt es mehrere nahe verwandte Rassen, die sich auf ganz verschiedene Standorte spezialisiert haben. Die am weitesten verbreitete Rasse liebt kalkarmen Sand, eine andere die Salzstandorte der Küste und eine dritte stark kupfer-, blei- oder zinkhaltigen Boden, der für Pflanzen unbewohnbar ist. Der Blütenkelch hat einen trichterförmigen, häutigen Saum. Er bleibt an der Frucht erhalten und bildet einen kleinen Fallschirm. An diesem hängend wird der Same durch den Wind verbreitet.

1 Gewöhnliche Esche *(Fraxinus excelsior)* Ölbaumgewächse

15–30 m hoher Baum; Winterknospen schwarz; Auwald, Schluchtwald;
Blatt aus 9–13 Teilblättchen zusammengesetzt Blüte: Apr.–Mai

Die Esche gedeiht im allgemeinen an feuchten Standorten. Ihre Blüten besitzen keine Blütenblätter; sie werden durch den Wind bestäubt. Auch die
Früchte, die ein plattenförmiges Fluganhängsel besitzen, werden durch den
Wind verbreitet. Der Baum, dessen Holz für Tischlerarbeiten wertvoll ist,
wird für Bäume nicht sehr alt. Er kann etwa 200 Jahre erreichen.

2 Liguster *(Ligustrum vulgare)* Ölbaumgewächse

1–5 m hoher Strauch; Waldränder, Gebüsche;
Blütenkrone vierzipfelig Blüte: Juni–Juli

Der Liguster liebt kalkhaltigen Boden. Er eignet sich gut für Schnitthecken,
da er besonders dicht abschließt. Seine etwas ledrig-festen Blätter bleiben
teilweise auch über den Winter grün. Darin zeigt sich seine Zugehörigkeit
zu den Ölbaumgewächsen, die eigentlich in subtropischen Regionen zu
Hause sind.
Ihr namengebender Vertreter, der *Ölbaum (Olea europaea)*, ist der Charak-
terbaum des Mittelmeergebietes. Er besitzt ledrige, immergrüne Blätter und
liefert als Früchte die Oliven. Die Beeren des Ligusters sind giftig.

3 Flieder *(Syringa vulgaris)* Ölbaumgewächse

2–6 m hoher Strauch; Gärten;
Blätter herzförmig Heimat: Südosteuropa;
 Blüte: Apr.–Juni

Der Flieder wurde als Gartenpflanze erst um das Jahr 1550 in Mitteleuropa
bekannt, wohin ihn *Busbecq*, der kaiserliche Gesandte beim türkischen Sul-
tan, eingeführt hat. Seither ist er in vielen Farbsorten – gefüllt und unge-
füllt – gezüchtet worden. Wild gedeiht er an sonnigen und felsigen Standorten. Seinen hohen Wasserverbrauch kann man besonders an Sträußen in
Blumenvasen beobachten. Flieder kann man länger frisch halten, wenn man
die Stengel an den Schnittstellen quetscht oder eine Minute lang in siedendes
Wasser hält.

4 Goldflieder *(Forsythia suspensa)* Ölbaumgewächse

1–3 m hoher Strauch; Gärten, Parks;
Blätter oft dreiteilig, Heimat: China;
6–10 cm lang Blüte: März–Apr.

Der Goldflieder, auch *Forsythie* genannt, ist in Blüte einer der schönsten
Sträucher. Seine Blüten können einen kurzen oder einen langen Griffel besitzen, wie bei den Schlüsselblumen (S. 208). Eine Bestäubung tritt nur
dann ein, wenn der Blütenstaub von einer fremden Form stammt. Der
Goldflieder wurde erst im letzten Jahrhundert bei uns als Gartenpflanze
eingeführt. Auch Kreuzungen mit anderen Arten sind in Kultur. Manchmal wird er mit dem noch früher blühenden *Winterjasmin (Jasminum nudiflorum)* verwechselt. Der Goldflieder hat jedoch trichterförmige Blüten, die
in Büscheln stehen, und keine grünen Zweige. *Forsythia*-Arten waren vor
der Eiszeit wohl auch bei uns heimisch. In Europa hat sich aber nur eine
Art, als Seltenheit, in Albanien halten können.

1 Fliederspeer *(Buddleja davidii)*

**Schmetterlings-
strauchgewächse**

1–3 m hoher Strauch;
Blätter unterseits weißfilzig

Gärten;
Heimat: China;
Blüte: Juli–Okt.

Er braucht milde Winter, deshalb frieren bei uns oftmals seine Zweige zurück. Die winzigen durch den Wind verbreiteten Samen, von denen ein einzelner Strauch etwa 20–25 Millionen hervorbringt, befähigen ihn, sich an zahlreichen Orten selbst anzusiedeln. Als nach dem zweiten Weltkrieg viele Städte in Trümmer lagen, hat dieser Strauch sich dort rasch ausgebreitet. Mit dem Wiederaufbau wurde er zurückgedrängt, könnte sich aber doch noch in unserer Flora einbürgern, wie dies in der Schweiz, im Tessin, bereits geschah. Er wird oft in Gärten gepflanzt, da er zahlreiche Schmetterlinge anlockt.

2 Echtes Tausendgüldenkraut
(Centaurium erythraea)

Enziangewächse

ein- bis zweijährig, mit Blattrosette,
10–50 cm hoch;
Stengelblätter eiförmig-lanzettlich

Waldlichtungen,
Waldwege, bes. Sand-
böden; Blüte: Juli–Sept.

Der Name drückt die Wertschätzung aus, die man früher dieser Pflanze entgegenbrachte. Schon im Altertum wurde sie als Heilpflanze verwendet. Ähnlich wie der Gelbe Enzian enthält sie Bitterstoffe, die bei Magenkrankheiten und Blutungen günstig wirken. Die Blüten besitzen keinen Nektar. Fliegen und Bienen, die sich an den nahrhaften Blütenstaub machen, führen dabei die Bestäubung durch. Die Pflanze ist geschützt.

3 Gefranster Enzian *(Gentiana ciliata)*

Enziangewächse

einjährig oder ausdauernd, 10–30 cm hoch;
Blütenkrone mit vier am Rand fransigen
Zipfeln

Schafweiden,
Magerrasen;
Blüte: Aug.–Okt.

Der Gefranste und der Deutsche Enzian gedeihen am besten auf Schafweiden über kalkhaltigem Untergrund. Durch den Rückgang der Schafzucht und durch den auf den Weiden aufkommenden Wald sind beide seltener geworden und müssen daher geschützt werden. Beide brauchen lückige und niedriggrasige Stellen, damit die Blätter das nötige Licht erhalten. Der gefranste Enzian wird durch Hummeln bestäubt.

4 Deutscher Enzian *(Gentiana germanica)*

Enziangewächse

einjährig oder ausdauernd, 5–40 cm hoch;
Blüte 20–40 mm lang,
Ränder der Kelchzähne ohne Wimpern

Schafweiden,
Magerrasen;
Blüte: Mai–Okt.

Der unter Naturschutz stehende Deutsche Enzian ist niedrig und ästig verzweigt. Er trägt mehrere bis zahlreiche Blüten. Meist wächst im ersten Jahr aus dem Samen nur eine kleine Blattrosette, die im zweiten Jahr zum Blühen kommt und dann abstirbt. Auch er trägt Fransen in seiner fünfzipfeligen Blütenkrone, doch sind diese auf der Innenseite der Blütenzipfel ausgebildet. Der ähnliche, aber mehr im Gebirge auftretende *Rauhe Enzian (Gentiana aspera)* unterscheidet sich durch die am Rand gewimperten Kelchzipfel; auch er ist geschützt.

1 Gelber Enzian *(Gentiana lutea)*   Enziangewächse

ausdauernd, 50–100 cm hoch; Blätter breit   Alpenmatten;
elliptisch, groß, blaugrün, gegenständig   Blüte: Juni–Aug.

Die Staude erinnert gar nicht an einen Enzian, und doch handelt es sich um eine Urform der Gattung. Die Blüte ist nicht röhrig, sondern flach und in schmale Zipfel zerschlitzt, die am Grunde miteinander verbunden sind. Der Nektar am Blütengrund ist deshalb den verschiedensten Insekten frei zugänglich. Wenn die Pflanze nicht blüht, kann sie mit dem hochgiftigen Weißen Germer verwechselt werden, dessen rein grüne Blätter jedoch einzeln am Stengel stehen, während die des Gelben Enzians sich zu zweien gegenüber liegen. Aus dem Wurzelstock wird *Enzianschnaps* hergestellt. Die Pflanze ist geschützt.

2 Stengelloser Enzian *(Gentiana acaulis)*   Enziangewächse

ausdauernd, mit Blattrosette,   Alpenmatten;
5–10 cm hoch   Blüte: Mai–Aug.

Da die Gattung der Enziane sich besonders in Hochgebirgen entwickelt hat, gedeihen die meisten Arten nur in den Alpen und den höheren Mittelgebirgen. Doch sind sie leider vielerorts selten geworden. Am bekanntesten ist der unter Naturschutz stehende Stengellose Enzian mit mehreren Rassen, die sich in Blütenfarbe, Kelchform und Art des Standorts unterscheiden. Er besitzt die am stärksten spezialisierte Form der Blüte. Sie wird von Hummeln besucht und ist nur bei sonnigem Wetter offen. Auf Flaschen für den magenfreundlichen Enzianschnaps ist oft fälschlich diese Art abgebildet, statt des Gelben Enzians.

3 Frühlingsenzian *(Gentiana verna)*   Enziangewächse

ausdauernd, 2–8 cm hoch; Stengel einblütig,   kurzgrasige Stellen;
untere Blätter meist 1–2 cm lang   Blüte: März–Juli

Dieser durch die heute übliche starke Düngung selten gewordene Enzian gedeiht nur auf ungedüngten, mageren Wiesen sowie Schafweiden und steht unter Naturschutz. Bestäubt wird er durch Falter.

4 Schwalbenwurzenzian *(Gentiana asclepiadea)*   Enziangewächse

ausdauernd, 30–60 cm hoch; Blüten einseitig   Moorwiesen, quellige
an etwas überhängendem Stengel   Stellen;
                                               Blüte: Juli–Sept.

Der Schwalbenwurzenzian steht als eine der schönsten Enzianarten unter Naturschutz. Er ist feuchtigkeitsliebend und kommt hauptsächlich in den Voralpen auf kalkhaltigem Boden vor.

5 Schnee-Enzian *(Gentiana nivalis)*   Enziangewächse

einjährig, 2–15 cm hoch; Blütenzipfel   Alpenmatten;
3–4 mm lang, Kelch nur mit schmalen Flügeln   Blüte: Juni–Aug.

Seine winzigen, azurblauen Blüten sind nur bei Sonne geöffnet; verschwindet diese hinter Wolken, so schließen sie sich alsbald. Sie werden durch Selbstbestäubung befruchtet. Die Pflanze ist geschützt.

1 Immergrün (*Vinca minor*)

ausdauernd, 10–20 cm hoch;
Blätter immergrün,
länglich-eirund;
Blüten windradförmig

Hundsgiftgewächse

Laubwälder;
Heimat: Mittel- und
Südeuropa,
Blüte: März–Juni

Man trifft das Immergrün meist in größeren Beständen. Seine Früchte reifen bei uns selten aus; es vermehrt sich durch wurzelnde Seitensprosse. Nicht in allen Gebieten bei uns kommt es ursprünglich vor; in manchen ist es von Burggärten oder Siedlungen aus verwildert.

2 Schwalbenwurz (*Cynanchum vincetoxicum*)

ausdauernd, 30–120 cm hoch;
Blätter herzförmig, gegenständig

**Schwalbenwurz-
gewächse**

lichte, sonnige Wälder;
Blüte: Mai–Aug.

Die vorwiegend tropischen Schwalbenwurzgewächse sind bei uns nur durch diese Art vertreten. Ihre Blütenbestäubung ist eigenartig: Der Rüssel einer Biene oder Fliege gerät bei der Nektarsuche in einen zangenförmigen Klemmkörper. Sie will sich davon befreien, reißt aber mit dem Klemmkörper die Beutel mit Blütenstaub heraus und bringt sie zur nächsten Blüte.

3 Gemeine Zaunwinde (*Calystegia sepium*)

ausdauernd, 1–3 m hoch; Blütenkelch von zwei
herzförmigen Blättchen eingehüllt

Windengewächse

Gebüsche an Ufern;
Blüte: Juni–Sept.

Ihre Blüte – größer als die der Ackerwinde und meist rein weiß – wird von Schwebfliegen und dem Windenschwärmer, einem Falter, bestäubt.

4 Ackerwinde (*Convolvulus arvensis*)

ausdauernd, Stengel windend
oder liegend, 30–60 cm lang

Windengewächse

Äcker, Gärten, Wege;
Blüte: Mai–Okt.

Dank ihrer bis 2 m tiefen Wurzeln entgeht sie Hacke und Pflug. Man findet sie auch häufig an Straßenrändern und sogar auf asphaltierten Wegen.

5 Europäische Seide (*Cuscuta europaea*)

einjährig oder ausdauernd,
20–100 cm hoch; ohne grüne Blätter

Windengewächse

Flußufer;
Blüte: Juni–Sept.

Sie hat sich vollständig auf eine schmarotzende Lebensweise verlegt und verzichtet daher auf Blätter und Wurzeln; der Stengel ist gelblichweiß, da sie das Blattgrün nicht benötigt. Die fadenförmige Pflanze umschlingt hauptsächlich Brennesseln. An den Berührungsstellen bilden sich kleine Auswüchse, die in das Gewebe der Nachbarpflanze eindringen und deren Nährstoffleitungen anzapfen. In den knäuelig angeordneten Blüten bildet sich eine große Zahl von Samen. Die Keimlinge müssen von ihren Vorräten leben, bis sie eine Wirtspflanze gefunden haben. Ohne diese sterben sie.

6 Einjähriger Phlox (*Phlox drummondii*)

einjährig, 10–50 cm hoch;
Blätter länglich-lanzettlich:
untere gegenständig, obere wechselständig

Sperrkrautgewächse

Gärten;
Heimat: Nordamerika;
Blüte: Juli–Sept.

Familie Rauhblattgewächse *(Boraginaceae)*

Die Rauhblattgewächse, zu denen in den Tropen auch Bäume und Sträucher gehören, sind bei uns nur durch Kräuter vertreten. Ihre Blüte ist bei unseren Arten sternförmig und fünfzählig gebaut – etwa wie die des Vergißmeinnichts. Selten ist sie zweiseitig symmetrisch und rachenförmig wie beim Natternkopf und zeigt damit eine Ähnlichkeit zu den verwandten Familien der Lippen- und Rachenblütler. Die Blütenblätter sind zu einer Krone verwachsen. In der Kronenröhre kommen bei einigen Arten besondere Höcker, die *Schlundschuppen* (Abb.) vor. Die fünf Staubblätter sind an die Krone angewachsen. Die Frucht besteht aus vier im Quadrat angeordneten Nüßchen, genau wie bei den Lippenblütlern. Sie können Borsten mit Haken tragen wie bei der *Hundszunge (Cynoglossum officinale)*, damit sie leichter im Fell von Tieren verschleppt werden. Die Blätter sind stets wechselständig und tragen reichlich die charakteristischen rauhen Borstenhaare. Die Blüten sind oft in sogenannten Wickeln oder Schraubeln angeordnet, dabei wechseln am Ast jeweils eine Blüte links und eine rechts in typischer Weise miteinander ab. Die Spitze des Astes ist vor dem Aufblühen meist schneckenförmig eingerollt. Zu den Rauhblattgewächsen gehören etwa 2000 verschiedene Arten.

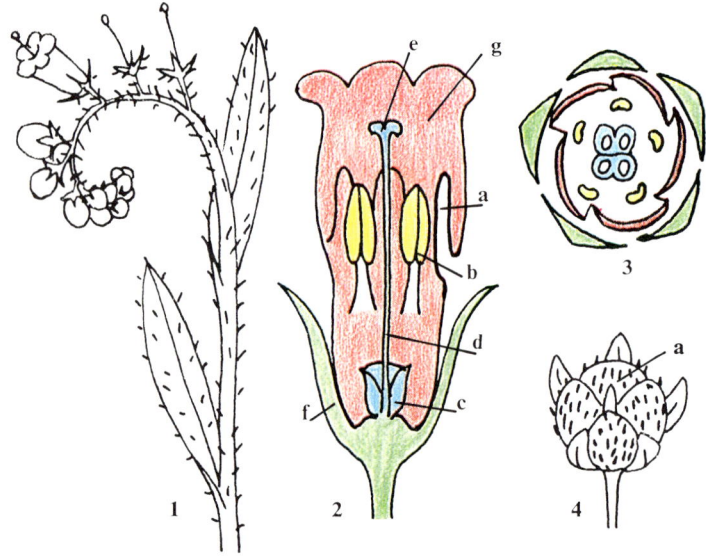

Rauhblattgewächse: 1 blühender Sproß (Blütenstand = Wickel); **2** Blütenlängsschnitt: **a** Schlundschuppen, **b** Staubblätter, **c** Fruchtknoten, **d** Griffel, **e** Narbe, **f** Kelchblätter, **g** Blütenkrone; **3** Blütendiagramm; **4** Frucht der Hundszunge: **a** Teilfrucht (Nüßchen).

1 Natternkopf *(Echium vulgare)*   Rauhblattgewächse

zweijährig oder ausdauernd,   Felsen, Steinbrüche,
30–80 cm hoch;   Wege, Bahndämme;
Blüte zweiteilig-zweilippig   Blüte: Juni–Okt.

Seine Blüte erinnert an einen züngelnden Schlangenkopf. Wegen seiner bis
2,5 m tiefen Wurzeln kann er selbst sehr trockene Orte besiedeln.

2 Sumpfvergißmeinnicht *(Myosotis palustris)*   Rauhblattgewächse

einjährig oder ausdauernd, 2–50 cm hoch;   nasse Wiesen, Ufer;
Blüten meist groß, Kelch mit angedrückten Haaren   Blüte: Apr.–Okt.

Das Sumpfvergißmeinnicht ist sehr vielgestaltig. Eine seiner schönsten Formen, das *Bodensee-Vergißmeinnicht*, wird nur 2–8 cm hoch, hat aber
8–12 mm breite Blüten. Es blüht schon im zeitigen Frühjahr am Bodensee-
ufer, bevor es im Sommer monatelang überschwemmt wird. Leider ist es
durch die Seeverschmutzung fast ausgestorben.

3 Waldvergißmeinnicht *(Myosotis sylvatica)*   Rauhblattgewächse

einjährig oder ausdauernd, 5–40 cm hoch;   Wiesen, Wälder;
Blütensaum 6–10 mm breit   Blüte: Mai–Sept.

Es gedeiht in verschiedenen Formen bis ins Hochgebirge. Auch in Gärten
wird es viel gepflanzt. Auf Äckern kommt häufig das *Ackervergißmeinnicht
(Myosotis arvensis)* vor. Seine Blüten sind aber nur 2–5 mm breit. Beide
unterscheiden sich vom Sumpfvergißmeinnicht durch die abstehenden und
hakig gekrümmten Kelchhaare. **(3)** Blütenkelch.

1 Echtes Lungenkraut *(Pulmonaria officinalis)*   Rauhblattgewächse

ausdauernd, 15–30 cm hoch;   Laubwälder;
Blätter am Grunde herzförmig   Blüte: März–Mai

Das Echte Lungenkraut wurde früher als Heilmittel gegen Lungenkrankheiten verwendet und erhielt so seinen Namen. Unter den Lungenkräutern ist es das häufigste und kommt besonders an kalkhaltigen und etwas feuchten Standorten vor. Die Blüten sind beim Aufblühen noch rosa, werden dann aber dunkler und färben sich immer mehr zu Blau und Violett hin. Dieser Wechsel wird nicht durch verschiedene Farbstoffe hervorgerufen, sondern durch den Zellsaft in den Blüten, dessen Säuregrad sich ändert. Das Echte Lungenkraut kann bei uns in 2 Rassen auftreten: Mit weißlich gefleckten Blättern oder mit ungefleckten Blättern. Meist kommt in einem Gebiet nur eine dieser Rassen vor.

2 Gemeiner Beinwell *(Symphytum officinale)*   Rauhblattgewächse

ausdauernd, 30–80 cm hoch;   nasse Wiesen, Ufer;
obere Blätter mit der Blattfläche am   Blüte: Mai–Juli
Stengel flügelartig herablaufend

Der Gemeine Beinwell hat seinen merkwürdigen Namen von seiner Verwendung zur Heilung von Knochenbrüchen. Das Wort *well* kommt von wellen, wallen, zusammenwallen, zusammenheilen. Er tritt in zwei verschiedenen Formen auf, einer mit blauvioletten und einer mit weißlichgelblichen Blüten. Eine verwandte Art, der *Comfrey (Symphytum asperum)* und seine Bastarde wurden als Futterpflanzen für Schweine angebaut und sind heute mancherorts verwildert. Der Beinwell dagegen wird wegen seiner borstigen Haare vom Vieh verschmäht.

3 Boretsch *(Borago officinalis)*   Rauhblattgewächse

einjährig, 20–50 cm hoch;   Gärten; Heimat:
Blüten am Grunde mit weißen   Mittelmeergebiet;
Schlundschuppen   Blüte: Mai–Sept.

Da der Boretsch, eine alte Kulturpflanze aus dem westlichen Mittelmeergebiet, gern mit Gurken eingelegt wird, heißt er auch *Gurkenkraut*. Er braucht Dünger und Feuchtigkeit. Seine Blüten sind reich an Nektar.

4 Eisenkraut *(Verbena officinalis)*   **Eisenkrautgewächse**

ausdauernd, 20–100 cm hoch;   Wegränder, Schaf-
Stengel vierkantig; Blüten in   weiden;
rutenförmigen Ähren angeordnet   Blüte: Juli–Sept.

Die Familie der *Eisenkrautgewächse (Verbenaceae)* ist mit etwa 2600 Arten fast ebensogroß wie die der Lippenblütler, doch kommt bei uns nur diese eine Art wildwachsend vor. Beide Familien unterscheiden sich voneinander durch Merkmale des inneren Blütenbaus. Das Eisenkraut hat, wie die Lippenblütler, auch einen vierteiligen Fruchtknoten. Es ist gegen Tritte durch Mensch oder Vieh nicht sehr empfindlich und gedeiht deshalb an entsprechenden Standorten. Sein Stengel ist zäh und nicht leicht abzureißen. Ursprünglich stammt es wohl auch aus dem Mittelmeergebiet und kommt daher nur in den wärmeren Teilen Mitteleuropas vor. Zu den Eisenkrautgewächsen gehört auch der *Teakholzbaum (Tectona grandis)*, der in Südostasien wächst und etwa 40 m hoch wird. Er liefert hartes, wertvolles Holz.

Familie Lippenblütler *(Labiatae)*

Die Lippenblütler gehören zu den großen Pflanzenfamilien; sie umfassen etwa 3200 Arten von Kräutern, Sträuchern und kleinen Bäumen. Sie sind durch eine Reihe von Merkmalen relativ leicht zu erkennen. Die Blüte ist oft in Form einer Röhre ausgebildet, die nach vorn in eine Ober- und eine Unterlippe ausläuft. Auch Stengel und Blattstellung sind sehr typisch. Der Stengel ist vierkantig, die Blätter sind gegenständig und stehen dazu paarweise über Kreuz. Alle diese Merkmale kann man jedoch auch bei manchen Rachenblütlern finden, so daß letztlich der Fruchtknoten entscheidet, wo die Pflanze eingeordnet werden muß. Er ist bei den Lippenblütlern (wie bei den Rauhblattgewächsen) stets vierteilig. Vier kleine Nüßchen sitzen in Form eines Quadrates am Grunde des Kelches. Das kann man bereits beobachten, bevor die Früchte reif sind; auch der junge Fruchtknoten in der Blüte ist schon deutlich vierteilig. Die Blüte besitzt vier Staubblätter, bei den Salbei-Arten sind es jedoch nur zwei. Lippenblütler besitzen in Blättern und Blüten oft ätherische Öle. Diese sind als Duftstoffe für Parfüm wertvoll. Manche Arten geben dadurch als Küchengewürz den Speisen erst den vollendeten Geschmack.

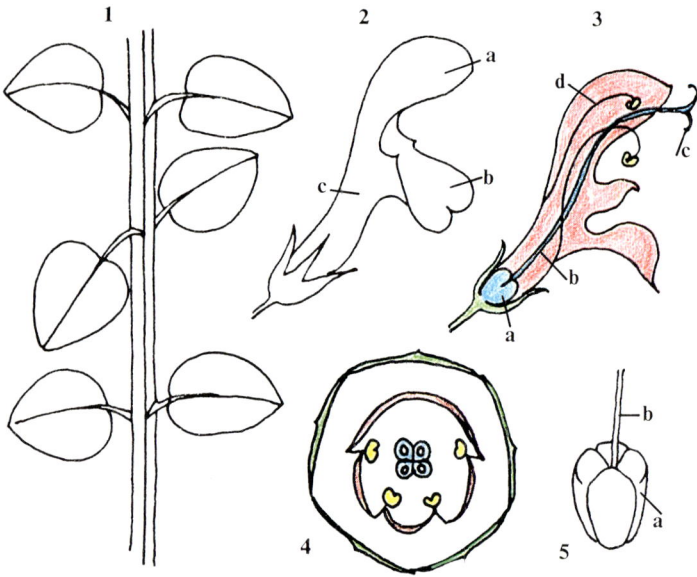

Lippenblütler: 1 kreuzweise gegenständige Blattstellung; **2** Lippenblüte von der Seite: **a** Ober-, **b** Unterlippe, **c** Blütenröhre; **3** Schnitt durch Lippenblüte: **a** Fruchtknoten, **b** Griffel, **c** Narbe, **d** Staubblätter; **4** Blütendiagramm; **5** vierteiliger Fruchtknoten: **a** Teilfrucht (Nüßchen), **b** Griffel.

1 Kriechender Günsel *(Ajuga reptans)*

Lippenblütler
Wiesen;
Blüte: Mai–Aug.

ausdauernd, 15- 30 cm hoch;
Blütenunterlippe groß, dreilappig,
Oberlippe sehr kurz

Der Kriechende Günsel, ein häufiger Frühblüher, gedeiht außer auf Wiesen auf allen möglichen Standorten wie Wegrainen, Schuttplätzen, Kahlschlagflächen, wenn er nur genügend Licht erhält. Seine Blüten sind meist himmelblau, sehr selten rein weiß oder rötlich. Durch seine langen Ausläufer versteht er es, sich über kurze Strecken auszubreiten. Seine Samen werden durch Ameisen verschleppt. In Trockenrasen auf Kalkboden wächst auch der seltenere *Genfer Günsel (Ajuga genevensis)*, dessen Stengel zottig behaart ist, und der keine Ausläufer bildet. Verwandt sind auch die Arten des *Gamanders (Teucrium)*, deren rote oder gelblichweiße Blüten keine Oberlippe besitzen.

2 Echter Lavendel *(Lavandula angustifolia)*

Lippenblütler
Gärten; Heimat:
Mittelmeergebiet;
Blüte: Juli–Aug.

niedriger Strauch, 20–60 cm hoch;
Blätter lineal-lanzettlich;
Staubblätter kürzer als die Blütenröhre

Der Echte Lavendel gehört zur Gattung *Lavandula*, die mit einer Reihe von Arten wild an Felsen, in Gebüschen und Eichenwäldern des westlichen Mittelmeergebietes vorkommt. Deshalb gedeiht er bei uns am ehesten in den Weinbaugebieten. Er wird in Südfrankreich auch in großen Feldern kultiviert zur Herstellung von Parfüm. Dazu werden seine Blütenstände geerntet. Der wertvollste Teil ist der Blütenkelch.

1 Gundermann *(Glechoma hederaceum)*   Lippenblütler

ausdauernd, 10–15 cm hoch;   Hecken, Wiesen;
Stengel niederliegend-kriechend;   Blüte: Apr.–Juni
Blätter rundlich-nierenförmig

Der Gundermann, ein häufiger Frühjahrsblüher, wächst gern an etwas feuchten, halbschattigen Standorten, z. B. unter einzelnen Bäumen. Er wird auch *Gundelrebe* genannt.

2 Gemeine Brunelle *(Prunella vulgaris)*   Lippenblütler

ausdauernd, 10–30 cm hoch;   Rasen, Wiesen,
Blüten in endständigen Köpfen,   Waldwege;
Einzelblüte 7–15 mm lang   Blüte: Juni–Sept.

Ihre Fruchtstände bilden kleine, holzige Kerzen, die nur aus den braun gewordenen Kelchen mit den Samen bestehen. Werden diese im Regen naß, so krümmen sich die Kelchstiele rasch nach unten, die Kelche öffnen sich, die Samen können herausfallen und mit lehmiger Erde an Schuhen oder Hufen verbreitet werden. Hält man einen trockenen Fruchtstand ins Wasser, so kann man das selbst beobachten.

3 Große Brunelle *(Prunella grandiflora)*   Lippenblütler

ausdauernd, 10–30 cm hoch; Blüten in   Trockenrasen;
Köpfen, Einzelblüte 20–25 mm lang   Blüte: Juni–Aug.

Da sie an trockeneren Standorten wächst als die Gemeine Brunelle, braucht sie tiefer (bis über 50 cm) reichende Wurzeln. In Dürrezeiten können ihre Blätter vertrocknen, aber sie treibt rasch wieder neue und überlebt.

4 Gemeiner Hohlzahn *(Galeopsis tetrahit)*   Lippenblütler

einjährig, 10–80 cm hoch; Stengel unter den   Äcker, Wegränder,
Knoten verdickt; Blüten weiß oder hellrot,   Wälder;
mit und ohne gelben Fleck, 15–20 mm lang;   Blüte: Juli–Okt.
Blütenunterlippe mit zwei zahnförmigen Höckern

Fast überall dort, wohin Ameisen seine Samen verschleppen, gedeiht er: auf Kahlschlägen, besonders in Haufen der Roten Waldameise, auch auf Schuttplätzen. Er ist eine der wenigen Arten, deren Entstehung man ziemlich genau kennt. Ursprünglich ist er als Bastard zwischen dem *Bunten Hohlzahn (Galeopsis speciosa)* und dem *Weichen Hohlzahn (Galeopsis pubescens)* entstanden. Dadurch, daß er in günstiger Weise die Eigenschaften beider Eltern kombiniert, war er fähig, weit über deren Verbreitungsgebiete hinaus Boden zu fassen.

5 Bunter Hohlzahn *(Galeopsis speciosa)*   Lippenblütler

einjährig, 30–80 cm hoch; Blüten groß,   Waldschläge,
25–40 mm lang, mit zwei Höckern auf der   Äcker;
Unterlippe   Blüte: Juni–Okt.

Mit seiner seltenen Farbkombination ist er einer der schönsten Lippenblütler, gedeiht aber nur im östlichen Teil Mitteleuropas häufiger.

1 Goldnessel *(Lamium galeobdolon)*   Lippenblütler

ausdauernd, 15–50 cm hoch;   Laubwälder;
Blütenunterlippe mit kleinen,   Blüte: Apr.–Juli
spitzigen Seitenlappen

Taubnesseln gehören zu den bekanntesten Arten unter den Lippenblütlern. Die Goldnessel nimmt unter ihnen eine Sonderstellung ein und wird deshalb manchmal in eine eigene Gattung gestellt. Sie gedeiht in Wäldern überall dort, wo der Boden genügend nährstoffreich und feucht ist. Im Sommer bildet sie lange Ausläufer, die den Waldboden teppichartig zudecken können. Es gibt aber auch ausläuferlose Goldnesseln, besonders in den südlichen Gebieten Mitteleuropas. In Gärten wird eine Form kultiviert, deren Blätter weiße Flecken zeigen. Aus abgezupften Blüten kann man den Nektar am Grunde der Blütenröhre aussaugen.

2 Weiße Taubnessel *(Lamium album)*   Lippenblütler

ausdauernd, 20–50 cm hoch;   Wegränder, Gebüsche;
Blütenröhre innen mit schräg   Blüte: Apr.–Nov.
verlaufendem Haarring

Die Blüte der Weißen Taubnessel, eine typische Lippenblume, ist in ihrer Form deutlich den bestäubenden Insekten angepaßt. Die Unterlippe dient als Landeplatz, die Oberlippe schützt Staubbeutel und Griffel. Durch die Krümmung der Blütenröhre muß das Insekt seinen Rücken gegen die Staubbeutel und den Griffel drücken. Die Größe der Blüte paßt genau für zahlreiche Hummelarten. Die Samen werden durch Ameisen verbreitet. Sie gedeiht gern an etwas gedüngten Stellen, am liebsten im Halbschatten.

3 Gefleckte Taubnessel *(Lamium maculatum)*   Lippenblütler

ausdauernd, 20–60 cm hoch;   Bachufer, Wald-
Blüten groß, 20–25 mm lang, Röhre   ränder;
innen mit gerade verlaufendem Haarring   Blüte: Apr.–Okt.

Die Gefleckte Taubnessel wird oft als *Rote Taubnessel* angesprochen. Man kann sie aber gut unterscheiden, wenn man auf die Blütengröße und auf den Standort, an dem sie wächst, achtet. Blätter und Stengel sind denen der Weißen Taubnessel sehr ähnlich. Manchmal sind sie jedoch weißlich gefleckt; davon hat sie ihren Namen erhalten. Auch die Bestäubung und die Samenverbreitung erfolgt wie bei dieser Art.

4 Rote Taubnessel *(Lamium purpureum)*   Lippenblütler

einjährig, 10–30 cm hoch;   Weinberge, Äcker,
obere Blätter sitzend oder kurz-   Schuttplätze;
gestielt; Blüten 10–20 mm lang   Blüte: März–Okt.

Die Rote Taubnessel ist ein häufiges Unkraut. Besonders in Weinbergen wächst sie in Massen. Meist ist sie einjährig, seltener zweijährig, und blüht schon im zeitigen Frühjahr, manchmal auch im Winter. Ihre im Vergleich zur Gefleckten Taubnessel kleineren Blüten sind in der Größe ihren Bestäubern, den Bienen, angepaßt. Bleiben diese aus, so kommt es zur Selbstbestäubung. Auf Äckern kommt auch (seltener) die *Stengelumfassende Taubnessel (Lamium amplexicaule)* vor, die man an ihren stengelumfassenden Hochblättern erkennen kann.

1 Echter Ziest *(Stachys officinalis)*   Lippenblütler
ausdauernd, 20–70 cm hoch;   Magerwiesen;
Blätter länglich-eiförmig, gleichmäßig   Blüte: Juli–Aug.
gekerbt; Blütenstand eine kurze
Scheinähre bildend

Der Echte Ziest weicht von anderen Ziestarten durch den fehlenden Haarring in der Blütenröhre ab.

2 Waldziest *(Stachys sylvatica)*   Lippenblütler
ausdauernd, 30–100 cm hoch;   Laubwälder;
Blätter brennesselähnlich;   Blüte: Juni–Aug.
Blütenkelch gleichmäßig fünfzähnig

Unter den Arten der Gattung *Ziest* ist der Waldziest am häufigsten, vor
allem an feuchten und halbschattigen Standorten. Er wird oft mit den Taubnesseln verwechselt, hat aber auffallend abstehend behaarte Blätter und
dunkelpurpurne Blüten.

3 Wiesensalbei *(Salvia pratensis)*   Lippenblütler
ausdauernd, 30–60 cm hoch;   trockene Wiesen;
Blüte nur mit 2 Staubblättern,   Blüte: Mai–Aug.
Blütenstand drüsig

Der Wiesensalbei (auch: *die* Wiesensalbei) besitzt besonders interessante
Einrichtungen zur Blütenbestäubung. Zwei der vier Staubblätter sind in
eine Art Hebel umgewandelt. Dieser ist so mit den fruchtbaren Staubblättern verbunden, daß ein Insekt, das den Nektar in der Blütenröhre sucht,
ihn mit dem Kopf niederdrückt und damit die Staubbeutel auf eine bestimmte Stelle seines Rückens bringt. Der Pollen, der an dieser Stelle hän-
genbleibt, kommt in der nächsten Blüte genau auf die Narbe, um sie zu
bestäuben. Damit eine Bestäubung durch fremden Pollen gesichert ist, darf
sich der Griffel einer Blüte erst dann entfalten, wenn ihre Staubbeutel
abgeblüht sind. Man kann den Hebelmechanismus nachprüfen, indem man
einen spitzen Bleistift in die Blütenröhre schiebt. Merkwürdigerweise gibt
es auch Formen dieser Art mit kleineren Blüten, in denen alle Staubblätter
zurückgebildet sind. Diese Blüten besitzen nur weibliche Blütenorgane; sie
werden durch den überschüssigen Pollen der Insekten bestäubt. Außer Pflanzen mit blauen Blüten gibt es, wie beim Kriechenden Günsel (S. 227), selten
auch solche mit reinweißen oder rötlichen Blüten.
Eine andere Art jedoch ist der Salbei mit gelben Blüten, der *Klebrige Salbei*
(Salvia glutinosa). Er kommt in Bergwäldern im Umkreis der Alpen vor,
blüht von Juli bis September und wird wie der Wiesensalbei bestäubt.

4 Melisse *(Melissa officinalis)*   Lippenblütler
ausdauernd, 50–100 cm hoch;   Gärten;
Blätter stark nach Zitrone duftend   Heimat: Orient;
                                          Blüte: Juni–Aug.

Die Melisse ist eine Gewürz- und Heilpflanze.

1 Sommerbohnenkraut *(Satureja hortensis)*   Lippenblütler

einjährig, 10–25 cm hoch; Blätter behaart,   Gärten; Heimat:
stumpf; Stengel nur unten etwas verholzend;   Mittelmeergebiet;
Blüten 4–6 mm lang   Blüte: Juli–Sept.

Das Sommerbohnenkraut ist wie viele andere Lippenblütler im Mittelmeergebiet zu Hause. Es wird bei uns hauptsächlich als Gewürzpflanze kultiviert, aber auch als Heilpflanze verwendet. Seine kleinen und unscheinbaren Blüten werden von Fliegen und Bienen besucht.

2 Wirbeldost *(Satureja vulgaris)*   Lippenblütler

ausdauernd, 20–50 cm hoch; Stengel zottig   sonnige Waldränder,
behaart; Blütenquirle 10–20 blütig, Tragblätter   Wegraine;
sehr schmal, zottig behaart   Blüte: Juli–Sept.

Der Wirbeldost ist kenntlich an seinen Blütenquirlen mit zahlreichen Blüten. Meist blühen jedoch nur wenige gleichzeitig. Die Blüten ragen weit aus dem Kelch heraus, so daß nur langrüsselige Insekten die Pflanze bestäuben können.

3 Alpen-Bergminze *(Satureja alpina)*   Lippenblütler

ausdauernd, 10–30 cm hoch;   Alpenmatten;
Stengel niederliegend-aufsteigend;   Blüte: Juli–Sept.
Minzgeruch!

Die Alpenbergminze kommt an trockenen, steinigen, meist kalkhaltigen Standorten der Alpen vor. Sie steigt dort etwa bis 2300 m hoch. Ihre Blüten haben als Kennzeichen der Bergminzen eine Oberlippe, die nicht helmförmig gewölbt ist, und einen fünfzähligen, zweilippigen Kelch. Die für die niedrige Pflanze relativ großen Blüten werden von Bienen und Schmetterlingen bestäubt. Auf Felsen, in lückigen Trockenrasen und auf Güterbahnhöfen kann man auch die verwandte *Stein-Bergminze (Satureja acinos)* antreffen. Sie ist ein- bis dreijährig und hat kleine, nur etwa 8–10 mm lange, hellviolette Blüten.

4 Dost *(Origanum vulgare)*   Lippenblütler

ausdauernd, 30–50 cm hoch;   Waldränder,
Blütenstand rispig, Hochblätter eiförmig,   Gebüsche;
z. T. rotviolett überlaufen   Blüte: Juli–Sept.

Dost und Wirbeldost findet man an ähnlichen Standorten. Beim näheren Betrachten sind sie recht verschieden, nur der Name ist ähnlich. Das alte deutsche Wort *Dost* bedeutet soviel wie Blumenstrauß. Der Dost trägt zahlreiche kleine Blüten, die nur schwach lippenförmig gebaut sind. Er ist mit dem *Majoran (Majorana hortensis)* verwandt und heißt auch manchmal *Wilder Majoran*. Der Majoran selbst ist eine einjährige, stark aromatisch duftende Pflanze aus Südwestasien. Beide werden als Gewürz- und Heilmittel verwendet.

1 Feldthymian *(Thymus serpyllum)*   Lippenblütler
ausdauernd, 5–30 cm hoch;   Trockenrasen,
Stengel niederliegend-aufsteigend;   Böschungen;
Blüten 3–5 mm lang   Blüte: Mai–Okt.

Der Feldthymian steht am liebsten an mageren Stellen von Trockenrasen und Wiesen, wo seine kriechenden Triebe nicht zu sehr von höherwüchsigen Pflanzen überschattet werden. Oft findet man ihn auch auf Ameisenhaufen. Er ist sehr vielgestaltig und umfaßt eine Fülle von schwer gegeneinander abtrennbaren Arten und Rassen. Er duftet charakteristisch aromatisch, jedoch nicht so stark wie der *Gartenthymian (Thymus vulgaris)*. Dieser ist 20–30 cm hoch, am Grunde verholzt, hat schmale Blätter und stammt aus dem Mittelmeergebiet. Er wird als Gewürz- und Heilpflanze angebaut.

2 Pfefferminze *(Mentha piperita)*   Lippenblütler
ausdauernd, 50–80 cm hoch,   Gärten;
untere Blätter alle gestielt,   Blüte: Juni–Juli
nur unterseits schwach behaart

Die Pfefferminze ist keine wildwachsende Art. Sie ist als Kreuzung der *Wasserminze (Mentha aquatica)* mit der *Grünen Minze (Mentha spicata)* etwa um das Jahr 1700 in England in Kultur entstanden. Da sie unfruchtbar ist, erfolgt die Vermehrung stets durch Ausläufer. Hauptbestandteil des *Pfefferminzöls* ist das *Menthol*, welches durch Reizung der Geschmacksnerven im Mund ein Kältegefühl hervorruft und dadurch erfrischend wirkt.

3 Roßminze *(Mentha longifolia)*   Lippenblütler
ausdauernd, 30–100 cm hoch, Stengel endet   Ufer, nasse Weiden,
mit ährenartigem Blütenstand, Blätter   Gräben;
wenigstens unterseits stark behaart,   Blüte: Juli–Sept.
länglich-lanzettlich, 5–10 cm lang

Die Roßminze ist recht vielgestaltig. Ihre Blätter sind oft weißfilzig, können aber auch weniger stark behaart sein. Ihr Vorkommen zeigt stets nassen Boden an.

4 Ackerminze *(Mentha arvensis)*   Lippenblütler
ausdauernd, 5–40 cm hoch; Blütenquirle   nasse Wiesen,
in der Achsel von Blättern stehend,   Gräben, Äcker;
Stengelspitze mit Blattschopf   Blüte: Juli–Sept.

Die Minzen sind nicht nur durch ihren Pfefferminzgeruch gekennzeichnet, sondern gehören auch zu jenen Lippenblütlern, deren Blüte am wenigsten lippenförmig gestaltet ist. Sie ist vielmehr trichterförmig offen und trägt vier wenig verschiedene Zipfel. Daraus ragen die vier Staubblätter deutlich hervor. Die Ackerminze, wohl die häufigste unter den Minzenarten, kann sich auf Äckern im Gegensatz zu manchen anderen Unkräutern auch an staunassen Stellen halten. Durch ihr verzweigtes, bis 40 cm tief reichendes Wurzelsystem breitet sie sich stärker aus als durch Samen.

Familie Nachtschattengewächse *(Solanaceae)*

Die Nachtschattengewächse sind eine besonders wichtige Familie der Blütenpflanzen. Zu ihr gehören etwa 2300 meist in Mittel- und Südamerika heimische Arten. Die Blüten sind meist sternförmig fünfstrahlig mit verwachsenen Blütenblättern. Als Frucht wird eine Beere oder eine Kapsel ausgebildet. Alle Arten enthalten als Giftstoffe *Alkaloide* von unterschiedlicher Art und Menge. Bekannte Giftpflanzen sind die Tollkirsche, das Bilsenkraut und der Stechapfel. Aber auch die sagenumwobene Alraune aus dem Mittelmeergebiet gehört hierher. Manche dieser Giftstoffe haben im Mittelalter als Rauschmittel bei Hexenkulten eine Rolle gespielt. Wichtiger noch sind eine Reihe von Nutzpflanzen: Kartoffel, Tomate, Tabak und Paprika. Schließlich werden noch weitere Arten als Zierpflanzen gezogen: die einjährige *Gartenpetunie (Petunia atkinsiana)* mit ihren trichterförmigen Blüten als Balkonschmuck oder die strauchförmige *Engelstrompete (Datura suaveolens)* mit ihren riesigen, 30 cm langen Blüten.

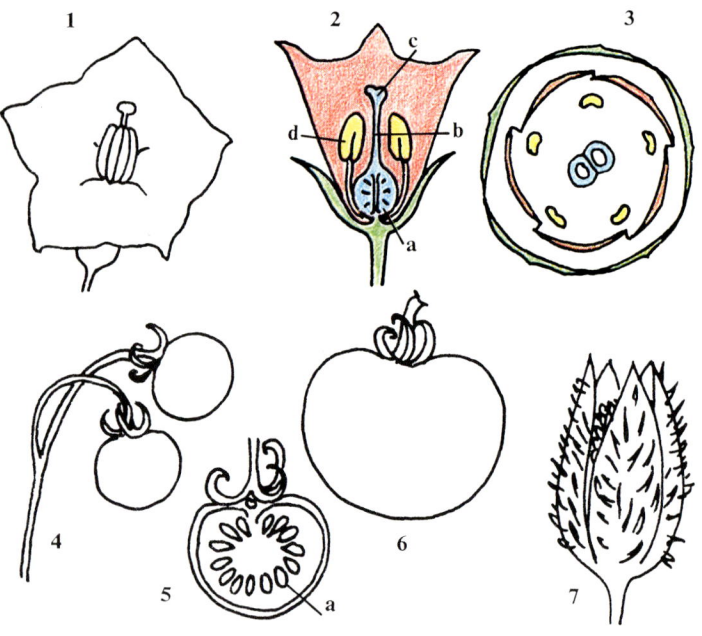

Nachtschattengewächse: 1–3 Nachtschattenblüte (Kartoffel): **1** Gesamtansicht, **2** Längsschnitt: **a** Fruchtknoten, **b** Griffel, **c** Narbe, **d** Staubblätter, **3** Blütendiagramm; **4–7** Früchte von Nachtschattengewächsen: **4** Beeren der Kartoffel, **5** Längsschnitt: **a** Samen, **6** Tomate (Beerenfrucht), **7** Kapselfrucht des Stechapfels.

1 **Tollkirsche** *(Atropa belladonna)*   Nachtschattengewächse

ausdauernd, 60–150 cm hoch;   Waldschläge,
Blätter groß, bis 15 cm lang; Beere schwarz,   Lichtungen;
glänzend, in grünem Kelch sitzend   Blüte: Juni–Aug.

Die Tollkirsche, eine nach oben breit ausladende Staude, kommt besonders im Bergland auf kalkhaltigem Boden vor. Jede Blüte oder Frucht sitzt zwischen einem großen Blatt auf der einen Seite und einem kleinen auf der anderen. Die kirschenähnlichen Früchte sind wie die ganze Pflanze äußerst giftig. Sie enthalten u. a. *Hyoscyamin* und *Atropin*. Atropin kann – schon nach 10 Beeren – durch Muskellähmungen tödlich wirken. Wie viele andere Gifte wirkt es in geringer Konzentration als Heilmittel. Die Beeren werden durch Tiere verbreitet, für die sie nicht so giftig sind wie für Menschen.

2 **Judenkirsche** *(Physalis alkekengi)*   Nachtschattengewächse

ausdauernd, 30–60 cm hoch;   Gärten, Wälder,
Blütenkrone radförmig flach, weiß,   Weinberge;
Frucht von rotem Kelch lampionartig   Blüte: Mai–Aug.
eingeschlossen

Die Judenkirsche ist eine seltenere, aber sehr charakteristische Pflanze. Sie wird in wärmeren Gebieten in Gärten gepflanzt, kommt auch manchmal verwildert oder eingebürgert vor. Der zunächst grüne Kelch färbt sich erst zur Fruchtreife. Er eignet sich für Trockensträuße. Gebietsweise geschützt.

1 Kartoffel *(Solanum tuberosum)*   Nachtschatten-
                                             gewächse
einjährig, 30–80 cm hoch;   Äcker;
Blüten weiß, rosa oder lila;   Heimat: Südamerika;
Früchte klein, gelbgrün   Blüte: Juni–Aug.

Die Kartoffel, eine unserer wichtigsten Nahrungspflanzen, stammt aus den Hochländern von Bolivien und Argentinien. Schon vor der Entdeckung Amerikas war sie dort in Kultur. Die ganze Pflanze ist giftig, mit Ausnahme der Knollen. Diese entstehen als Verdickungen an unterirdischen Ausläufertrieben. Einer der Giftstoffe ist das *Solanin*. Es kann sich auch in den Knollen bilden, wenn sie am Licht liegen und grün werden.

2 Tomate *(Solanum lycopersicum)*   Nachtschatten-
                                             gewächse
einjährig, 30–150 cm hoch;   Heimat: Südamerika;
Blüten gelb   Blüte: Juni–Okt.

Bei der Tomate wie bei der Kartoffel enthält fast die ganze Pflanze Giftstoffe; nur ihre reife Frucht ist genießbar. Wegen ihrer Kälteempfindlichkeit reifen die Früchte nur in wärmeren Gebieten im Freien. Schon vor der Entdeckung Amerikas war die Tomate dort Kulturpflanze.

3 Bittersüßer Nachtschatten *(Solanum dulcamara)* Nachtschatten-
                                             gewächse
ausdauernd, unten verholzend, 30–200 cm hoch, Gebüsche, Ufer;
kletternd; Beeren rot, länglich   Blüte: Juni–Aug.

Seine Blätter sind recht verschieden gestaltet, manche herzförmig und ungeteilt, andere dreiteilig mit allen Übergängen zu ungeteilten Blättern. Die ganze Pflanze ist giftig.

4 Schwarzer Nachtschatten *(Solanum nigrum)* Nachtschatten-
                                             gewächse
einjährig, 10–80 cm hoch;   Weinberge, Gärten;
Blüten weiß; Beeren schwarz   Blüte: Juni–Okt.

Die Gattung *Nachtschatten (Solanum)* ist mit etwa 1500–2000 Arten eine der umfangreichsten Pflanzengattungen. Aber nur wenige Arten, wie der giftige Schwarze Nachtschatten, sind bei uns heimisch oder eingebürgert.

5 Virginischer Tabak *(Nicotiana tabacum)*   Nachtschatten-
                                             gewächse
einjährig, 75–200 cm hoch; Blüten in   Felder;
einer ausgebreiteten Rispe angeordnet   Heimat: Argentinien;
                                             Blüte: Juni–Sept.

Zwar wird nur aus seinen Blättern Rauchtabak hergestellt, doch enthält die ganze Pflanze *Nikotin*, das in starker Konzentration als Gift wirkt. Das Rauchen haben die Indianer erfunden. Durch spanische Seeleute kam es im 16. Jahrhundert nach Europa. Die Blüten der Pflanze werden in ihrer Heimat von Kolibris bestäubt.

Familie Rachenblütler *(Scrophulariaceae)*

Etwa 3000 Arten rechnet man zur umfangreichen Familie der Rachenblütler. Zu den größeren Gattungen (bis zu 500 Arten) gehören die Königskerzen, die Läusekräuter und die Ehrenpreise. Die Form der Blüten kann sehr stark abgewandelt sein: in einigen Fällen deutlich rachenförmig wie beim Fingerhut, in anderen Fällen eine offene Krone bildend mit fünf Zipfeln wie bei den Königskerzen oder mit vier ungleich großen Zipfeln wie bei den Ehrenpreisen. Sie sind aber immer miteinander verwachsen. Auch die Zahl der Staubblätter variiert stark: fünf bei den Königskerzen, vier bei der Braunwurz, bei den Ehrenpreisen sogar nur zwei. Hauptsächlich sind es Kräuter, seltener auch Bäume (Blauglöckchenbaum). Die meisten Arten haben grüne Blätter und ernähren sich selbst; einige aber nur im Nebenerwerb, während sie gleichzeitig geeignete Nachbarpflanzen an den Wurzeln anzapfen (Läusekraut, Augentrost, Zahntrost, Bartsie, Klappertopf, Wachtelweizen). Wieder andere haben sich vollständig zu Parasiten umgewandelt (Schuppenwurz). Wie diese haben sich eine Reihe von Pflanzenfamilien vermutlich aus Rachenblütlern entwickelt, so die Sommerwurzgewächse, die Wasserschlauch-, die Wegerich- und die Kugelblumengewächse.

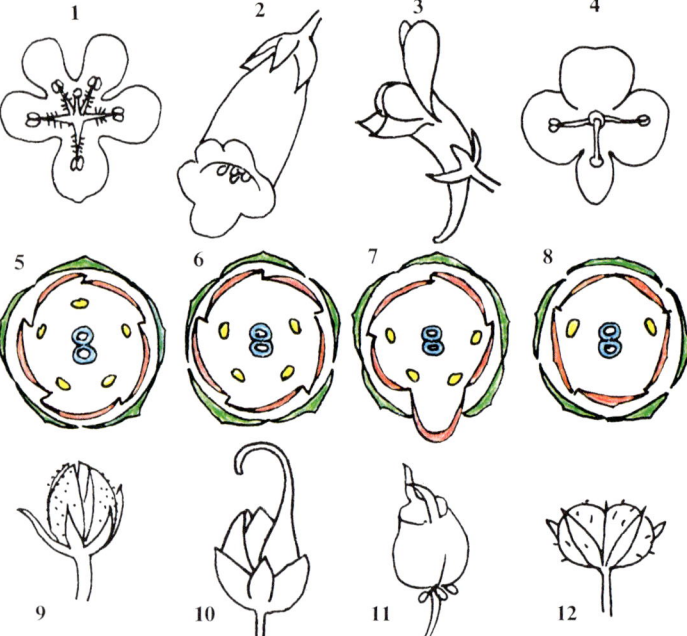

Rachenblütler: Blütenformen als Abwandlungen eines Grundtyps; untereinander jeweils Blüte, Blütendiagramm und Frucht. **1, 5, 9** Königskerze: alle Blütenteile vollständig ausgebildet; **2, 6, 10** Roter Fingerhut: oberes Staubblatt reduziert; **3, 7, 11** Leinkraut: oberes Staubblatt reduziert, unteres Kronblatt gespornt; **4, 8, 12** Ehrenpreis: nur noch zwei Staubblätter.

1 **Kleinblütige Königskerze** *(Verbascum thapsus)*   Rachenblütler

Pflanze zweijährig, 50–200 cm hoch,   Bahndämme, Kahl-
Blüte bis 2 cm breit, obere drei Staubfäden   schläge, Kiesgruben;
weißwollig behaart   Blüte: Juli–Sept.

Die Kleinblütige Königskerze besitzt stark wollig behaarte Blätter, die am
Stengel bis zum nächstunteren Blatt herablaufen.

2 **Schwarze Königskerze** *(Verbascum nigrum)*   Rachenblütler

ausdauernd, 50–100 cm hoch;   Böschungen, Raine,
Staubfäden rotwollig   Ufer; Blüte: Juni–Aug.

Die Schwarze Königskerze besitzt Blätter, die oberseits dunkelgrün und fast
kahl, unterseits aber filzig sind.

3 **Knotige Braunwurz** *(Scrophularia nodosa)*   Rachenblütler

ausdauernd, 50–100 cm hoch;   Wälder;
Stengel vierkantig, nicht geflügelt   Blüte: Juni–Juli

Die Knotige Braunwurz wird manchmal als Lippenblütler angesprochen,
weil sie gegenständige Blätter an einem vierkantigen Stengel trägt. Maßgebend für die Zugehörigkeit sind jedoch die Früchte. Die Braunwurz bildet
Kapseln mit zahlreichen Samen.

1 Großes Löwenmaul *(Antirrhinum majus)*   Rachenblütler

einjährig oder ausdauernd, 20–60 cm hoch;   Gärten; Heimat:
Blütenschlund durch eine Wölbung   Mittelmeergebiet;
der Unterlippe verschlossen   Blüte: Juni–Sept.

Das Große Löwenmaul oder *Löwenmäulchen* ist eine beliebte Zierpflanze. Seine etwa 2–3 cm langen Blüten können sehr verschieden gefärbt sein: Ursprünglich waren sie rot mit einem gelben Gaumen. Durch Züchtung hat man auch weiße oder gelbe Blüten, oder solche mit gemischten Farben erreicht. Die Pflanze erwies sich auch als ein gutes Objekt zur Erforschung der Vererbung einzelner Merkmale. Die Samen entwickeln sich in Kapseln, die oben Löcher ausbilden. Durch diese werden die Samen wie aus einem Salzstreuer nach und nach verstreut.

2 Zymbelkraut *(Linaria cymbalaria)*   Rachenblütler

ausdauernd; Stengel kriechend,   Mauerritzen;
30–60 cm lang; Blätter kahl   Blüte: Juni–Sept.

Das Zymbelkraut wurde schon früh aus dem Mittelmeergebiet in unsere Gärten gebracht. In vielen Gebieten ist es verwildert und tritt heute selbständig an Weinbergmauern oder alten Stadtmauern auf. Die langen Stiele wenden die Blüten zuerst dem Licht zu. Nach der Bestäubung, die durch Bienen erfolgt, drehen sich die Stiele wieder vom Licht weg und senken die Früchte abwärts in die Mauerritze.

3 Gemeines Leinkraut *(Linaria vulgaris)*   Rachenblütler

ausdauernd, 20–80 cm hoch;   Ackerraine, Bahn-
Stengel dicht beblättert; Blüte mit   dämme, Steinbrüche;
Sporn etwa 20–30 mm lang   Blüte: Juni–Sept.

Das Gemeine Leinkraut, auch *Frauenflachs* genannt, hat eine bis 1 m tief reichende Wurzel. Es kann sich damit auch auf trockenen Standorten mit Wasser versorgen. Aus den Seitenwurzeln bilden sich sehr zahlreiche neue Triebe, weshalb die Pflanze meist in größeren Gruppen auftritt. Die Orangefärbung auf der Unterlippe zeigt dem Insekt den Blüteneingang an. Im Sporn sammelt sich der Nektar an. Bestäuber sind meist Hummeln, die genügend Kraft haben, den Blütenrachen zu öffnen.

4 Alpenleinkraut *(Linaria alpina)*   Rachenblütler

zweijährig oder ausdauernd,   Steinschutthalden
8–15 cm hoch; Blätter zu viert quirlständig   der Alpen;
                                                   Blüte: Juni–Juli

Die Blüten des Alpenleinkrauts sind meist violett mit orangefarbenem Gaumen, seltener nur einfarbig violett. Sie werden durch Hummeln bestäubt, deren Rüssel lang genug ist, um den Nektar im Blütensporn zu erreichen. Das Kraut steigt in den Alpen bis etwa 3400 m auf, kommt aber gelegentlich auch im Flußschotter in tieferen Lagen vor, wenn seine Samen dorthin geschwemmt wurden. Für gewöhnlich verbreitet sie aber der Wind. Gebietsweise geschützt!

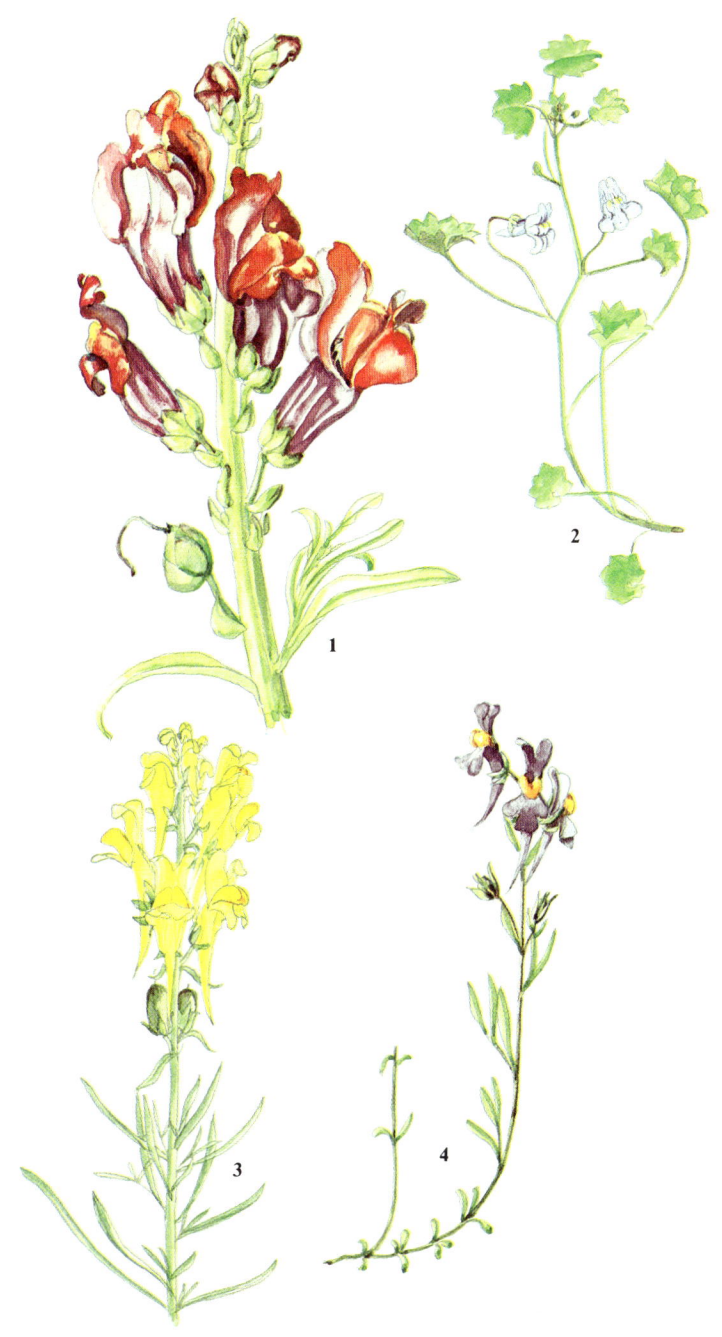

1 Gelbe Gauklerblume *(Mimulus guttatus)*   Rachenblütler

ausdauernd, 30–60 cm hoch;   Bachufer;
Blätter kahl, Blüten groß, 3–4 cm lang,   Heimat: Nordamerika;
manchmal rot gefleckt   Blüte: Juni–Okt.

Die Gelbe Gauklerblume wurde bei uns als Zierpflanze gehalten, hat sich
aber seit über hundert Jahren selbständig gemacht und ist heute in manchen
Gebieten an kühlen Bergbächen fest eingebürgert.

2 Großblütiger Fingerhut *(Digitalis grandiflora)*   Rachenblütler

ausdauernd, 40–120 cm hoch;   lichte Waldstellen;
Blüte 3–4 cm lang   Blüte: Juni–Sept.

Der giftige Großblütige Fingerhut wächst gern auf kalkreichem Untergrund.
Er ist geschützt.

3 Roter Fingerhut *(Digitalis purpurea)*   Rachenblütler

zweijährig oder ausdauernd,   Kahlschläge;
50–150 cm hoch   Blüte: Juni–Aug.

Der Rote Fingerhut, eine Charakterpflanze der Waldlichtungen und Kahlschläge, steht in manchen Gegenden unter Naturschutz. Er tritt hauptsächlich in kalkarmen Sandsteingebieten auf. Seine Blüten werden überwiegend
von Hummeln bestäubt. Die Pflanze enthält Giftstoffe, die (in geringer Konzentration) als Herzmittel große Bedeutung haben. Gebietsweise geschützt.

4 Persischer Ehrenpreis *(Veronica persica)*   Rachenblütler

meist einjährig, 10–40 cm hoch;   Gärten, Äcker;
Blütenstiel fast doppelt so lang   Heimat: Vorderasien;
als sein Tragblatt   Blüte: März–Okt.

Der Persische Ehrenpreis (auch: *das* Ehrenpreis) ist heute bei uns häufig.
Er hat sich jedoch erst vor etwa 150 Jahren in Mitteleuropa ausgebreitet.
Er gehört damit zu den ausbreitungstüchtigsten Unkräutern.

5 Quendelblättriger Ehrenpreis   Rachenblütler
(Veronica serpyllifolia)

ausdauernd, 5–20 cm hoch;   Zierrasen, Waldwege,
Blätter ganzrandig oder gekerbt;   Lehm- oder Sand-
Blüte weißlich   boden;
                                                       Blüte: Mai–Aug.

6 Fadenehrenpreis *(Veronica filiformis)*   Rachenblütler

ausdauernd, 5–30 cm hoch;   Zierrasen, Wiesen;
Blütenstiel mehr als doppelt so lang   Heimat: Vorderasien;
als sein Tragblatt   Blüte: März–Mai

Das Pflänzchen ist in starker Ausbreitung begriffen. Gern tritt es in größeren
Mengen auf und färbt dann den Rasen hellblau.

1

2 ☠

3 ☠

4

5

6

1 Felsenehrenpreis *(Veronica fruticans)*   Rachenblütler

ausdauernd, 5–20 cm hoch;   steinige Matten,
ohne Rosette, Traube wenigblütig,   Felsspalten;
Krone 10–14 mm breit   Blüte: Juni–Aug.

Der Felsenehrenpreis (auch: *das* Ehrenpreis) zeichnet sich durch seine relativ
großen, dunkelblauen Blüten aus. Sie tragen innen am Schlund einen auffallenden purpurnen Ring. Die Pflanze gedeiht meist auf kalkhaltigem Boden
und steigt in den Alpen bis zu 2800 m auf. Der Stengel ist am Grunde etwas
verholzt wie beim verwandten *Halbstrauchigen Ehrenpreis (Veronica fruti-
culosa)*. Dieser hat jedoch rosarote Blüten und drüsig behaarte Blütenstiele.

2 Gamanderehrenpreis *(Veronica chamaedrys)*   Rachenblütler

ausdauernd, 10–30 cm hoch;   Wiesen, Wegraine;
Stengel meist mit zwei Längsreihen   Blüte: Mai–Aug.
von Haaren; Blüten in Trauben,
die den Blattachseln entspringen

Der Gamanderehrenpreis *(auch:* das Ehrenpreis) ist wohl unsere häufigste
Ehrenpreisart. Seine Blüten sind wie die aller Ehrenpreisarten sehr kurz-
lebig: sie halten nur einen Tag. Bei Erschütterungen wirft er seine Blüten
schon nach wenigen Minuten ab und ist in der Vase daher wenig dankbar.
Die dunklen Streifen der Blüte und der innere Ring heben sich für Insekten
besonders deutlich durch ihre (für Menschen unsichtbare) ultraviolette
Farbe ab. Blütenbesucher klammern sich mit den Beinen an den beiden
Staubblättern fest, da sonst kein Landeplatz vorgesehen ist. Ähnlich ist der
Große Ehrenpreis (Veronica teucrium); er besitzt aber reichere Blütentrau-
ben, eine intensiver blaue Blüte und gedeiht in sonnigen Trockenrasen.

3 Waldehrenpreis *(Veronica officinalis)*   Rachenblütler

ausdauernd, 10–20 cm hoch;   Wälder, Heiden;
Stengel niederliegend-aufsteigend;   Blüte: Juni–Aug.
Blätter behaart

Der Waldehrenpreis braucht meist sandigen, kalkarmen Boden. Wo gedüngt
wird, verschwindet er. Seine Wurzeln reichen bis zu einem halben Meter in
den Boden, also tiefer, als die Pflanze hoch wird. Nur diese Art erhielt
ursprünglich den Namen Ehrenpreis, da sie als Heilpflanze geschätzt wurde.

4 Bachehrenpreis *(Veronica beccabunga)*   Rachenblütler

ausdauernd, 20–60 cm hoch;   Bäche, Gräben;
Stengel 2–5 mm dick, fleischig;   Blüte: Mai–Aug.
Blätter kahl, breit elliptisch bis kreisrund,
kurz gestielt

Der Bachehrenpreis oder die *Bachbunge* ist gegen Frost nicht empfindlich.
Man kann daher öfters seine grünen Blätter mitten im Winter an Bächen
finden. Die Blüten bleiben bei schlechtem Wetter halb geschlossen und
bestäuben sich dann selbst. An denselben Standorten gedeiht auch der
Gauchheilehrenpreis (Veronica anagallis-aquatica). Er wird jedoch größer
(30–200 cm); seine Krone ist blaßlila gefärbt, die Blätter sind länglich und
spitz.

1 Sumpfläusekraut *(Pedicularis palustris)*   Rachenblütler

zweijährig, 20–50 cm hoch;   Flachmoore;
Stengel aufrecht, ästig; Kelch zweispaltig,   Blüte: Mai–Juli
mit krausen Lappen

Die *Läusekräuter* sind Gebirgspflanzen, die in den Gebirgen Chinas mit mehreren hundert Arten ihre größte Vielfalt entwickeln. Auch in den Alpen kommen zahlreiche Arten vor. Alle diese Arten sind Halbschmarotzer, die mit den Wurzeln ihre Nachbarpflanzen anzapfen. Das Sumpfläusekraut ist durch die Kultivierung der Moore vielfach selten geworden. Es kann manchmal seinen Wirtspflanzen so viel Wasser entziehen, daß diese absterben. Man unterscheidet es vom ähnlichen *Waldläusekraut (Pedicularis sylvatica)* an seinem aufrechten Wuchs, seiner Größe (letzteres wird nur bis 15 cm hoch) und an der Form des Kelches.

2 Durchblättertes Läusekraut   Rachenblütler
(Pedicularis foliosa)

ausdauernd, 20–50 cm hoch;   Alpenmatten;
Tragblätter länger als die Blüten   Blüte: Juni–Aug.

Das Durchblätterte Läusekraut wächst gern an feuchten Stellen auf kalkhaltigem Untergrund. In den Alpen steigt es etwa bis 2400 m auf. Es würde sich als Zierpflanze im Garten recht gut eignen, wenn die Aufzucht des Halbschmarotzers nicht wegen der notwendigen Wirtspflanzen fast unmöglich wäre. Die Blüten werden durch Hummeln bestäubt. In manchen Gebieten ist die Art geschützt.

3 Alpenhelm *(Bartsia alpina)*   Rachenblütler

ausdauernd, 10–25 cm hoch;   Alpenmatten;
Blüte 18–22 mm lang, Oberlippe länger   Blüte: Juni–Aug.
als Unterlippe

Der Alpenhelm ist mit den *Augentrost-* und *Zahntrostarten* näher verwandt. Er braucht feuchte Standorte zum Gedeihen. In den Alpen kommt er in Höhenlagen zwischen 900 und 2800 m vor. Er ist ebenfalls ein Halbschmarotzer. Seine Blüten werden durch Hummeln bestäubt.

4 Roter Zahntrost *(Odontites rubra)*   Rachenblütler

einjährig, 10–50 cm hoch;   Feldwege, Schaf-
Stengel ästig; Blüte filzig behaart   weiden, Äcker;
                                              Blüte: Mai–Okt.

Wenn sich dazu Gelegenheit bietet, ist der Rote Zahntrost ein Halbschmarotzer. Findet er keine Wirte, kann er auch allein blühen und fruchten, bleibt aber eine Zwergpflanze. Er kommt in verschiedenen Rassen vor, von denen die häufigste auf lehmigem Boden von Feldwegen wächst und erst von August bis Oktober blüht. Eine andere Rasse wächst in Äckern und blüht früher, etwa von Juni bis Juli; eine spezielle Rasse sogar auf Salzwiesen an der Küste: sie blüht von Mai bis Juli. Der Rote Zahntrost wird durch Bienen bestäubt. Verwandt ist der *Gelbe Zahntrost (Odontites lutea)*, der selten in Trockenrasen vorkommt.

1 Gemeiner Augentrost *(Euphrasia rostkoviana)*   Rachenblütler
einjährig, 5–25 cm hoch;   Wiesen;
Blüte 10–15 mm lang, Blütenstand   Blüte: Juli–Okt.
klebrig-drüsig

Der Gemeine Augentrost kommt in den Wiesen erst nach der ersten Mahd hervor. Die lichtliebende, aber kleine Pflanze nutzt diese Zwischenzeit geschickt aus. Zu stark gedüngte Wiesen meidet sie und ernährt sich als Halbschmarotzer zusätzlich von ihren Nachbarpflanzen. Ein Extrakt des Augentrostes wurde früher gern zur Linderung von Augenentzündungen verwendet. Davon hat er seinen Namen erhalten.

2 Zottiger Klappertopf   Rachenblütler
(Rhinanthus alectorolophus)
einjährig, 10–50 cm hoch;   Wiesen;
Blüte 15–20 mm lang, Hochblätter   Blüte: Mai–Sept.
und Kelch zottig behaart

Der Zottige Klappertopf vermag seinen Nachbarpflanzen in der Wiese soviel Nährstoffe zu entziehen, daß diese kleinwüchsig und niedrig bleiben. Er wird daher vom Landwirt nicht gern gesehen. Durch starke Düngung kann man ihn vertreiben. Seinen Namen hat er von den in der trockenen Fruchtkapsel raschelnden Samen (links neben der Pflanze abgebildet).

3 Ackerwachtelweizen *(Melampyrum arvense)*   Rachenblütler
einjährig, 10–40 cm hoch,   Äcker, Trockenrasen;
Hochblätter der Blüte rot überlaufen   Blüte: Mai–Juli

Der Ackerwachtelweizen ist durch die Unkrautbekämpfung recht selten geworden.

4 Wiesenwachtelweizen *(Melampyrum pratense)*   Rachenblütler
einjährig, 10–50 cm hoch;   Wälder;
Blüte 12–20 mm lang,   Blüte: Mai–Sept.
Blütenröhre gerade

Der Wiesenwachtelweizen trägt seinen Namen bei uns zu Unrecht, da er fast nur in Wäldern, besonders Nadelwäldern, auf zumindest oberflächlich kalkarmem Boden vorkommt. Er ist ebenfalls Halbschmarotzer. Seine Blüten werden durch Hummeln bestäubt, die Samen durch Ameisen verbreitet. Der *Waldwachtelweizen (Melampyrum sylvaticum)* unterscheidet sich von ihm durch kleinere, goldgelbe Blüten mit einer gekrümmten Röhre.

5 Schuppenwurz *(Lathraea squamaria)*   Rachenblütler
ausdauernd, 10–20 cm hoch;   Auwälder;
oft unter Laub versteckt,   Blüte: April–Mai
trocken schwarz werdend

Die Schuppenwurz ist ein Vollschmarotzer. Sie besitzt kein Blattgrün mehr und ist rosa gefärbt. Sie zapft die Wurzeln der in der Nähe wachsenden Haselbüsche, der Erlen oder Pappeln an. Nur wo der Boden kalkhaltig locker und tiefgründig ist, gedeiht sie.

1 Blauglöckchenbaum (*Paulownia tomentosa*)   Rachenblütler

bis 15 m hoher Baum; Blätter 15–50 cm lang;   Parks;
Blüten in aufrechten Rispen   Blüte: Mai–Juni

Der Blauglöckchenbaum hält es bei uns nur in Weinbaugebieten aus. Er stammt aus China. Der Baum hat viel Ähnlichkeit mit dem Trompetenbaum. Trotzdem gehören beide nicht einmal in dieselbe Familie, da der Blauglöckchenbaum eiförmige Kapseln als Früchte bildet.

2 Labkrautsommerwurz (*Orobanche vulgaris*)   **Sommerwurz-**
                                                     gewächse
einjährig bis ausdauernd, 20–60 cm hoch; Blüte   Trockenrasen;
nach Nelken duftend, Narbe purpurrot bis braun   Blüte: Juni–Juli

Unter den vielen seltenen Sommerwurzarten ist die Labkrautsommerwurz noch am weitesten verbreitet, aber nirgends häufig. Sie ist lichtliebend, obwohl sie wegen des fehlenden Blattgrüns Licht nicht nötig hätte. Manchmal wird sie auch mit den im Waldschatten lebenden Arten wie Nestwurz oder Fichtenspargel verwechselt. Die Familie der Sommerwurzgewächse schließt sich eng an die der Rachenblütler an und setzt die dort vorhandene Tendenz zur schmarotzenden Lebensweise fort.

3 Trompetenbaum (*Catalpa bignonioides*)   **Trompetenbaum-**
                                                  gewächse
bis 15 m hoher Baum; Blätter 10–20 cm lang;   Parks; Heimat:
Kapsel schotenförmig, hängend, bis 35 cm lang   Nordamerika;
                                                 Blüte: Juni–Juli

Der Trompetenbaum liebt wärmeres Klima als der Blauglöckchenbaum.

4 Gemeines Fettkraut (*Pinguicula vulgaris*)   **Wasserschlauch-**
                                                      gewächse
ausdauernd, 2–20 cm hoch; Blätter fleischig
und drüsig, am Rande nach oben umgerollt   Flachmoore, Quellen;
                                            Blüte: Mai–Aug.

Das Gemeine Fettkraut ist eine fleischfressende Pflanze. Es fängt kleine Insekten mit Hilfe seiner klebrigen Blattoberflächen. Die Tiere bleiben hier wie an einem Fliegenfänger kleben und werden von Drüsen, die Verdauungssäfte ausscheiden, verdaut. Der unverdauliche Insektenpanzer bleibt auf dem Blatt liegen. Die Art ist gebietsweise geschützt.

5 Südlicher Wasserschlauch (*Utricularia australis*) Wasserschlauch-
                                                            gewächse
ausdauernd, 10–30 cm hoch;   Teiche, Moortümpel;
frei schwimmend; Blätter haarfein,   Blüte: Juni–Aug.
mit zahlreichen kleinen Blasen besetzt

Auch der Südliche Wasserschlauch ist eine fleischfressende Pflanze. Mit seinen Bläschen **(5a)** bildet er eine Falle für kleinste Wassertiere. Stoßen diese an den Klappenverschluß oder an Borsten darauf, werden sie in die Blase eingesaugt und dort verdaut; die Nährstoffe werden von der Blasenwand aufgenommen. Mit Winterknospen überdauert die Pflanze am Grund des Tümpels die kalte Jahreszeit. Ähnlich ist der *Gewöhnliche Wasserschlauch* (*Utricularia vulgaris*); er ist im allgemeinen aber etwas seltener.

1 Herzblättrige Kugelblume
(Globularia cordifolia)
kriechender Strauch, 2–10 cm hoch;
Blätter rosettig, an der Spitze mit
einer Ausbuchtung

Kugelblumen-
gewächse
Magerrasen, Felsen;
Blüte: Mai–Juli

Die Herzblättrige Kugelblume kommt nur im Umkreis der Alpen vor. Sie braucht kalkhaltigen Steinboden. Ihre Blütenbestäuber sind Schmetterlinge. Die Familie der Kugelblumengewächse schließt sich eng an die Rachenblütler an und ist mit den Skabiosen und deren Verwandten trotz des ähnlichen Blütenstandes nicht näher verwandt. Beim Trocknen werden die Pflanzen gern schwarz, was auf die Anwesenheit besonderer Stoffe (z. B. *Aucubin*) schließen läßt. Das bestätigt die Verwandtschaft mit den Rachenblütlern, von denen viele ebenfalls schwarz werden.

2 Großer Wegerich *(Plantago major)*
ausdauernd, 5–50 cm hoch;
Blätter eiförmig, deutlich gestielt;
Stengel kürzer als die Blütenähre

Wegerichgewächse
betretene Plätze,
Wege;
Blüte: Juni–Okt

Der Große Wegerich gehört zu den am weitesten verbreiteten Pflanzen. Da er Tritte besser als viele andere Pflanzen aushält, hat er sich an entsprechenden Standorten fast allein breitmachen können und heißt auch *Wegetritt*. Seine Größe ist sehr veränderlich. Die Blüten werden durch den Wind bestäubt. Die Samen entwickeln sich in rundlichen Kapseln. Sie quellen bei Feuchtigkeit auf und gelangen an Schuhen klebend an weitere, häufig betretene Standorte. Die Indianer Nordamerikas nannten die ihnen fremde Pflanze daher »Fußstapfen der Bleichgesichter«. Eine einzelne Pflanze kann bis zu 40000 Samen entwickeln. Das Wegerichblatt wird von 5–9 Leitbündeln (Nerven) versorgt. Reißt man ein Blatt ab, so ragen die Leitbündel aus dem Stiel als weiße Fäden heraus.

3 Mittlerer Wegerich *(Plantago media)*
ausdauernd, 10–40 cm hoch;
Blattrosette dem Boden angedrückt, Blätter
höchstens mit ganz kurzem Stiel

Wegerichgewächse
trockene Wiesen,
Viehweiden;
Blüte: Mai–Sept.

Die Blütenähre des Mittleren Wegerichs ist kürzer als ihr Stiel. In den Blüten reifen zuerst die Narben, dann die Staubbeutel. Deshalb findet man im Blütenstand über einer Zone mit weit herausragenden Staubbeuteln Blüten, aus denen Narbenspitzen heraustreten. Die Blütenkrone ist bei allen Wegericharten nur vierzipflig.

4 Spitzwegerich *(Plantago lanceolata)*
ausdauernd, 10–40 cm hoch;
Blätter lanzettlich, mit 3–7 fast
parallelen Nerven; Blütenähre kurz

Wegerichgewächse
Wiesen, Weiden;
Blüte: Mai–Sept.

Der Spitzwegerich ist eine gute Futterpflanze. In der Volksheilkunde verwendet man ihn als Mittel gegen Husten. Weitere Wegericharten mit linealischen, oft sehr schmalen Blättern gibt es in den Alpen.

1 Waldmeister *(Galium odoratum)*

ausdauernd, 5–25 cm hoch;
Blätter lanzettlich, zu sechs oder acht;
quirlständig, stachelspitzig

Rötegewächse
Wälder;
Blüte: Apr.–Mai

Der Waldmeister wächst gern in größeren Ansammlungen in Laubwäldern, aber auch in Nadelwäldern auf nährstoffreichem Boden. Wegen seiner etwas trichterförmigen Blüten stellte man ihn früher zur Gattung der *Meier*-Arten *(Asperula)*. Läßt man ihn welken, so duftet er nach *Kumarin*. Daher fügte man angewelkten Waldmeister Maibowlen bei. Zu große Beigaben können aber Kopfweh erzeugen. Seine kugeligen und borstigen Früchte sitzen paarweise benachbart auf kurzen Stielen. An ähnlichen Standorten findet man auch das *Waldlabkraut (Galium sylvaticum)*, das jedoch viel größer (30–100 cm hoch) wird.

2 Klebkraut *(Galium aparine)*

einjährig, 50–200 cm hoch;
Blätter und Stengel am Rande durch
rückwärts gerichtete Stachelchen rauh

Rötegewächse
Äcker, Hecken,
Schuttplätze;
Blüte: Mai–Okt.

Das Klebkraut liebt halbschattige Standorte. Es hat einen schlaffen Stengel, der sich nicht allein aufrecht halten könnte und sich daher mit seinen Stachelchen an anderen Pflanzen emporrankt. Meist tritt es in Massen, z.B. unter Robinien auf. Seine Früchte bleiben mit ihren Widerhaken an Tieren hängen und werden durch sie verbreitet.

3 Wiesenlabkraut *(Galium mollugo)*

ausdauernd, 25–100 cm hoch;
Kronzipfel mit verlängerter Spitze,
Stengel vierkantig

Rötegewächse
Wiesen, Raine;
Blüte: Mai–Sept.

Das Wiesenlabkraut ist in gedüngten Wiesen häufig. Vom ähnlichen *Sumpflabkraut (Galium palustre)* und dem *Moorlabkraut (Galium uliginosum)* unterscheidet es sich durch das Fehlen von rückwärts gerichteten Stachelchen am Stengel. Jene beide wachsen an feuchteren Standorten, ersteres mit stumpfen, letzteres mit zugespitzten Blättern. Auf Äckern, besonders im Herbst, findet man die ähnliche, lilablühende *Ackerröte (Sherardia arvensis)*.

4 Echtes Labkraut *(Galium verum)*

ausdauernd, 20–70 cm hoch;
Blätter nur bis 2 mm breit, am Rand
umgerollt, zu 8–12 quirlständig

Rötegewächse
Trockenrasen;
Blüte: Juni–Sept.

Das Echte Labkraut kann man an seinen leuchtend gelben Blüten und den schmalen Blättern von allen anderen Arten unterscheiden. Das gelbgrün blühende Kreuzlabkraut hat breitere Blätter mit vierzähligen Quirlen. *Labkräuter* sind durch die quirlständigen Blätter und die kleinen vierzipfeligen Blüten gut kenntlich. Sie gehören zu einer der umfangreichsten Pflanzenfamilien (7000 Arten). Zu dieser zählen vorwiegend tropische Sträucher oder Bäume, die unseren Labkrautarten wenig ähnlich sehen. Am bekanntesten ist der *Kaffeestrauch (Coffea arabica)*, der wild in den Gebirgen Abessiniens vorkommt. Seine kirschenähnlichen Früchte enthalten je zwei der bekannten Kaffeebohnen.

1 Kreuzlabkraut *(Cruciata laevipes)*   Rötegewächse
ausdauernd, 10–50 cm hoch;   Gräben, Ufer;
Stengel behaart;   Blüte: Apr.–Juni
Blüten in den Blattachseln stehend

Das Kreuzlabkraut ist durch seine grünlichgelben Blüten und den behaarten Stengel kaum mit anderen Labkrautarten zu verwechseln.

2 Schwarzer Holunder *(Sambucus nigra)*   **Geißblattgewächse**
2–7 m hoher Strauch; Mark der Zweige weiß;   Wälder, Gebüsche;
Blüten in Scheindolden angeordnet,   Blüte: Juni–Juli
Beeren schwarz

Der Schwarze Holunder zeigt stets gut gedüngten Boden an. Seine stark duftenden Blüten werden von vielen Insekten besucht. Die Einzelblüten sind zwar klein, durch ihr Zusammenwirken in großen Blütenständen aber doch recht auffällig. Die Beeren werden durch Vögel verbreitet. Wegen ihres hohen Gehalts an Vitaminen verarbeitet man sie auch zu Saft oder Marmelade. Man findet den Schwarzen Holunder oft in Bauerngärten, an Scheunen, aber auch in Kahlschlägen des Waldes und auf alten Schuttplätzen.

3 Traubenholunder *(Sambucus racemosa)*   Geißblattgewächse
1–3 m hoher Strauch;   Wälder;
Mark der Zweige gelbbräunlich;   Blüte: März–Mai
Blüten in Rispen; Beeren rot

Den Traubenholunder findet man am häufigsten im Bergland in Waldlichtungen. Seine Beeren sind schwach giftig.

4 Gemeiner Schneeball *(Viburnum opulus)*   Geißblattgewächse
1–3 m hoher Strauch; Blattstiel an jeder   Auwälder, Gebüsche;
Seite mit einer Drüse; Beeren rot   Blüte: Mai–Juli

Der Gemeine Schneeball besitzt in jedem Blütenstand zweierlei Blüten: innen fruchtbare und am Rand unfruchtbare. Die fruchtbaren Blüten haben nur unscheinbare Blütenblätter, die unfruchtbaren dagegen auffallend große. Letztere dienen zur Anlockung der Bestäuber. So ist die Aufgabe der Blüten innerhalb des blumenartigen Gesamtblütenstandes geteilt, ganz ähnlich wie bei den Arten der Korbblütler. In Gärten sieht man auch oft eine Form mit kugeligem Blütenstand. Die Beeren werden anscheinend von Vögeln nur ungern verzehrt, sind aber für sie nicht giftig.

5 Schneebeere *(Symphoricarpos rivularis)*   Geißblattgewächse
1–1,5 m hoher Strauch;   Gärten, Parks;
Blätter ungeteilt oder buchtig gelappt   Heimat: Nordamerika;
                                                   Blüte: Juni–Aug.

Die Blüten der Schneebeere oder *Knallerbse* sind rosarot. Sie werden von Bienen und Wespen bestäubt. Die Beeren sind schwach giftig.

1

2

2

2

3 ☠

4 ☠

5

1 Wohlriechendes Geißblatt (Lonicera caprifolium)

Geißblattgewächse

2–4 m hoher, windender Strauch; oberste Blätter blühender Zweige miteinander verwachsen

Gebüsche, Gärten; Blüte: Mai–Juli

Dieser beliebte Zierstrauch, auch *Jelängerjelieber* genannt, stammt ursprünglich aus Südosteuropa. Seine Blüte ist für die Bestäubung durch nächtlich fliegende Schwärmer (Schmetterlinge) eingerichtet. Sie öffnet sich erst in den Abendstunden und strömt in der Nacht einen starken Duft aus. Mit ihren sehr langen Rüsseln können die Schwärmer Nektar holen, ohne dabei auf der Blüte zu landen.

2 Rote Heckenkirsche (Lonicera xylosteum)

Geißblattgewächse

1–2 m hoher Strauch; Blüten zu zweit auf gemeinsamem Stiel

Laubwälder; Blüte: Mai–Juni

Die Blüten der Roten Heckenkirsche sind im Gegensatz zu denen des Wohlriechenden Geißblatts am Tage geöffnet. Sie werden von Hummeln bestäubt. Die Beeren sind giftig.

3 Moschuskraut (Adoxa moschatellina)

Moschuskraut-gewächse

ausdauernd, 7–20 cm hoch; mehrere Blüten zu einem grünlichen Kopf vereint

Laubwälder; Blüte: März–Mai

Das Moschuskraut ist in vieler Hinsicht so eigenartig, daß es in eine besondere Familie gestellt werden mußte, der keine andere Art angehört. Die Seitenblüten seines Kopfes haben fünf Kronzipfel, die Gipfelblüte hat nur vier. Wegen seiner unscheinbaren Blüten hat es den Namen *Adoxa*, die »Unberühmte« erhalten. Doch zeigen schon diese merkwürdigen Blütenverhältnisse, daß die Pflanze in mehrfacher Hinsicht ungewöhnlich ist. Die schwach nach Fäulnis riechenden Blüten werden durch Fliegen bestäubt.

4 Arzneibaldrian (Valeriana officinalis)

Baldriangewächse

ausdauernd, 40–150 cm hoch; Blätter aus 7–23 Teilblättchen zusammengesetzt

Wegränder, Ufer; Blüte: Mai–Aug.

Der Arzneibaldrian umfaßt eine Reihe von Rassen, die schwierig zu unterscheiden sind. Im Gegensatz zum *Kleinen Baldrian (Valeriana dioica)* hat er Blüten, die Staubblätter und Griffel enthalten. Aus seinem Wurzelstock gewinnt man Stoffe, die als Arzneimittel Verwendung finden.

5 Gemeiner Feldsalat (Valerianella locusta)

Baldriangewächse

einjährig, 10–20 cm hoch; Stengel gabelig-ästig; Blüten sehr klein

Weinberge, Raine; Blüte: Apr.–Mai

Der Gemeine Feldsalat oder *Ackersalat* ist als sehr delikates Grüngemüse beliebt. Er wird im August ausgesät und bildet im Herbst eine Blattrosette. Es gibt mehrere nahe verwandte Arten, die sich nur an den Früchten unterscheiden lassen.

1

2 ☠

3

4

5

1 Ackerwitwenblume *(Knautia arvensis)*

ausdauernd, 30–80 cm hoch;
Blätter meist fiederspaltig;
Blütenkrone vierspaltig

Kardengewächse
Wiesen;
Blüte: Mai–Sept.

Die Ackerwitwenblume wird oft als Skabiose bezeichnet, läßt sich aber von den echten *Skabiosen* wie z. B. der Taubenskabiose am Blütenstand unterscheiden. Bei den Skabiosen sitzen zwischen den Blütenkelchen kleine, linealische, schwarze Spreublätter, die aus Hochblättern der Einzelblüten hervorgegangen sind. Die Ackerwitwenblume hat keine solchen Spreublätter. Außerdem haben die Einzelblüten der Witwenblume immer vier Zipfel, die der Skabiose fünf. Der Name *Acker*witwenblume ist etwas irreführend, da sie stets auf Wiesen, kaum je auf Äckern vorkommt.

2 Gemeiner Teufelsabbiß *(Succisa pratensis)*

ausdauernd, 15–80 cm hoch;
Blätter ungeteilt; Blütenkrone vierspaltig

Kardengewächse
Moorwiesen;
Blüte: Juli–Sept.

Der Name Teufelsabbiß rührt von dem wie abgebissen erscheinenden Wurzelstock her. Die Pflanze ist typisch für eine Form der Bewirtschaftung von Wiesen, die es heute kaum noch gibt: für Streuwiesen. Diese wurden nicht gedüngt und erst im Spätherbst geschnitten. Deshalb gediehen hier Orchideen, Enzianarten und seltene Schwertlilien. Heute wird diese Pflanzengesellschaft immer seltener. Auch der Teufelsabbiß war früher häufiger; er hält sich manchmal noch an Wiesenrändern und Waldwegen.

3 Taubenskabiose *(Scabiosa columbaria)*

ausdauernd, 20–80 cm hoch;
Blätter etwas behaart;
Blütenkrone fünfspaltig

Kardengewächse
Trockenrasen;
Blüte: Juli–Okt.

Die Taubenskabiose unterscheidet sich von der ähnlichen Ackerwitwenblume auch durch den Standort. Sie liebt trockene, sonnige Stellen; gedüngte Wiesen sagen ihr nicht zu. Zur Fruchtzeit bildet sich am Blütenkelch ein häutiger Saum, so daß die Früchte als kleine Fallschirme verbreitet werden können. Obschon die Früchte und Blütenstände ähnlich sind wie bei den Korbblütlern, gehören die Skabiosen nicht dazu. Wesentlich unterscheiden sie sich durch die vier freien Staubbeutel; Korbblütler besitzen fünf, die zu einer Röhre verwachsen sind.

4 Wilde Karde *(Dipsacus sylvestris)*

zweijährig, 80–150 cm hoch;
Stengel stachelig; Blätter am Grunde
paarweise verwachsen

Kardengewächse
Wegraine;
Blüte: Juli–Aug.

Die Blätter der Wilden Karde bilden am Stengelgrund einen Trichter, in dem sich oft Regenwasser ansammelt. Da darin auch kleine Tiere ertrinken, hat man schon manchmal vermutet, die Karde sei eine fleischfressende Pflanze, die sich von diesen Tieren ernährt. Das ist jedoch nicht der Fall. Die Blüten kommen ringförmig gemeinsam zum Aufblühen. Die Fruchtstände, wegen ihrer Stacheln fälschlich oft als Disteln bezeichnet, werden gern für Trockensträuße verwendet.

1 Zweihäusige Zaunrübe *(Bryonia dioica)*   **Kürbisgewächse**

ausdauernd, rankend, 2–4 m hoch; männl. und   Hecken, Wegränder;
weibl. Blüten verschieden; Beere rot   Blüte: Juni–Sept.

Bei der Zweihäusigen Zaunrübe bildet jede Pflanze entweder nur männliche oder nur weibliche Blüten aus. Die Ranken rollen sich um jede Stütze, sobald sie damit in Berührung kommen. Dieses Einrollen kann man selbst beobachten: Berührt man eine noch nicht gekrümmte Ranke mehrmals zart, so zeigt sich schon nach 2–3 Minuten deutlich eine Krümmung in Richtung des Reizes. Die Beeren sind giftig. In manchen Gebieten kommt auch die schwarzfrüchtige *Weiße Zaunrübe (Bryonia alba)* vor.

2 Gurke *(Cucumis sativus)*   Kürbisgewächse

einjährig, 1–4 m lang,   Gärten;
Ranke einfach, ungeteilt   Heimat: Nordindien;
    Blüte: Juni–Aug.

Die Gurke hat man schon im Altertum als Kulturpflanze angebaut. Ihre Früchte werden trotz ihrer Größe botanisch als Beeren bezeichnet. Sie bestehen aus drei verwachsenen Fruchtblättern. Deshalb entspringen ihre Samen strahlig von drei Punkten aus.

3 Kürbis *(Cucurbita pepo)*   Kürbisgewächse

einjährig, 3–8 m lang,   Gärten;
Ranken geteilt   Heimat: Nordamerika;
    Blüte: Juni–Sept.

Er war schon vor der Entdeckung Amerikas bei den Indianern in Kultur. *Zierkürbisse* bilden Früchte in den verschiedensten Farben und Formen.

4 Ährige Teufelskralle *(Phyteuma spicatum)*   **Glockenblumengewächse**

ausdauernd, 20–80 cm hoch; Blätter oft gefleckt,   Laubwälder;
Blüten in länglicher Ähre   Blüte: Mai–Juli

Sie besitzt eine Blütenkrone aus fünf schmalen Zipfeln. Diese sind zuerst miteinander verbunden, spalten sich aber beim Aufblühen von unten nach oben auf, ziehen sich dabei zurück und geben die Staubblätter frei. Im Knospenzustand sind die Blüten krallenförmig gebogen, dadurch haben sie der Pflanze ihren Namen eingebracht. Die verwandten und selteneren Teufelskrallenarten blühen blau und kommen meist nur in den Alpen vor.

5 Nesselblättrige Glockenblume   Glockenblumen-
(Campanula trachelium)   gewächse

ausdauernd, 30–100 cm hoch;   Wälder, Hecken;
Stengel kantig; Blätter nesselartig gesägt;   Blüte: Juli–Sept.
Blüte 3–4 cm lang

Von der ähnlichen Ackerglockenblume kann man sie am scharfkantigen Stengel, an den nicht zurückgeschlagenen Kelchblättern und den fehlenden Ausläufern unterscheiden. Sie wächst auch an schattigeren Standorten als jene (S. 268).

1 ☠
4
2
3
5

1 Ackerglockenblume *(Campanula rapunculoides)*   Glockenblumengewächse

ausdauernd, 20–100 cm hoch;   Wegränder,
Blüten 1–3 cm lang, Kelchzipfel   Hecken, Äcker;
schmal-lanzettlich, weniger als   Blüte: Juni–Sept.
2 mm breit, zurückgebogen

Die Ackerglockenblume besitzt eine trichterförmige, leicht glockige Blüte.
Sie ist der Nesselblättrigen Glockenblume (S. 267) ähnlich, unterscheidet
sich aber von dieser durch unterirdische Ausläufer und kleinere Blüten. Ihr
Name ist etwas irreführend, da sie in vielen Gebieten nur selten auf Äckern
gedeiht. Der lateinische Name weist auf die Ähnlichkeit mit der *Rapunzel-
glockenblume (Campanula rapunculus)* hin. Beide bilden kleine Rüben *(Ra-
punzeln)* aus.

2 Kleine Glockenblume   Glockenblumen-
(Campanula cochleariifolia)   gewächse

ausdauernd, 5–15 cm hoch;   Felsen, Steinschotter;
Blüten hellblau, fast so breit wie lang   Blüte: Juni–Sept.

Diese Art bildet kleine Rasen mit zahlreichen Stengeln. Im Aussehen gleicht
sie der Rundblättrigen Glockenblume (S. 270), doch sind Farbe der Blüte
und die weniger ausgebauchte Glockenform wesentliche Unterscheidungs-
merkmale. Auf kalkhaltigen Schotterböden der Alpen findet man sie am
häufigsten, sie kommt aber auch auf Urgestein vor. Mit ihren kurz kriechenden, aufsteigenden Stengeln ist sie dem unregelmäßigen Verrutschen
ihres Standorts günstig angepaßt.

3 Geknäuelte Glockenblume   Glockenblumen-
(Campanula glomerata)   gewächse

ausdauernd, 30–60 cm hoch;   Magerwiesen,
Blüten in köpfchenförmigen   Trockenrasen;
Blütenknäueln   Blüte: Juni–Sept.

Mit ihren Blütenknäueln ist diese Art im allgemeinen eine auffällige Pflanze.
Es gibt von ihr jedoch eine Reihe von Rassen, unter denen Zwergformen
vorkommen, die nur 5–10 cm hoch werden. Größere Sorten pflanzt man
in Gärten auch als Zierpflanzen. Nicht alle Glockenblumen blühen blau.
In den Alpen gibt es auch gelbblühende Arten, so die seltene *Straußglocken-
blume (Campanula thyrsoides)*, die eine kolbenförmige Ähre von dichtgedrängten gelblichweißen Blüten an der Spitze des Stengels trägt. Sie
wächst meist in Höhenlagen von 1500–2600 m und ist geschützt.

4 Marienglockenblume *(Campanula medium)*   Glockenblumengewächse

ein- bis zweijährig, 60–80 cm hoch;   Gärten;
zwischen den Kelchzipfeln mit   Blüte: Juni–Sept.
zurückgeschlagenen Anhängseln

Die Marienglockenblume ist im Mittelmeergebiet zu Hause. Sie besitzt sehr
große Blütenglocken. Die für die Art typischen Anhängsel des Kelches sind
so zusammengeneigt, daß das Ganze wie eine bauchige Abschnürung des
Kelches aussieht. Es gibt auch Formen mit doppelter Glockenkrone.

1 Rundblättrige Glockenblume
(Campanula rotundifolia)
ausdauernd, 10–50 cm hoch;
Stengel am Grunde etwas behaart;
Blüten 1–2 cm lang

Glockenblumen-
gewächse
Wiesen, Mauern;
Blüte: Juni–Okt.

Die Rundblättrige Glockenblume ist eine unserer häufigsten Glockenblumen. Sie gedeiht an den verschiedenartigsten Standorten, außer den oben genannten sogar in Wäldern und auf Heiden. Sie besitzt an den Rosetten rundliche Blätter, die zur Blütezeit meist schon verwelkt sind. Die Stengelblätter dagegen sind schmal linealisch. Der Name der Art kann also in die Irre führen, wenn man nur den Blütenstengel betrachtet. Nach der Blüte bilden sich Seitensprosse mit den Rosetten der rundlichen Blätter. Im Hochsommer und Herbst sind also die kennzeichnenden Blätter wieder sichtbar. Nahe verwandt mit dieser Art ist *Scheuchzers Glockenblume (Campanula scheuchzeri)*, die diese Art in den Alpen ersetzt. Sie hat etwas größere Blüten und einen kahlen Stengel, der nur ein bis zwei Blüten trägt. Ähnlich ist auch die Kleine Glockenblume (S. 268).

2 Bärtige Glockenblume *(Campanula barbata)*

Glockenblumen-
gewächse

ausdauernd, 10–30 cm hoch;
Kronzipfel innen bärtig;
Blüten nach einer Seite hängend

Alpenmatten;
Blüte: Juni–Aug.

Die Bärtige Glockenblume kommt in den Alpen in Höhen zwischen 800 und 2800 m vor. Sie gedeiht nur dort, wo der Boden zumindest oberflächlich kalkarm ist. Zur Gattung der *Glockenblumen* gehören etwa 300 Arten, darunter viele Gebirgspflanzen. Es gibt auch Arten mit gelben, weißen oder rosaroten Blüten. Die Glockenblumengewächse umfassen etwa 2000 Arten.

3 Pfirsichblättrige Glockenblume
(Campanula persicifolia)
ausdauernd, 30–80 cm hoch;
Blätter schmal; Blüten 2,5–4 cm lang

Glockenblumen-
gewächse
lichte Wälder;
Blüte: Juni–Aug.

Sie ist unsere schönste Glockenblume. Ihre Blüten sind meist hellblau, selten rein weiß. Sie wird auch gelegentlich in Gärten kultiviert.

4 Wiesenglockenblume *(Campanula patula)*

Glockenblumen-
gewächse

zweijährig oder ausdauernd,
20–70 cm hoch; Blüte trichterförmig,
Zipfel etwa bis zur Mitte eingeschnitten

Wiesen;
Blüte: Mai–Aug.

Die Wiesenglockenblume wird manchmal mit der Rundblättrigen Glockenblume verwechselt, hat jedoch eine dunkler gefärbte, nicht bauchige Glocke. Sie gedeiht in nicht zu stark gedüngten Wiesen. In der Blüte werden zuerst die Staubbeutel reif und entleeren den Pollen auf die bürstenartige Behaarung im Mittelteil des Griffels. Erst wenn der Staubblätter verdorrt sind, öffnen sich die Narbenlappen. Damit wird Selbstbestäubung vermieden. Die Blütenbesucher werden vom Nektar angelockt, den eine Scheibe auf dem Fruchtknoten abscheidet.

Familie Korbblütler *(Compositae)*

Die für diese Familie so typische Blüte, etwa der Sonnenblume, des Gänseblümchens oder des Löwenzahns, ist in Wirklichkeit nicht eine einzelne Blüte, sondern ein ganzer Blütenstand. Die kleinen Einzelblüten sitzen darin dicht beieinander auf einer Scheibe wie in einem Korb. Oft sind die Blüten am Rand groß und anders ausgebildet als die in der Mitte. Sie ergeben dann einen Strahlenkranz, so daß der Eindruck einer Einzelblüte erweckt wird. Dieser Eindruck verfehlt seine Wirkung auf die als Bestäuber eingeladenen Insekten nicht.

Die Korbblütler bilden die größte Familie der Blütenpflanzen. Etwa 19000 Arten gehören ihr an; fast ausschließlich sind es Kräuter. Die Erfindung der »Korbblüte« war jedenfalls so erfolgreich, daß sich eine hohe Artenzahl in den verschiedensten Pflanzengesellschaften der ganzen Erde ausbilden konnte. Das wichtigste Kennzeichen der Korbblütler ist aber nicht der Blütenstand, sondern es sind dies die zu einer Röhre verwachsenen fünf Staubbeutel. Dadurch unterscheiden sie sich z. B. von den sonst ähnlichen Kardengewächsen (S. 264).

Die Familie gliedert sich in zwei Unterfamilien, die *Röhrenblütler* und die *Zungenblütler*. Bei den Zungenblütlern ist die Blütenkrone der kleinen Einzelblüte einseitig verlängert und endet mit mehreren Zähnchen. Alle Einzelblüten sind gleich gestaltet. Man kann das beim Löwenzahn (S. 291) gut beobachten. Bei den Röhrenblütlern trifft man unterschiedliche Verhältnisse: Die einen tragen am Rand einen Kranz von Zungenblüten (z. B. Arnika, S. 283), zum Teil sogar in anderer Farbe (z. B. Margerite, S. 281), den anderen fehlt er (z. B. Rainfarn, S. 281). Alle tragen sie aber in der Mitte der Scheibe Röhrenblüten, deren fünf Zipfel gleichmäßig rund um die Achse verteilt und meist kurz sind. Zur Gruppe der Röhrenblütler gehört die Mehrzahl der Korbblütler.

Der Fruchtknoten aller Arten ist unterständig. Das bedeutet, daß die Blüte am oberen Rand der Frucht angewachsen ist. Ein Blütenkelch ist hier meist nicht erkennbar; bei einigen Arten wächst er aber zur Fruchtzeit zu einer Art Fallschirm aus, der die Samen zu verbreiten hilft. Den Schutz des jungen Blütenstandes übernehmen grüne Hochblätter, welche die Gesamtblüte wie ein Blütenkelch umhüllen. Beim Aufblühen öffnen sich nicht alle Blüten gleichzeitig. Deshalb finden die bestäubenden Tiere meist abwechselnd Blüten, bei denen gerade die Staubbeutel oder die Narben reif sind. Damit wird Selbstbefruchtung vermieden. Auch das ist ein Vorzug dieser Art von Blütenstand.

Unter den Korbblütlern finden sich eine Reihe von Kulturpflanzen wie Artischocke, Schwarzwurzel, Wermut und Estragon, die Sonnenblume, deren Samen wertvolles Öl liefern, und der Kopfsalat, der erst, wenn er »schießt«, durch seine Blüten anzeigt, daß er auch zu den Korbblütlern gehört. Als Heilpflanze ist die Kamille zu nennen. Zahlreiche Arten sind auch beliebte Zierpflanzen, darunter die Astern, Dahlien, Goldruten und Chrysanthemen.

Korbblütler: **1** Röhren-, **2** Zungenblüte aus dem »Blütenkorb«: **a** Fruchtknoten, **b** Griffel, **c** Narbe, **d** verwachsene Staubbeutel, **e** Staubfäden, **f** Blütenkrone, **g** Kelchblätter bzw. -haare, **h** Deckblatt (Spreublatt); **2** Zungenblüte; **3** Diagramm einer Röhrenblüte; **4–9** drei Typen von Korb-

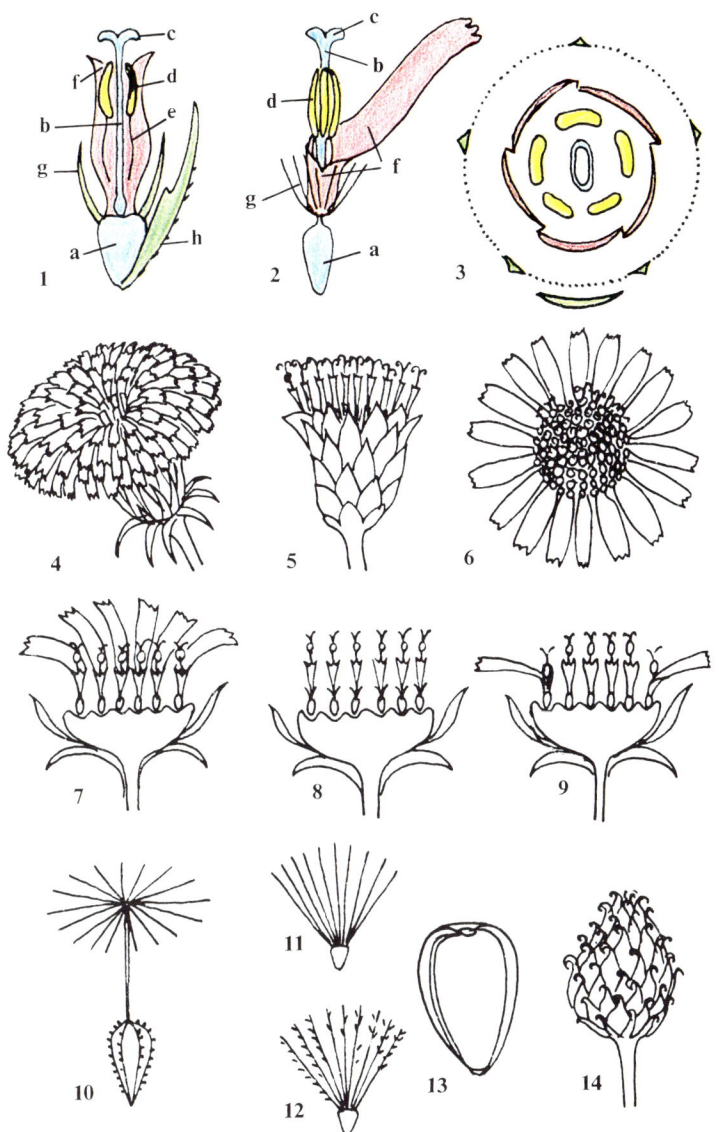

blütlern: **4** und **7** Zungenblütler, **5** und **8** Röhrenblütler (nur mit Röhrenblüten), **6** und **9** Röhrenblütler (innen Röhrenblüten, außen Zungenblüten);
10–14 Früchte: **10** Löwenzahn, **11** Distel, **12** Kratzdistel, **13** Sonnenblume
(Nuß), **14** Fruchtstand der Klette, Hüllkelch mit Widerhaken.

1 Echte Goldrute *(Solidago virgaurea)*

ausdauernd, 15–100 cm hoch;
Zungenblüten deutlich über ihre Hülle
hinausragend, Köpfchen 7–8 mm lang

Korbblütler

lichte Wälder,
Weiden;
Blüte: Juli–Okt.

Sie gedeiht in tieferen Lagen in lichten, krautreichen Laubmischwäldern, ist aber auch im Gebirge, auf Alpenmatten bis in Höhen von 2800 m häufig zu finden. Hier kommt sie in einer besonderen Rasse vor, die niedriger ist und weniger verzweigt als die der Tieflagen. Die Echte Goldrute wurde früher als Heilpflanze geschätzt.

2 Kanadische Goldrute *(Solidago canadensis)*

ausdauernd, 50–250 cm hoch;
Stengel oberwärts deutlich behaart;
Einzelrispe einseitswendig

Korbblütler

Gärten, Ufer,
Böschungen;
Blüte: Juli–Okt.

Diese aus Nordamerika stammende Gartenpflanze, bei uns seit etwas über 100 Jahren aus Gärten verwildert, ist heute an Bahndämmen, an Flußufern, auf Schuttplätzen und in verlassenen Weinbergen eingebürgert. Ihre dichten Bestände dulden nur wenige Pflanzen neben sich. Ebenso stark macht sich die *Späte Goldrute (Solidago gigantea)* breit. Sie dringt sogar in schattige Auwälder ein. Man kann sie an ihrem kahlen Stengel von der Kanadischen Goldrute gut unterscheiden. Reichblühende Bestände sind eine gute Bienenweide. Sie verschönern auch viele Ödlandflächen im Umkreis von Industriegebieten. In manchen Naturschutzgebieten bedeuten sie jedoch eine Gefahr, weil sie schützenswerte einheimische Arten von ihrem Standort verdrängen können. Anscheinend besitzen diese Arten noch nicht genügend tierische Schädlinge, die eine ungehemmte Ausbreitung eindämmen.

3 Alpenaster *(Aster alpinus)*

ausdauernd, 5–15 cm hoch;
Stengel einköpfig; Blätter behaart;
Blütenkopf 3–4 cm breit

Korbblütler

Alpenmatten;
Blüte: Juni–Aug.

Die Alpenaster, eine der wenigen einheimischen Asterarten, steigt in Rasengesellschaften der Alpen über 3000 m hoch. In manchen Gebieten ist sie geschützt. Die verwandte *Bergaster (Aster amellus)* hat mehrköpfige Stengel und wächst in sonnigen Trockenrasen auf kalkreichem Boden.

4 Salzaster *(Aster tripolium)*

zweijährig, 15–60 cm hoch;
Pflanze kahl; Blätter fleischig;
Hüllblätter der Köpfchen stumpf

Korbblütler

Strandwiesen;
Blüte: Juni–Okt.

Die Salzaster gehört zu den Pflanzenarten, die salzhaltigen Boden ertragen können. Man findet sie deshalb in der Nähe des Meeresstrandes, aber auch an salzhaltigen Stellen des Binnenlandes. Eine Reihe von hochwüchsigen Asterarten aus Nordamerika werden in Gärten als Zierpflanzen gehalten. Manche darunter finden sich auch verwildert oder sind wie die Goldrutenarten besonders an Flußufern und auf Schuttplätzen fest eingebürgert.

1 Gänseblümchen *(Bellis perennis)*   Korbblütler

ausdauernde Rosettenpflanze,	Rasenflächen,
5–15 cm hoch;	Wiesen, Weiden;
Stengel einköpfig	Blüte: März–Nov.

Das Gänseblümchen gedeiht am besten auf Lehmboden. Durch seine dem Boden angedrückte Blattrosette bleibt es beim Mähen ungeschoren. Es nutzt dann die Zeit danach und treibt rasch seine Blütenstengel, bevor es von schnellwüchsigen Arten wieder überschattet wird. Es kann fast das ganze Jahr hindurch blühen. Pflanzen mit gefüllten Blüten werden in verschiedenen Farben kultiviert.

2 Gemeines Katzenpfötchen *(Antennaria dioica)*   Korbblütler

ausdauernd, 5–25 cm hoch;	Kiefernwälder,
Blätter oberseits meist kahl,	Magerrasen;
unterseits weißfilzig	Blüte: Mai–Juli

Das Gemeine Katzenpfötchen ist nur noch im Hochgebirge so gemein, wie sein Name sagt. Gebietsweise ist es geschützt. Es braucht mageren, ungedüngten, kalkarmen Boden, sonst wird es von anderen Arten verdrängt. Solche Standorte werden aber durch die intensive Kultivierung immer seltener. Die Art ist zweihäusig; es gibt also Pflanzen mit nur männlichen und solche mit nur weiblichen Blüten. Die Hüllblätter der männlichen Pflanzen sind meist weiß, die der weiblichen meist rosa. An seinen Standorten verbreitet es sich auch durch Ausläufer. Das *Karpathen-Katzenpfötchen (Antennaria carpatica)*, das auch in den Alpen vorkommt, unterscheidet sich durch bräunliche Hüllblätter und fehlende Ausläufer.

3 Edelweiß *(Leontopodium alpinum)*   Korbblütler

ausdauernd, 5–25 cm hoch;	Felsen, alpine Rasen;
ganze Pflanze weißfilzig	Blüte: Juli–Sept.

Das unter strengem Naturschutz stehende Edelweiß ist eine Charakterpflanze der Alpen. Filzige Hochblätter bilden die weißen, strahlenden Sterne, die etwa 5–6 kleine Blütenköpfchen umgeben. Man hat schon Sterne mit 29 Strahlen und 12 cm Durchmesser gefunden. Die Pflanze gedeiht auch im Tiefland in Gärten, doch werden dort leider die Sterne nur grauweiß. Ursprünglich war das Edelweiß hauptsächlich eine Pflanze der Alpenmatten; durch übermäßiges Pflücken und Ausgraben ist es aber in vielen Gebieten nur noch an Felsstandorten anzutreffen. Es liebt kalkhaltigen Boden. Bei uns ist nur diese eine Art heimisch, in den Hochgebirgen und Steppen Asiens gibt es jedoch eine Reihe verwandter Arten.

4 Schlitzblättriger Sonnenhut
(Rudbeckia laciniata)   Korbblütler

ausdauernd, 80–200 cm hoch; Stengel kahl;	Gärten, Flußufer;
untere Blätter fiederspaltig	Blüte: Juli–Okt.

Der Schlitzblättrige Sonnenhut ist eine aus Nordamerika stammende Zierpflanze. Wie manche Goldruten- und Asterarten ist er bei uns mancherorts verwildert und teilweise an Flußufern eingebürgert. Abgebildet ist die gefüllte Form der Pflanze.

1 Gemeine Sonnenblume *(Helianthus annuus)*   Korbblütler

einjährig, 1–3 m hoch; Blätter herzförmig   Gärten;
fast alle wechselständig   Blüte: Aug–Okt.

Die Gemeine Sonnenblume stammt aus Nordamerika. Sie wurde dort schon vor der Entdeckung Amerikas kultiviert. Heute wird sie in sommerwarmen Gebieten zur Gewinnung von Speiseöl in Feldern angebaut. Für eine einjährige Pflanze wird sie erstaunlich groß. Ihre Stengel werden 2–7 cm dick und holzig, und ihre Wurzeln können bis 1,8 m tief reichen.

2 Knollige Sonnenblume *(Helianthus tuberosus)*   Korbblütler

ausdauernd, 100–250 cm hoch;   Felder, Flußufer;
mit Wurzelknollen; Blätter sehr rauh   Blüte: Sept.–Okt.

Die Knollige Sonnenblume, auch *Topinambur* genannt, wird gelegentlich als Futterpflanze kultiviert. Sie stammt ebenfalls aus Nordamerika. In vielen Gebieten hat sie sich an Flußufern eingebürgert und bildet dort oft dichte Bestände. Sie können so dicht sein, daß man sich nur mit großer Mühe einen Weg hindurch zu bahnen vermag. Mit ihrer Ausbreitungskraft können sie auch die einheimischen Arten zurückdrängen.

3 Behaartes Knopfkraut *(Galinsoga ciliata)*   Korbblütler

einjährig, 10–80 cm hoch; Stengel dicht behaart,   Äcker, Gärten;
Köpfchenstiele mit langen Drüsenhaaren   Blüte: Juni–Okt.

Das Behaarte Knopfkraut stammt ursprünglich aus Süd- und Mittelamerika. Es kommt erst seit etwa 100 Jahren in Mitteleuropa vor und hat sich dort in den letzten 30 Jahren stark ausgebreitet. Heute ist es häufiger als das ebenfalls eingewanderte *Kleinblütige Knopfkraut (Galinsoga parviflora)*. Dieses hat einen kahlen oder nur schwach behaarten Stengel. Eine einzelne Pflanze kann trotz der kleinen Blütenköpfe bis zu 300 000 Samen entwickeln.

4 Gemeine Schafgarbe *(Achillea millefolium)*   Korbblütler

ausdauernd, 30–120 cm hoch; Blätter 3–4fach   Wiesen, Weiden,
fiederspaltig; Köpfchen mit weißen   Straßenränder;
oder rosaroten Zungenblüten   Blüte: Juni–Okt.

Die Gemeine Schafgarbe hat ihre kleinen Blütenköpfchen auf gleicher Höhe gemeinsam angeordnet, so daß der Eindruck einer Blütendolde entsteht. Daher wird sie manchmal irrtümlich als Doldenblütler angesprochen. Früher war sie eine geschätzte Heilpflanze.

5 Gemeiner Beifuß *(Artemisia vulgaris)*   Korbblütler

ausdauernd, 50–140 cm hoch;   Schuttplätze,
Blätter oberseits dunkelgrün,   Wegränder, Ufer;
unterseits weißfilzig   Blüte: Juli–Sept.

Zur Gattung Beifuß gehören außer Steppen- und Schuttpflanzen auch wichtige Gewürz- und Heilpflanzen wie Eberraute, Estragon und Wermut. Die Art ist schwach giftig.

1 Echte Kamille *(Matricaria chamomilla)*   Korbblütler

einjährig, 15–40 cm hoch; Blütenköpfchen   Äcker, Schuttplätze;
unter dem kegelförmigen Blütenboden hohl   Blüte: Mai–Sept.

Die Echte Kamille ist eine uralte Heilpflanze. Sie enthält ätherische Öle, die bei verschiedenen Arten von Entzündungen heilend wirken. Ursprünglich war sie in Südeuropa und Vorderasien zu Hause, ist aber bei uns schon seit der jüngeren Steinzeit eingebürgert. Eine einzelne Pflanze kann bis zu 45000 Samen entwickeln.

2 Strahllose Kamille *(Matricaria discoidea)*   Korbblütler

einjährig, 5–30 cm hoch;   Wege, Bauernhöfe,
Köpfchen ohne Zungenblüten   Schuttplätze;
                                                  Blüte: Juni–Aug.

Diese ursprünglich aus Nordostasien stammende Pflanze ist in den letzten 100 Jahren bei uns eingewandert und hat sich hier eingebürgert. Ihre Früchte werden bei Regen schleimig und können dann leicht durch Schuhe und Räder verbreitet werden. Sie hat denselben Geruch wie die Echte Kamille, ist aber an den Blüten leicht zu unterscheiden.

3 Duftlose Kamille *(Matricaria inodora)*   Korbblütler

einjährig bis ausdauernd,   Schuttplätze,
10–80 cm hoch;   Straßenränder;
Blütenboden halbkugelig, markig   Blüte: Juni–Okt.

Ihre Blütenköpfe sind etwas größer als die der Echten Kamille, aber ohne den starken Kamillengeruch. Sie ist keine Heilpflanze. Will man prüfen, ob man eine Echte oder eine Duftlose Kamille vor sich hat, so untersucht man am besten den Blütenboden.

4 Rainfarn *(Chrysanthemum vulgare)*   Korbblütler

ausdauernd, 60–120 cm hoch;   Wegränder,
Blätter fiederspaltig;   Schuttplätze;
Köpfchen ohne Zungenblüten   Blüte: Juli–Sept.

Der giftige Rainfarn gedeiht nicht überall. Am häufigsten ist er in der Umgebung größerer Flüsse. Er wurde früher als Heilpflanze verwendet.

5 Margerite *(Chrysanthemum leucanthemum)*   Korbblütler

ausdauernd, 20–100 cm hoch; Stengel einköpfig   Wiesen, Böschungen;
oder mit mehreren einköpfigen Ästen   Blüte: Mai–Okt.

Die Margerite ist eine der bekanntesten Wiesenpflanzen. Sie tritt in verschiedenen, nahe verwandten Formen auf. Ihr Blütenkopf besteht aus etwa 400–500 gelben Scheibenblüten. Die Anzahl der Zungenblüten, bei manchen Kinderspielen wichtig, schwankt zwischen 7 und 43, am häufigsten liegt sie bei ungefähr 21. Eine Reihe von verwandten Arten werden als Schnittblumen in vielen Sorten gepflanzt, darunter die bekannten *Chrysanthemen*.

1

3

3

2

1

4

5

1 Huflattich *(Tussilago farfara)*   Korbblütler

ausdauernd, 7–20 cm hoch;   Äcker, Ufer,
Blätter herzförmig,   Schuttplätze;
unterseits weißfilzig   Blüte: März–Apr.

Der Huflattich ist einer unserer ersten Frühblüher. Am besten gedeiht er auf Lehmboden. Seine Blütenstengel tragen nur Schuppenblätter; die eigentlichen Blätter sind zur Blütezeit noch nicht zu sehen. Die Wurzeln reichen über einen Meter tief und finden dort immer Feuchtigkeit. Die durch Fallschirme verbreiteten Samen sind so zahlreich, daß die Pflanze auch kleinste neue Ansiedlungsmöglichkeiten auf Schuttplätzen oder Trümmerflächen finden kann.

2 Gemeine Pestwurz *(Petasites hybridus)*   Korbblütler

ausdauernd, 15–100 cm hoch; Blätter sehr groß,   Flußufer;
herzförmig, bis 60 cm breit   Blüte: März–Mai

Auch die Pestwurz treibt, wie der Huflattich, ihre Blütenstände, bevor sich die sehr großen Blätter entwickeln. Diese würden sonst den Blütenbesuch behindern. Die Pflanze tritt häufig in dichten Beständen auf. Nach den Blüten lassen sich männliche und weibliche Pflanzen unterscheiden. Bei den weiblichen Pflanzen fehlen den meisten Einzelblüten die Staubblätter, doch können einzelne Blüten noch Reste davon enthalten. Bei den männlichen Pflanzen sind die weiblichen Organe in der Blüte noch vorhanden, jedoch verkümmert. Es können aber zusätzlich einzelne rein weibliche Blüten darunter vorkommen. Die Trennung nach Geschlechtern ist bei diesen Pflanzen also nicht vollständig.

3 Arnika *(Arnica montana)*   Korbblütler

ausdauernd, 20–50 cm hoch;   Alpenmatten,
Blätter in einer Rosette,   Magerrasen;
am Stengel gegenständig   Blüte: Mai–Aug.

Die Arnika ist heute nur noch in den Alpen häufiger anzutreffen. In früheren Jahrhunderten, als man noch das Vieh zur Weide in die Wälder trieb, konnte man sie öfters in lichten Wäldern auch in tieferen Lagen finden. Durch die übermäßige Nutzung der Wälder war dort der Boden oft sehr nährstoffarm. Ungedüngte, nährstoff- und kalkarme Böden braucht sie nämlich zum Gedeihen. Sie war als Heilpflanze geschätzt. Heute steht sie wegen ihrer Seltenheit unter Naturschutz. Sie ist giftig.

4 Kaukasische Gemswurz   Korbblütler
(Doronicum orientale)

ausdauernd, 20–50 cm hoch; Grundblätter   Gärten;
herzförmig, Stengelblätter stengelumfassend   Blüte: Mai–Juni

Die Gemswurzarten sind überwiegend Gebirgspflanzen. In den Alpen findet man die *Großblütige Gemswurz (Doronicum grandiflorum)* auf Kalkgeröllhalden zwischen 1500 und 3100 m. Die Kaukasische Gemswurz wird bei uns öfters angepflanzt. Sie braucht halbschattige, etwas feuchte Standorte.

1
2
3
4

1 Gemeines Kreuzkraut *(Senecio vulgaris)*   Korbblütler

einjährig, 10–30 cm hoch;   Gärten, Äcker,
Zungenblüten fehlen, äußere   Weinberge;
Hüllblätter mit schwarzer Spitze   Blüte: Febr.–Nov.

Die Kreuzkräuter müßten richtiger *Greis*kräuter heißen. Ihre grauwolligen
Fruchtköpfe haben durch die grauweißen Haarkronen eine Ähnlichkeit
mit dem Kopf eines Greises. So entstand der Name Greiskraut, der sich
später in Kreuzkraut änderte. Das schwach giftige Gemeine Kreuzkraut
ist ein sehr robustes Unkraut. Meist ist es einjährig, kann aber auch überwintern und im zeitigen Frühjahr blühen. Nach der Fruchtreife stirbt es ab.
Da seine Blüten sich meist selbst bestäuben, ist es nicht auf die wärmere
Jahreszeit angewiesen und kann fast das ganze Jahr hindurch blühend an-
getroffen werden. Eine einzelne Pflanze erzeugt bis 7000 Samen.

2 Raukenblättriges Kreuzkraut   Korbblütler
(Senecio erucifolius)

ausdauernd, 30–125 cm hoch;   Trockenrasen, Stein-
Blätter fiederteilig, mit schmalen Zipfeln;   brüche, Wegränder;
Früchte alle kurzhaarig   Blüte: Juli–Sept.

Zu den Kreuzkräutern, einer der umfangreichsten Gattungen der Blütenpflanzen, gehören etwa 1500 Arten. Einige wenige sind sogar baumförmig;
sie kommen in Hochgebirgen Afrikas vor. Die heimischen Arten sind ausdauernd oder einjährig, häufig über einen Meter hoch. Das Raukenblätt-
rige Kreuzkraut und das ähnliche *Jakobskreuzkraut (Senecio jacobaea)*
wachsen an sonnigen Standorten. Das *Fuchskreuzkraut (Senecio fuchsii)*,
eine Pflanze der Bergwälder und Waldlichtungen, hat ungeteilte, aber ge-
sägte Blätter.

3 Silberdistel *(Carlina acaulis)*   Korbblütler

ausdauernde Rosettenpflanze, 5–30 cm hoch;   Schafweiden;
Blätter distelartig stechend   Blüte: Juli–Sept.

Die charakteristischen silbernen Strahlen der Silberdistel sind keine Zungenblüten, sondern verlängerte Hüllblätter. Sie schließen sich bei feuchtem
Wetter und öffnen sich bei Sonne oder trockenem Wetter. Die Pflanze tritt
bei uns in zwei verschiedenen Formen auf: einer stengellosen und einer mit
Blütenstengel. Je nach Gebiet kommt nur die eine oder die andere vor,
selten beide. Da sie in vielen Gegenden selten geworden ist, mußte die Art
unter Naturschutz gestellt werden.

4 Golddistel *(Carlina vulgaris)*   Korbblütler

zweijährig, 15–50 cm hoch;   Schafweiden,
Stengel mehrköpfig,   Böschungen;
Hüllblätter strohgelb   Blüte: Juli–Sept.

Die Golddistel ist etwas häufiger als die Silberdistel und steht in manchen
Gebieten unter Naturschutz. Ihre kandelaberartigen Fruchtstände tragen
kleinere, aber ebenso schöne Köpfe wie die der Silberdistel. Im ersten Jahr
bildet sie nur eine Blattrosette aus, die im zweiten Jahr zur Blütezeit schon
aufgebraucht und vertrocknet ist.

1
2
3
4

1 Kugeldistel *(Echinops sphaerocephalus)*   Korbblütler

ausdauernd, 60–120 cm hoch; Blätter   Wegraine;
distelartig, unterseits weißfilzig   Blüte: Juli–Aug.

Die Kugeldistel hat einen kugeligen Blütenstand. Dieser ist kompliziert zusammengesetzt. Er besteht aus vielen winzigen Köpfchen, die jeweils nur eine Blüte enthalten. Diese ist von mehreren Hüllblättern umgeben, woraus hervorgeht, daß es sich nicht um eine Einzelblüte, sondern tatsächlich um ein Köpfchen handelt. Die Art stammt aus dem Mittelmeergebiet und wird bei uns als Zierpflanze oder als Nektarlieferant für Bienen angebaut.

2 Ackerkratzdistel *(Cirsium arvense)*   Korbblütler

ausdauernd, 60–120 cm hoch;   Äcker, Schuttplätze;
Blätter oberseits kahl,   Blüte: Juli–Sept.
nicht am Stengel herablaufend

Dieses zähe Unkraut kann mit seinem Wurzelstock bis zu 2,8 m tief reichen, dadurch Pflug und Hacke entgehen und immer neue Triebe bilden. Am häufigsten wächst es auf Lehmboden. Die Blütenkrone der inneren Blüten ist fast bis zum Grunde gespalten. Eine Pflanze erzeugt bis zu 6000 Samen.

3 Kohlkratzdistel *(Cirsium oleraceum)*   Korbblütler

ausdauernd, 50–150 cm hoch; Blätter weich,   nasse Wiesen,
Dornen relativ schwach, untere Blätter   Bachufer;
fiederteilig, obere ungeteilt   Blüte: Juni–Sept.

Die Kohlkratzdistel braucht feuchte Standorte. Auf Wiesen kommt sie erst nach dem ersten Schnitt zur Blüte. Da ihre Dornen weich sind, wird sie auch vom Vieh gefressen. Die Hochblätter, welche die Blütenköpfe umhüllen, bilden einen geschützten Raum, der manchen Insekten bei schlechtem Wetter als Zufluchtsort dient. Bleiche Hochblätter hat auch die *Alpenkratzdistel (Cirsium spinosissimum)*, die mit Vorliebe in der Umgebung von Almhütten gedeiht.

4 Gemeine Kratzdistel *(Cirsium vulgare)*   Korbblütler

zweijährig, 60–200 cm hoch;   Schuttplätze,
Blätter am Stengel etwas herablaufend,   Wegraine,
auf der Fläche dornig;   Waldlichtungen;
Blütenköpfe 3–5 cm lang   Blüte: Juli–Okt.

Die Kratzdisteln unterscheiden sich von den »gewöhnlichen« Disteln durch die Haarkrone ihrer Früchte. Bei den Kratzdisteln sind die Haare federig verzweigt, bei den anderen Disteln nicht. Die Gemeine Kratzdistel kann leicht mit der *Sumpfkratzdistel (Cirsium palustre)* verwechselt werden. Diese hat jedoch kleinere Blütenköpfe, und ihre Blätter tragen auf der Oberfläche keine Dornen. Die schönste Kratzdistel ist die seltene *Wollkratzdistel (Cirsium eriophorum)*. Ihre Köpfe sind spinnwebenartig weißwollig behaart. In die weitere Verwandtschaft der Disteln gehört auch die südeuropäische *Artischocke (Cynara scolymus)*.

1 Nickende Distel *(Carduus nutans)*   Korbblütler

zweijährig, 30–100 cm hoch;   Viehweiden,
Stengel kraus dornig geflügelt;   Trockenrasen;
Blütenköpfe einzeln, 3–6 cm breit   Blüte: Juli–Sept.

Sie gehört zu den schönsten Distelarten, kommt nur in wärmeren Gebieten, und dort meist auf Kalkboden vor. Von der Gruppe der Kratzdisteln unterscheidet sie sich durch die unverzweigten Haare der Samen.

2 Kornblume *(Centaurea cyanus)*   Korbblütler

einjährig, 30–60 cm hoch;   sandige Äcker,
Blätter schmal,   Schuttplätze;
nicht am Stengel herablaufend   Blüte: Juni–Sept.

Die bekannte Kornblume ist als Ackerunkraut durch Saatgutreinigung und Unkrautbekämpfung fast überall selten geworden. Ursprünglich war sie im Mittelmeergebiet zu Hause, wanderte erst mit dem Getreidebau bei uns ein und hat sich ausgebreitet. Nur die purpurvioletten Blüten im Innern des Blütenstandes bilden Samen aus; die blauen Randblüten sind unfruchtbar.

3 Bergflockenblume *(Centaurea montana)*   Korbblütler

ausdauernd, 30–60 cm hoch;   Bergwälder;
obere Blätter am Stengel herablaufend;   Blüte: Mai–Juli
Hüllblätter mit schwarzen Fransen

Die Gattung der *Flockenblumen* umfaßt mehr als 500 Arten. Eine unserer schönsten Arten ist die Bergflockenblume; sie steht deshalb in manchen Gebieten unter Naturschutz.

4 Gemeine Flockenblume *(Centaurea jacea)*   Korbblütler

ausdauernd, 10–80 cm hoch;   Wiesen, Raine;
Hüllblätter mit bräunlichem Anhängsel **(4a)**   Blüte: Juni–Okt.

Sie ist eine sehr vielgestaltige Art. Wie bei der Kornblume sind nur die inneren Blüten fruchtbar; die Randblüten dienen zur Anlockung der Insekten. Äußerlich ähnlich ist die auf sandigen Heiden und an Waldrändern vorkommende *Schwarze Flockenblume (Centaurea nigra)*, doch besitzt diese ein langes, schwarzes, gefranstes Anhängsel an den Hüllblättern.

5 Skabiosenflockenblume *(Centaurea scabiosa)*   Korbblütler

ausdauernd, 50–100 cm hoch;   Trockenrasen,
Blätter fiederspaltig; Köpfchen 2 cm lang,   trockene Wiesen;
Hüllblätter mit schwarzem, gefranstem Anhängsel   Blüte: Juni–Okt.

Sie hat größere Blütenköpfe als die Gemeine Flockenblume. In der Vase ist sie recht dankbar, da sie mehrere Wochen lang weiterblühen kann. Das abgebildete Anhängsel der Blütenhüllblätter **(5a)** ist zusammen mit der Form der Blätter ein sicheres Kennzeichen der Art.

1 Große Klette *(Arctium lappa)*

zweijährig, 80–150 cm hoch;
Blütenköpfe 3–5 cm breit;
Hüllblätter bis zur Spitze grün

Korbblütler
Wegränder,
Schuttplätze;
Blüte: Juli–Sept.

Das sprichwörtliche Haften der Klette an der Kleidung hat einen besonderen Zweck; es dient der Verbreitung der Samen. Diese haben nämlich
keine fallschirmartige Haarkrone wie viele andere Korbblütler. Die Blätter
der Klette sind mit Stiel bis über 80 cm lang und erinnern etwas an die
Blätter der Pestwurz (vgl. S. 283). Die verwandte *Kleine Klette (Arctium
minus)* hat Hüllblätter mit roten Spitzen.

2 Wegwarte *(Cichorium intybus)*

ausdauernd, 30–150 cm hoch; grundständige
Blätter löwenzahnähnlich; Stengel ästig

Korbblütler
Wegränder;
Blüte: Juli–Sept.

Schon mancher hat versucht, Wegwarten in seinen Blumenstrauß aufzunehmen. Doch das ist immer eine Enttäuschung. Die Stengel sind zäh und
nicht leicht abzureißen. Außerdem schließen sich die Blüten schon bald
und öffnen sich in der Vase nicht mehr. Dazu verlieren sie ihr schönes Blau
und werden milchweiß. Offene Blüten findet man nur am Standort. Sie
sind bei gutem Wetter vormittags zwischen 6 und 11 Uhr geöffnet. Die
Wegwarte ist die Stammpflanze der *Salatzichorie (Chicorée)* und mit der
Endivie (Cichorium endivia) verwandt.

3 Wiesenbocksbart *(Tragopogon pratensis)*

zweijährig bis ausdauernd; 30–60 cm hoch;
Blätter lineal; Stengel enthalten Milchsaft

Korbblütler
Wiesen;
Blüte: Mai–Juli

Der Wiesenbocksbart hat seinen Namen von dem im geschlossenen Zustand bartähnlichen Fruchtstand. Bei der Reife bilden die Früchte einen
kugeligen Kopf wie beim Löwenzahn. Ihre Haarkrone ist jedoch anders gebaut. Sie setzt sich aus einem Kranz von Borsten mit fiederigen Haaren zusammen, die untereinander verbunden sind, so daß ein kleiner Fallschirm
entsteht. Der Wiesenbocksbart kommt bei uns in verschiedenen Rassen
vor. Die eine hat goldgelbe Blüten, welche länger sind als die Hüllblätter;
die andere hat hellgelbe Blüten, welche höchstens so lang sind wie die Hüllblätter. In den meisten Gegenden gibt es nur entweder die eine oder die
andere Rasse. Die Pflanze ist schwach giftig.

4 Gemeiner Löwenzahn *(Taraxacum officinale)*

ausdauernd, 10–50 cm hoch;
Stengel enthalten Milchsaft

Korbblütler
Wiesen, Äcker;
Blüte: Apr.–Juli

Eine unserer bekanntesten und häufigsten Pflanzen ist der gemeine Löwenzahn. Im Frühjahr färbt er die Wiesen gelb und kennzeichnet damit die gut
gedüngten Wiesen. Seine Blüten sind sehr auffällig für Insektenbesuch eingerichtet. Und doch entwickeln sich die Samen auch ohne Befruchtung.
Schon wenige Wochen nach der Blüte sind sie reif. Eine einzelne Pflanze
entwickelt jährlich etwa 3000 Samen. Die Art ist schwach giftig.

1 Kohlgänsedistel *(Sonchus oleraceus)*
einjährig, 30–100 cm hoch, Milchsaft
führend; Blätter matt,
am Grunde mit spitzen Öhrchen

Korbblütler
Äcker, Gärten,
Schuttstellen;
Blüte: Juni–Okt.

Die Gänsedisteln haben alle nur weiche Dornen. Als Unkräuter sind die Kohlgänsedistel und die *Rauhe Gänsedistel (Sonchus asper)* recht häufig. Die letztere Art hat als Kennzeichen glänzende Blätter, die am Stengel runde, geschwungene Öhrchen ausbilden. Auf Äckern kommt häufig auch die *Ackergänsedistel (Sonchus arvensis)* vor, die man an den dicht mit Drüsen besetzten Köpfchenstielen unterscheiden kann.

2 Kompaßlattich *(Lactuca serriola)*
einjährig oder zweijährig,
60–120 cm hoch

Korbblütler
Schuttplätze,
Wegränder;
Blüte: Juli–Sept.

Der Kompaßlattich zeigt eine eigenartige Blattstellung. Er stellt seine Blattflächen senkrecht ein, und zwar ungefähr in Nord- und Südrichtung. Sie werden dann nur von der Morgen- und Abendsonne aus Osten oder Westen bestrahlt. So schützt sich die Art vor der zu starken Mittagssonne. Von ihr dürfte auch der *Kopfsalat (Lactuca sativa)* abstammen, eine seit dem Altertum geschätzte Kulturpflanze. Der Kompaßlattich ist schwach giftig.

3 Wiesenpippau *(Crepis biennis)*
zweijährig, 50–120 cm hoch;
Haarkrone der Frucht rein weiß, nicht gestielt

Korbblütler
Wiesen;
Blüte: Mai–Sept.

Der Wiesenpippau wird oft mit den Habichtskräutern verwechselt. An der Farbe der Haarkronen, die bei den Habichtskräutern grauweiß ist, kann man ihn jedoch sicher unterscheiden. Er ist eine der wenigen nur zweijährigen Pflanzen auf den Wiesen.

4 Waldhabichtskraut *(Hieracium sylvaticum)*
ausdauernd, 20–60 cm hoch; über der Rosette
nur 1–2 Blätter am Stengel, Blätter ungefleckt

Korbblütler
Wälder, Mauern;
Blüte: Mai–Aug.

Die Gattung der Habichtskräuter umfaßt eine große Zahl sehr ähnlicher Arten. Über 700 davon sind in Mitteleuropa gefunden worden. Die meisten von ihnen pflanzen sich wie der Löwenzahn auch ohne Bestäubung fort. So können sich die Arten untereinander kreuzen, und jede gibt die ihr eigene Kombination von Merkmalen unverändert an ihre Nachkommen weiter.

5 Kleines Habichtskraut *(Hieracium pilosella)*
ausdauernd, 5–30 cm hoch;
Stengel einköpfig, blattlos,
Außenseite der Blütenköpfe rötlich

Korbblütler
Weiden,
magere Wiesen;
Blüte: Mai–Okt.

Durch seine zahlreichen Ausläufer kann das kleine Habichtskraut sich an mageren Stellen von Rasen oder Wiesen gegenüber anderen Arten durchsetzen. Seine Blätter tragen auf der Fläche wenige, aber lange Haare.

Einkeimblättrige Pflanzen *(Monocotyledoneae)*

1 Gemeiner Froschlöffel
(Alisma plantago-aquatica)
ausdauernd, 30–100 cm hoch; Blätter breit
eiförmig; Blüten mit drei weißen
oder rosaroten Kronblättern

Froschlöffelgewächse
schlammige Ufer,
Röhricht;
Blüte: Juni–Aug.

Er kann sowohl auf dem Lande wie im Wasser gedeihen. Seine oft herzförmigen Blätter erinnern an Löffel. Die Blüten sind nur einen einzigen Nachmittag lang geöffnet, bei einer nahe verwandten Art nur einen Vormittag lang. Die Samen tragen ein lufthaltiges Gewebe und schwimmen auf der Wasseroberfläche. Sie werden durch Wasservögel verbreitet.

2 Pfeilkraut *(Sagittaria sagittifolia)*
ausdauernd, 30–100 cm hoch;
Blätter über Wasser pfeilförmig

Froschlöffelgewächse
Röhricht der Teiche
und Bäche;
Blüte: Juni–Aug.

Es bildet nur über Wasser seine charakteristischen Blätter aus; die Blätter unter Wasser sind unscheinbar schmal bandförmig. Die Blüten sind eingeschlechtig: die unteren weiblich, die oberen männlich. Das Pfeilkraut ist gebietsweise geschützt.

3 Schwimmendes Laichkraut
(Potamogeton natans)
ausdauernd, 60–150 cm hoch; Schwimmblätter
elliptisch, bis 12 cm lang, lang gestielt

Laichkrautgewächse
Teiche, Seen;
Blüte: Mai–Aug.

Unter den vielen Laichkrautarten ist das Schwimmende Laichkraut eines der häufigsten. Es bildet unter Wasser schmale, binsenförmig runde Blätter aus, auf der Oberfläche breite elliptische. Die unscheinbaren grünlichen Blüten sind in Ähren angeordnet und ragen aus dem Wasser heraus. Häufig ist auch das *Krause Laichkraut (Potamogeton crispus)* mit am Rande welligen, gesägten Blättern, sowie das *Kammlaichkraut (Potamogeton pectinatus)*, das grasartige schmale, nur bis 2,5 mm breite Blätter trägt und in Bächen und Flüssen zu finden ist.

4 Kanadische Wasserpest *(Elodea canadensis)*
ausdauernd, 30–60 cm hoch;
Blätter zu 3–4 quirlständig;
Blüten auf der Wasserfläche schwimmend

Froschbißgewächse
Teiche, Seen,
Bäche;
Blüte: Mai–Aug.

Diese aus Nordamerika stammende Art wurde in Europa zuerst um 1830 (Irland) beobachtet und breitete sich danach so rasch aus, daß durch sie alsbald sogar die Schiffahrt, besonders an den Schleusen, behindert wurde. Damals erhielt sie ihren Namen. Aus jeder abgerissenen Knospe entsteht eine neue Pflanze. Da die ersten eingeschleppten Pflanzen rein weiblich waren, kommen in Mitteleuropa fast ausschließlich weibliche Pflanzen vor. Heute ist die Art wegen der Verschmutzung der größeren Flüsse seltener geworden. Sie wird auch zusammen mit der *Dichtblättrigen Wasserpest (Elodea densa)* gern als Aquariumpflanze verwendet.

Familie Liliengewächse *(Liliaceae)*

Der gleiche Blütenbau wie bei den Liliengewächsen liegt den Blüten der meisten anderen Familien der Einkeimblättrigen (S. 294) zugrunde. Von außen nach innen sind die Blütenteile in fünf Kreisen angeordnet. Die äußeren zwei Kreise werden von je drei Blättern gebildet, wobei die Blätter des äußeren Kreises (sonst Kelchblätter genannt) häufig gleich wie die des inneren Kreises (sonst Blütenblätter genannt) gestaltet sind; man nennt sie im allgemeinen *Blütenhüllblätter*. Nach innen folgen zwei Kreise mit je drei Staubblättern. Im Zentrum der Blüte liegen die drei zu einem Fruchtknoten verwachsenen Fruchtblätter. Einen solchen Blütenaufbau zeigt z. B. die Gartentulpe (S. 301). Von diesem Aufbau leiten sich durch Umwandlung einzelner Teile die stark abweichenden Blüten der Orchideen und Gräser ab. Die Familie der Liliengewächse ist sehr formenreich. Zu ihr gehören bei weiter Fassung 4000 Arten, meist Kräuter, aber auch einige Baumarten, z. B. der *Drachenbaum (Dracaena draco)*, der an den Enden der Zweige grasförmige Blätter trägt und auf den Kanarischen Inseln vorkommt. Viele krautige Arten, oft Steppenpflanzen, besitzen unterirdische Organe wie Zwiebeln oder Knollen, mit deren Hilfe sie die Trockenzeit überdauern können. Tulpen, Lilien, Hyazinthen, Kaiserkronen, Meerzwiebeln und Laucharten sind häufige Zierpflanzen. Auch wichtige Nutzpflanzen gehören dazu: Schnittlauch, Spargel und Küchenzwiebel.

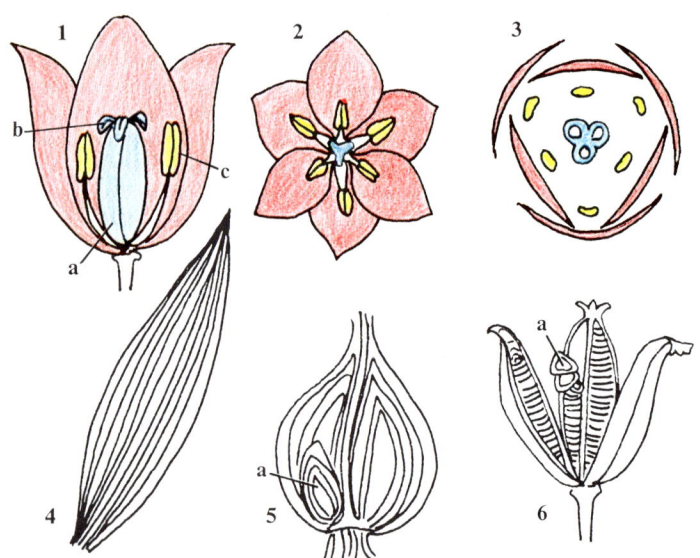

Liliengewächse: 1–3 Blüte der Liliengewächse (Tulpe): **1** Längsschnitt: **a** Fruchtknoten, **b** Narbe, **c** Staubblätter, **2** Blüte von oben, **3** Blütendiagramm; **4** parallelnerviges Laubblatt; **5** Tulpenzwiebel: **a** Brutzwiebel; **6** Frucht der Tulpe (aufgesprungen): **a** Samen.

1 Weißer Germer *(Veratrum album)* Liliengewächse

ausdauernd, 50–150 cm hoch; Alpenmatten,
Blätter groß, wechselständig, feuchte Wiesen;
längs gefaltet Blüte: Juni–Aug.

Der Weiße Germer ist eine unserer giftigsten Pflanzen. Er enthält verschiedene Alkaloide, z. B. *Veratrin*, die schon in geringer Menge tödlich wirkende Lähmungen und Kreislaufschwäche hervorrufen. Vom Vieh wird die Pflanze gemieden und hat sich deshalb auf den Weiden des Hochgebirges ausgebreitet. Man findet oft beblätterte Stengel ohne Blüten, die dann mit denen des Gelben Enzians (vgl. S. 219) verwechselt werden können. Dieser hat jedoch gegenständige Blätter, die etwas wellig und bläulichgrün sind.

2 Herbstzeitlose *(Colchicum autumnale)* Liliengewächse

ausdauernd, 5–40 cm hoch; feuchte Wiesen,
Blätter tulpenähnlich Auwälder;
 Blüte: Aug.–Nov.

Die Herbstzeitlose hat sich unseren Jahreszeiten eigenartig angepaßt. Ihre Blüten kündigen das Ende der Vegetationszeit an. Sie reichen bis zur Knolle hinab, die 10–15 cm tief im Boden sitzt. Mit einer Länge bis zu 50 cm gehören sie zu den längsten Blüten unserer Flora. Erst im Frühjahr erscheinen die Blätter, und zwischen ihnen die Fruchtkapsel, ganz selten auch Blüten, die dann aber grünlich gefärbt sind. Es handelt sich dabei nicht um eine neue Art, sondern um eine Entwicklungsstörung.

1 Ästige Graslilie *(Anthericum ramosum)*   Liliengewächse

ausdauernd, 30–80 cm hoch; Blütenstand   Trockenrasen;
verzweigt, ⌀ der Blüten etwa 25 mm   Blüte: Juni–Aug.

Von den grasartigen Blättern, die in einem grundständigen Büschel angeordnet sind, hat sie ihren Namen. Auf trockenen, sonnigen Abhängen auf
Kalkboden ist sie in manchen Gegenden verbreitet. Die Blüten sind nur
einen Tag geöffnet und werden durch Bienen und Schmetterlinge bestäubt.
Die Graslilien, zu denen in Europa nur wenige Arten gehören, stammen ursprünglich aus Afrika. Die Art ist gebietsweise geschützt.

2 Gemeiner Goldstern *(Gagea lutea)*   Liliengewächse

ausdauernd, 10–30 cm hoch; grundständige   Auwälder, Gebüsche;
Blätter 6–10 mm breit, am Grunde weißlich   Blüte: Apr.–Mai

Der Gemeine Goldstern ist durch seine Zwiebel in der Lage, schon im zeitigen Frühjahr zu blühen und zu fruchten. Seine grünlichgelben Blüten
sind nicht sehr auffällig. Die Blätter sind an der Spitze eigenartig mützen-
förmig zusammengezogen. Der ähnliche *Ackergoldstern (Gagea villosa)* hat
behaarte Blütenstiele. Er gedeiht in Weinbergen und auf sandigen Äckern,
wo er schon im März zur Blüte kommen kann.

3 Bärenlauch *(Allium ursinum)*   Liliengewächse

ausdauernd, 20–50 cm hoch;   Auwälder,
Blätter elliptisch, flach,   Eschenwälder;
stark nach Knoblauch riechend   Blüte: Mai–Juni

Wo der Bärenlauch vorkommt, tritt er immer in Massen auf. Seine Blätter
decken den Boden im Frühjahr ziemlich dicht, sterben jedoch schon im
Juni wieder ab, so daß im Hochsommer von dem Bestand gar nichts mehr
zu sehen ist. Man findet im Frühjahr auch zahlreiche Keimlinge mit dem
für alle einkeimblättrigen Pflanzen typischen unpaaren Keimblatt. (Zweikeimblättrige Pflanzen haben dagegen zwei Keimblätter). Die Keimlinge
bilden im ersten Jahr eine Zwiebel aus, die sich durch besondere Ziehwur-
zeln Jahr für Jahr tiefer in den lockeren Boden zieht. Auf diesen lockeren
und im Untergrund feuchten Böden findet sich neben dem Bärenlauch auch
eine ganze Gesellschaft von Frühblühern, die alle aus Zwiebeln, Knollen
oder Wurzelstöcken austreiben. Dazu gehören auch Lerchensporn, Blaustern,
Gelbes Windröschen und Buschwindröschen sowie das Moschusblümchen.

4 Schnittlauch *(Allium schoenoprasum)*   Liliengewächse

ausdauernd, 15–50 cm hoch;   Flachmoore, feuchte
Blätter röhrenförmig, stielrund;   Wiesen, Gärten;
Blütendolde ohne Zwiebeln   Blüte: Juni–Aug.

Der wilde Schnittlauch kommt hauptsächlich in den Alpen und angrenzen-
den Gebieten vor. Er wird als Gewürzpflanze viel kultiviert. Manchmal findet man den *Knoblauch (Allium sativum)* verwildert. Er hat aber flache,
nicht röhrige Blätter, und Brutzwiebeln in der Blütendolde. In die Gattung
der Laucharten gehört auch die *Küchenzwiebel (Allium cepa)* und der
Küchenlauch (Allium porrum).

1 Weiße Lilie *(Lilium candidum)*   Liliengewächse

ausdauernd, 60–150 cm hoch;   Gärten;
Blüten in 5–20blütiger Traube   Blüte: Juni–Juli

Die Weiße Lilie ist eine alte Kulturpflanze. Schon auf Malereien des Altertums ist sie abgebildet. Sie kommt wild im Libanon vor.

2 Feuerlilie *(Lilium bulbiferum)*   Liliengewächse

ausdauernd, 50–100 cm hoch; Blätter oft mit   Gebirgswiesen;
Brutzwiebeln in den Achseln   Blüte: Juni–Juli

Trotz ihrer leuchtenden Blüten kann die Feuerlilie nur wenige Schmetterlingsarten als Blütenbesucher anlocken. Ihre Vermehrung geschieht wirksamer durch die Brutzwiebeln, die eigentlich kleine Knospen sind. Sie fallen ab, bewurzeln sich und bilden eine neue Pflanze. Die Feuerlilie ist geschützt.

3 Türkenbundlilie *(Lilium martagon)*   Liliengewächse

ausdauernd, 40–100 cm hoch; Blätter teilweise   Laubwälder;
quirlständig, teilweise wechselständig   Blüte: Juni–Juli

Die turbanartig zurückgeschlagenen Blütenhüllblätter haben dieser Art den Namen eingebracht. Sie ist am häufigsten noch in Gebirgswäldern zu finden. So schön die Blüte ist, so unangenehm süßlich ist ihr Geruch. Er ist abends und nachts am stärksten und dient zur Anlockung der bestäubenden Schmetterlinge. Die Fruchtkapseln richten sich auf und streuen die Samen aus. Die Pflanze steht unter Naturschutz.

4 Gartentulpe *(Tulipa gesneriana)*   Liliengewächse

ausdauernde Zwiebelpflanze,   Gärten;
30–60 cm hoch   Blüte: Apr.–Mai

Die Tulpe kam im 16. Jahrhundert aus der Türkei nach Europa. Der kaiserliche Gesandte, der auch den Flieder (S. 214) nach Europa brachte, berichtet als erster von ihr. Ihr Name hat denselben Ursprung wie das Wort Turban. Heute gibt es von der Tulpe unzählige Kultursorten in den verschiedensten Farben. Sie ist schwach giftig.

5 Schachblume *(Fritillaria meleagris)*   Liliengewächse

ausdauernd, 15–30 cm hoch;   Sumpfwiesen;
Blätter grasartig   Blüte: Apr.–Mai

Durch die Entwässerung der Wiesen und durch Düngung ist sie überall so stark zurückgegangen, daß sie unter strengen Schutz gestellt werden mußte. Vom schachbrettartigen Muster auf den Blüten hat die giftige Pflanze ihren Namen. Wer sie noch nie gesehen hat, möchte glauben, daß ihre Blüten sehr auffällig sind. Doch muß man die Blume zur Blütezeit an ihren Fundstellen sorgfältig suchen. Sie wird von Bienen bestäubt.

1 Zweiblättriger Blaustern *(Scilla bifolia)*   Liliengewächse

ausdauernd, 10–20 cm hoch;   Hangwälder,
mit 2 grundständigen Blättern;   Auwälder;
Blütenhüllblätter nicht verwachsen   Blüte: März–Apr.

Um den 1. April herum kommt der unter Naturschutz stehende Blaustern
zur Blüte. Dann färbt er an manchen Stellen für kurze Zeit den Waldboden
oder die Wiese mit lichtem Blau. Die Blüten werden durch kleine Fliegen
bestäubt. Die Samen tragen ein nahrhaftes Anhängsel, das Ameisen ver-
lockt, sie zu sammeln und damit für die Verbreitung auf kleinem Raum zu
sorgen. Die Verbreitung über größere Strecken bewirken die Hochwas-
ser der Flüsse, welche die Zwiebeln herausspülen und flußabwärts schwem-
men. In Gärten wird oft der *Sibirische Blaustern (Scilla siberica)* angepflanzt. Seine Heimat ist Osteuropa, nicht Sibirien, wie der Name fälschlich angibt.

2 Hyazinthe *(Hyacinthus orientalis)*   Liliengewächse

ausdauernd, 20–45 cm hoch; Blütenblätter bis   Gärten;
zur Mitte verwachsen, Blüte wohlriechend   Blüte: Apr.–Mai

Die Hyazinthe ist eine Zierpflanze aus dem östlichen Mittelmeergebiet. Sie
kann auch als Topfpflanze gezogen werden. Man hat sie in verschiedenen
Farbtönen gezüchtet: rosa, weiß oder gelb. Die Wildpflanze blüht blau. Die
Vermehrung der gezüchteten Sorten erfolgt durch Brutzwiebeln. Dabei
schneidet man eine Mutterzwiebel so an, daß ihre Hauptknospe vernichtet
wird. An den Resten dieser Mutterzwiebel bilden sich dann bei besonderer
Behandlung neue Zwiebeln.

3 Doldenmilchstern *(Ornithogalum umbellatum)*   Liliengewächse

ausdauernd, 10–30 cm hoch; Blätter schmal,   Weinberge, Gärten,
mit weißem Mittelstreifen;   feuchte Wiesen;
Blüten in schirmförmiger Traube   Blüte: Mai–Juni

Auch der Doldenmilchstern treibt seine Blätter und Blüten aus einer Zwiebel. Da sie nicht groß ist, wird sie auch beim Bearbeiten des Bodens nicht
zerhackt und sogar mit dem Regen verschwemmt. So kann sich die Pflanze
immer wieder aus Kulturen neu ausbreiten. Die Verbreitung durch Samen
fällt daneben kaum ins Gewicht.

4 Kleine Traubenhyazinthe *(Muscari botryoides)*   Liliengewächse

ausdauernd, 10–20 cm hoch;   Laubmischwälder,
Blätter 3–8 mm breit, aufrecht   Magerwiesen;
Blattspitze nicht abgestorben   Blüte: Apr.–Mai

Die Kleine Traubenhyazinthe wird gern mit der *Großen Traubenhyazinthe
(Muscari racemosum)* verwechselt. Beide gedeihen jedoch an ganz verschiedenen Standorten. Die Große Traubenhyazinthe kommt in Gärten und
Weinbergen vor, bei uns ist sie wahrscheinlich nicht einheimisch. Sie hat
schmale, linealische, halbstielrunde Blätter, die an der Spitze oft abgestorben sind. Nicht alle Blüten der Traubenhyazinthen sind fruchtbar; an der
Spitze des Blütenstandes kommen auch einige unfruchtbare Blüten vor,
die nur noch dazu dienen, den Blütenstand auffälliger zu machen. Die
Pflanze ist geschützt.

1 Gemüsespargel *(Asparagus officinalis)*   Liliengewächse
ausdauernd, 30–150 cm hoch;   Sandfelder,
Stengel mit Büscheln von   Trockenrasen;
schmallinealischen Nadeln besetzt   Blüte: Mai–Juli

Der Spargelsproß entwickelt nur kleine Schuppenblätter; die Rolle der
Blätter wird von den dünnen Nadeln übernommen, die in den Achseln der
Schuppenblätter sitzen. Das sind keine echten Blätter, sondern umgewandelte kleine Zweige. Die eßbaren Spargelsprosse galten schon den Römern als Delikatesse. Sie sind bleich, höchstens etwas violett überlaufen,
da sie unter der Erde wachsen. Andere *Spargelarten (Asparagus plumosus*
und *sprengeri)* werden als Topfpflanzen gezogen und geben das Schnitt-
grün als Zusatz für Blumensträuße.

2 Schattenblume *(Maianthemum bifolium)*   Liliengewächse
ausdauernd, 5–15 cm hoch;   Laub- u. Nadelwälder;
am Stengel 1 oder 2 herzeiförmige Blätter   Blüte: Apr.–Aug.

Die Schattenblume bildet mit ihrem Blütenaufbau eine Ausnahme unter
den Einkeimblättr'gen. Die Blüte ist nicht nach der Zahl drei aufgebaut,
sondern hat vier Blütenblätter und vier Staubblätter und einen 2–3teiligen
Fruchtknoten. Als Frucht erzeugt sie eine Beere, die anfangs grün, dann rot
punktiert und erst reif ganz rot ist. Die Art ist gebietsweise geschützt.

3 Vielblütige Weißwurz   Liliengewächse
(Polygonatum multiflorum)
ausdauernd, 30–80 cm hoch; Stengel rund;   Wälder;
jede Blütentraube mit 2–5 Blüten   Blüte: Mai–Juni

Die Vielblütige Weißwurz, auch *Falsches Salomonssiegel* genannt, ist eine
typische Schattenpflanze. Das viel seltenere *Salomonssiegel (Polygonatum
odoratum)* wächst dagegen an sonnigen Hängen und hat kantige Stengel,
die mehr aufrecht stehen. Den Namen Salomonssiegel haben diese Arten
von ihrem Wurzelstock. Jedes Jahr bildet die Pflanze neue Triebe, während
die alten auf dem Wurzelstock Narben hinterlassen, die wie ein Siegelab-
druck aussehen.

4 Maiglöckchen *(Convallaria majalis)*   Liliengewächse
ausdauernd, 10–20 cm hoch;   Laubwälder;
Blätter meist zu zweit   Blüte: Mai–Juni

Wo das Maiglöckchen vorkommt, bildet es oft größere Bestände. Es steht
unter Naturschutz, doch ist das Pflücken eines Blütenstraußes erlaubt.
Zieht man vorsichtig am Blütenstengel, so reißt er ab, ohne den Wurzelstock zu beschädigen. Die Pflanze enthält ein Gift *(Convallatoxin)*, das in
schwacher Konzentration als Herzmittel Verwendung findet. Die wohlriechenden Blüten werden durch Bienen und Hummeln bestäubt. Die sechs-
zipfeligen Blüten sind rein weiß oder sie tragen innen, dort wo die Staubblätter angewachsen sind, je einen rotvioletten Fleck. Oft findet man große
Bestände von Maiglöckchenblättern ohne Blüten. Dort wurde die Blüten-
entstehung durch fehlendes Licht oder andere Schädigungen unterbunden.

1 Einbeere *(Paris quadrifolia)*   Liliengewächse

ausdauernd, 10–30 cm hoch;   Auwälder,
Blätter netzaderig;   feuchte Laubwälder;
Beere schwarz   Blüte: Mai

Die Einbeere weicht so stark von den anderen Liliengewächsen ab, daß
manche Botaniker sie in eine eigene Familie stellen. Ihre Blätter sind netzaderig wie die der Zweikeimblättrigen; sie hat 8–10 Blütenblätter, acht
Staubblätter und einen vierteiligen Fruchtknoten. Hier ist also alles, sogar
die Zahl der Blätter, auf der Zahl Vier aufgebaut. Nur selten findet man
Abweichungen, etwa fünf- oder sechszählige Blattquirle. Eigenartig sind
die Staubblätter. Bei ihnen ist das Verbindungsstück der beiden Staubbeutel zu einer langen Spitze verlängert. Die Blüten werden durch den Wind
bestäubt.

2 Märzenbecher *(Leucojum vernum)*   **Narzissengewächse**

ausdauernd, 10–30 cm hoch;   Schluchtwälder,
Blätter 4–13 mm breit,   Bergwiesen;
dunkelgrün   Blüte: Febr.–Apr.

Der Märzenbecher braucht für seine Zwiebel sehr lockeren Boden, der
nicht zu stark austrocknet. Da er sich nur langsam vermehrt, ist er an vielen
Stellen durch das Ausgraben für den Garten gefährdet. Er mußte daher unter strengen Naturschutz gestellt werden. Auch das Abpflücken schadet
ihm, weil dabei meistens der Boden um die Pflanze zu fest zusammengetre-
ten wird.

3 Schneeglöckchen *(Galanthus nivalis)*   Narzissengewächse

ausdauernd, 8–20 cm hoch;   Auwälder, Schlucht-
Blätter 4–10 mm breit,   wälder, Gärten;
blaugrün   Blüte: Febr.–Apr.

Das unter Naturschutz stehende Schneeglöckchen wächst nur an wenigen
Stellen in Mitteleuropa wild. Viel häufiger kommt es gepflanzt in Gärten
und auf Wiesen vor. Auch das verwandte, etwas früher blühende *Elwes-
Schneeglöckchen (Galanthus elwesii)*, das aus Kleinasien stammt und tulpen-
artig breite Blätter hat, ist heute in Gärten häufig zu finden. Die Bestäuber
der Blüten sind Bienen. Die Samen, die an Gartenpflanzen seltener zu finden sind, werden durch Ameisen verbreitet.

4 Osterglocke *(Narcissus pseudonarcissus)*   Narzissengewächse

ausdauernd, 15–40 cm hoch   Bergwiesen, Gärten;
                                                        Blüte: März–Mai

Die **Narzissengewächse** *(Amaryllidaceae)* sind mit den Liliengewächsen nahe
verwandt. Ihre Blüten zeigen einen ähnlichen Bau, nur ist der Fruchtknoten
bei ihnen unterständig.
Die **Narzissen,** eine Gattung dieser Familie mit etwa 30–40 Arten, kommen
hauptsächlich im westlichen Mittelmeergebiet vor; die giftige Osterglocke
ist aber auch in Mitteleuropa in wenigen Gebieten heimisch und steht unter
Schutz. Durch die Gartenkultur wurde sie zur weitverbreiteten Schnitt-
blume. Ihre wohlriechenden Blüten werden durch Hummeln bestäubt.

1 💀   **2** 💀   **3** 💀   **4** 💀

1 Weiße Narzisse *(Narcissus poeticus)*

Narzissengewächse

ausdauernd, 30–50 cm hoch;
Blätter 5–12 mm breit;
äußere Blütenhüllblätter decken sich
mit den Rändern

Heimat: westl. Mittel-
meergebiet, Gärten;
Blüte: Apr.–Mai

Die Narzissen besitzen eine äußere, strahlenförmige Blütenkrone und eine trichterförmige innere Krone. Letztere bildet mit ihrem roten Rand eine Markierung für Bestäuber. Entstanden ist sie nicht als Auswuchs der Blütenhüllblätter, sondern der Staubblätter. Die innere Krone hat einen anderen Duft als die äußere. Dieser verstärkt sich zur Blütenröhre hin und weist so den Weg zum Nektar. Narzissen sind geschützt und giftig.

2 Weißer Krokus
(Crocus albiflorus)

**Schwertlilien-
gewächse**

ausdauernd, 8–15 cm hoch;
Blüten weiß oder violett

Alpenwiesen;
Blüte: Febr.–April

Der unter Naturschutz stehende Weiße Krokus ist eine der ersten Pflanzen, die auf den Alpenwiesen nach der Schneeschmelze erscheinen. Er blüht nicht lange, bald kann man nur noch an den langen, schmal linealischen Blättern mit dem weißen Mittelstreifen erkennen, daß er hier vorkommt. Als Zierpflanzen findet man häufig den *Gelben Krokus (Crocus chrysanthus)* und den *Violetten Krokus (Crocus napolitanus)*. Den *Echten Safran (Crocus sativus)*, der im Herbst blüht, und der früher zum Färben verwendet wurde, trifft man dagegen bei uns nirgends mehr in Kultur.

3 Wasserschwertlilie *(Iris pseudacorus)*

Schwertlilien-
gewächse

ausdauernd, 60–100 cm hoch;
äußere Blütenzipfel gelb,
auf der Innenseite ohne Haarbart

Ufer von Teichen, Seen,
Bächen und Flüssen
Blüte: Mai–Juni

Betrachtet man die Blüte einer Wasserschwertlilie von oben, so sieht man zwar viele Blütenblätter, vermißt aber zunächst Staubblätter und Griffel. Die äußeren Blütenhüllblätter sind groß, die inneren ziemlich schmal. Was aber als dreiteiliges Gebilde in der Mitte sitzt und an jedem Ende in zwei Zipfel gespalten ist, das ist der Griffel. Unter ihm liegen die Staubblätter versteckt. Die bestäubenden Insekten müssen sich durch die aus Blütenblatt und Griffel gebildete Röhre drängen und kommen so an den Staubblättern und an der Narbe vorbei. Die Pflanze ist giftig und steht unter Naturschutz.

4 Deutsche Schwertlilie *(Iris germanica)*

Schwertlilien-
gewächse

ausdauernd, 30–100 cm hoch;
äußere Blütenhüllblätter am Grunde gelblich,
mit gelbem Haarbart

Gärten;
Blüte: Mai–Juni

Trotz ihres Namens kommt sie in Mitteleuropa nur in Kultur oder verwildert vor. Sie ist im Mittelmeergebiet zu Hause und steht bei uns unter Naturschutz. Ihre schwertförmigen Blätter sind in zwei Reihen, rinnenförmig ineinandergeschachtelt, angeordnet.

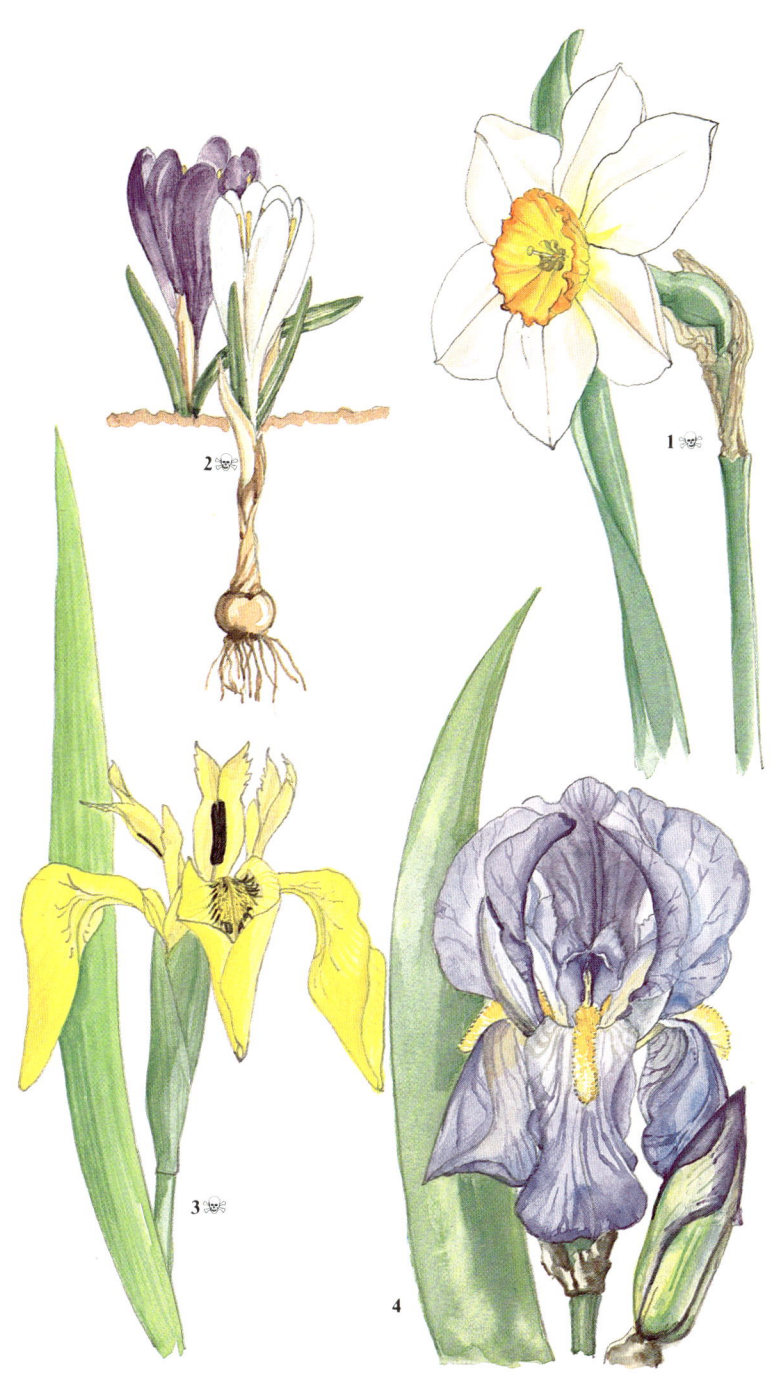

Familien Süßgräser *(Gramineae)*, Sauergräser *(Cyperaceae)*, Binsengewächse *(Juncaceae)*

Alles, was horstförmig wächst und schmallinealische Blätter hat, wird häufig als Gras bezeichnet. Darunter fallen aber ziemlich verschiedene Arten, die man in drei Gruppen zusammenstellen kann: *Süßgräser, Sauergräser* und *Binsengewächse*. Die Unterschiede im Blütenbau sind verhältnismäßig groß, so daß man die Gruppen systematisch nicht zusammenfassen kann. Die Binsengewächse lassen ihre Verwandtschaft mit den Liliengewächsen noch am deutlichsten erkennen. Ihre Blütenhülle besteht aus zweimal drei Hüllblättern, die nur unscheinbar gefärbt sind.
Leichter miteinander zu verwechseln sind Sauergräser und Süßgräser. Aber die Sauergräser haben einen dreikantigen Stengel, während er bei den Süßgräsern rund und deutlich durch Knoten gegliedert ist. Auch der Blütenbau ist verschieden.

Die Süßgräser sind ganz zur Bestäubung durch den Wind übergegangen. Sie brauchen daher keine auffallende Blütenhülle. Staubblätter und Fruchtknoten werden von Spelzen umhüllt. Jede einzelne Blüte mit den drei Staubblättern und den Fruchtknoten wird von zwei Spelzen umgeben; die äußere nennt man *Deckspelze*, die innere *Vorspelze*. Oft sind es mehrere dicht nebeneinander in zwei Reihen stehende Blüten, die eine kleine Ähre – ein Ährchen – bilden. Am Grunde des Ährchens stehen noch zwei besondere Spelzen ohne Blüte, die *Hüllspelzen*. Die Ährchen sind manchmal selbst wieder in Form einer Ähre angeordnet wie beim Weizen oder in Form einer Rispe wie beim Hafer. Würden sich alle Blüten gleichzeitig entfalten, man wäre erstaunt, wie viele ein Grashalm trägt. Es öffnen sich aber immer nur wenige Blüten, und nur für kurze Zeit. Dabei werden die Deckspelze und die Vorspelze durch kleine Schwellkörper am Grunde auseinandergedrängt, so daß die Staubbeutel heraustreten können. Bei blühenden Getreidefeldern wird gleichzeitig so viel Pollen frei, daß dieser bei empfindlichen Menschen Heuschnupfen hervorruft.
Reißt man ein Grasblatt vom Halm ab, so erkennt man in der Blattachsel, also am Übergang zur Blattscheide, ein zartes, häutiges Gebilde: das *Blatthäutchen*. Seine Länge und Form sind oft zum Erkennen der Art wichtig.

Die Süßgräser sind möglicherweise die erfolgreichste Familie unter den Blütenpflanzen, obschon mit 8000 Arten nur die viertgrößte Familie. Aber in vielen Gebieten, die nicht von Bäumen beherrscht werden, also in Steppen und Wiesen der verschiedensten Gebiete der Erde, machen sie den Hauptanteil der Vegetation aus. Auch in Wüsten, im Hochgebirge, an Nord- und Südpol dringen sie, zusammen mit anderen Arten, bis an die Grenzen des Pflanzenwuchses vor.
Durch die Getreidearten, durch Reis, Mais und Zuckerrohr, sind sie zu den wichtigsten Kulturpflanzen der Welt geworden.

Gräser und grasartige Pflanzen: 1–3 *Binsengewächse:* **1** markiger Stengel, **2** rispiger Blütenstand, **3** Einzelblüte: **a** Fruchtknoten, **b** Narbe, **c** Staubblätter, **d** Kronblätter; **4–7** *Sauergräser (Seggen):* **4** dreikantiger Stengel, **5** männl. **a** und weibl. **b** Blütenähren, **6** männliche Einzelblüte, **7** weibliche

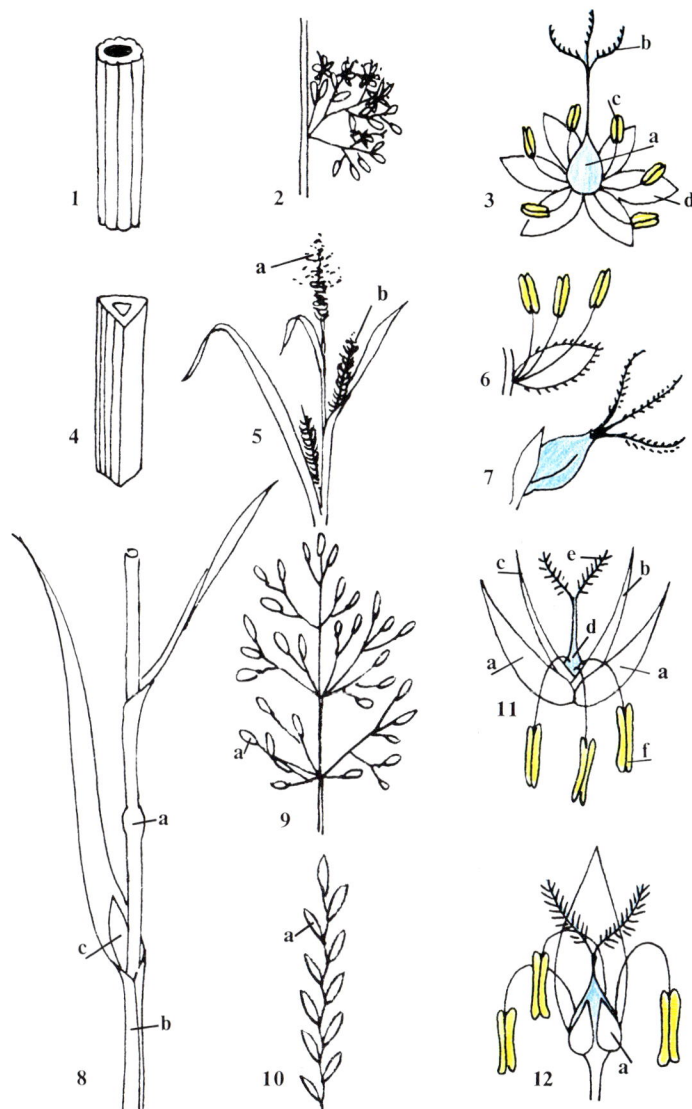

Einzelblüte; **8–12** *Süßgräser:* **8** runder, hohler Halm mit: **a** Knoten, **b** Blattscheide, **c** Blatthäutchen, **9, 10** Blütenstände: **9** Rispe und **10** Ähre: **a** Ährchen, **11** einblütiges Ährchen: **a** Hüllspelzen, **b** Deckspelze, **c** Vorspelze,
d Fruchtknoten, **e** Narbe, **f** Staubbeutel, **12** Einzelblüte (von der Seite,
Spelzen teilweise entfernt): **a** Schwellkörper.

1 Flatterbinse *(Juncus effusus)*   **Binsengewächse**

ausdauernd, 30–150 cm hoch;   nasse Wiesen,
Stengel ganz glatt;   Weiden, Wege;
Blütenstand seitlich am Stengel ansitzend   Blüte: Juni–Aug.

Die Flatterbinse hat einen runden Stengel, der innen mit weißem Mark
gefüllt ist. Auch ihre Blätter sind stengelartig rund.

2 Gemeine Hainsimse *(Luzula campestris)*   Binsengewächse

ausdauernd, 5–20 cm hoch;   Magerwiesen,
Blätter am Rand langhaarig;   Weiden;
Blüten gebüschelt   Blüte: März–Mai

Die Hainsimsen haben im Gegensatz zu den Binsen grasartige Blätter. An
den langen Haaren am Rand kann man sie von Süß- und Sauergräsern
unterscheiden.

3 Sumpfsegge *(Carex acutiformis)*   **Sauergräser**

ausdauernd, 30–120 cm hoch;   Sumpfwiesen, Ufer;
Blätter 4–15 mm breit;   Blüte: Mai–Juni
Griffel mit 3 Narben

Seggen oder **Riedgräser** (Gattung *Carex*) bilden den Hauptbestand unserer
Sumpfwiesen. Sie besitzen harte, am Rande oft rauhe Blätter, an denen man
sich schneiden kann. Die Blüten sind meist eingeschlechtig; die Ähren mit
den männlichen Blüten stehen an der Spitze, darunter folgen mehrere weibliche Ähren. Jede Blüte liegt unter einem kleinen Tragblatt verborgen, eine
Blütenhülle fehlt ganz. Es gibt bei uns ungefähr 100 Seggenarten, die sich
oft nur durch unscheinbare Merkmale unterscheiden. Insgesamt kennt man
etwa 1100 Seggenarten.

4 Gemeine Teichsimse *(Scirpus lacustris)*   Sauergräser

ausdauernd, 100–400 cm hoch;   Teiche, Seen,
Stengel binsenartig, dunkelgrün,   Flußufer;
mit weißem Mark   Blüte: Mai–Juli

Wegen ihres sehr langen, binsenartigen Stengels würde man die Teichsimse
zunächst zu den Binsengewächsen stellen. Aber der innere Bau der unscheinbaren Blüte fordert die Zugehörigkeit zur Familie der Sauergräser. Sie
bildet, wie das Schilfrohr, im Röhricht einen besonderen Gürtel bei einer
Wassertiefe von 1–2 m und reicht dann noch 1–2 m über die Wasseroberfläche. In jüngster Zeit wurde die Pflanze für die Abwasserentgiftung wichtig,
da sie dem Wasser gefährliche Giftstoffe (Phenol) entziehen kann, ohne
selbst zugrunde zu gehen.

5 Breitblättriges Wollgras *(Eriophorum latifolium)* Sauergräser

ausdauernd, 30–60 cm hoch;   Moorwiesen;
Stengel dreikantig;   Blüte: Apr.–Juni
Ährchenstiele etwas rauh

Alle Wollgrasarten sind Charakterpflanzen der Moore. Die wolligen Büschel
stellen in Wirklichkeit Fruchtstände dar, die Haare selbst Überreste der
Blütenhülle. Gebietsweise geschützt.

1 Gemeiner Weizen *(Triticum aestivum)*   **Süßgräser**
einjährig, 70–160 cm hoch;   Felder;
Blattrand am Stengelansatz gewimpert   Blüte: Juni

Der Weizen ist bei uns das am meisten angebaute Getreide. Er wird als
Sommer- und Winterfrucht angepflanzt. Die Art ist als Kreuzung in vorge-
schichtlicher Zeit wahrscheinlich in Nordpersien entstanden. Ihrer Herkunft
nach ist sie ein Steppengras. Obwohl nur einjährig, wurzelt sie bis über einen
Meter, in besonderen Fällen sogar 2–3 m tief. Mit dem Weizen verwandt ist
der *Dinkel (Triticum spelta)*, der heute fast nirgends mehr angebaut wird,
obwohl die Qualität seines Mehls z. T. höher ist als die des Weizens.

2 Roggen *(Secale cereale)*   Süßgräser
einjährig, 70–200 cm hoch;   Felder;
Blätter blau bereift;   Blüte: Mai–Juni
Deckspelzen mit langen Grannen

Auch der Roggen stammt von einer Steppengrasart ab, die in Westasien
ihre Heimat hat. Er wird mehr auf sandigen Böden angebaut, doch tritt er
gegenüber dem Weizen immer mehr zurück.

3 Zweizeilige Gerste *(Hordeum distichon)*   Süßgräser
einjährig, 60–120 cm hoch;   Felder;
Blattöhrchen sichelförmig übereinandergreifend   Blüte: Juni–Juli

Die Zweizeilige Gerste wird oft als *Braugerste* zur Bierherstellung angebaut.
Sie stammt aus Südwestasien und Nordostafrika. Manchmal findet man
auch die *Mehrzeilige Gerste (Hordeum vulgare)* angepflanzt. Sie hat Ähren
mit vier oder sechs Zeilen von Körnern und stammt wahrscheinlich aus
Tibet.

4 Saathafer *(Avena sativa)*   Süßgräser
einjährig, 60–150 cm hoch;   Felder;
Blatt am Grunde ohne Öhrchen;   Blüte: Juni–Aug.
Spelzen ohne lange Granne

Der Saathafer wurde früher als Pferdefutter oder zur Verwendung für Hafer-
grütze angebaut. Heute stellt man aus seinen Körnern Haferflocken her.
Als Unkraut wächst oft der *Windhafer (Avena fatua)* in seinen Feldern. An
den langen Grannen ist er leicht zu erkennen. Er ist möglicherweise eine
der Stammpflanzen des Saathafers.

5 Mais *(Zea mays)*   Süßgräser
einjährig, 80–250 cm hoch;   Felder;
Blätter 5–12 cm breit;   Blüte: Juli–Sept.
Blüten getrenntgeschlechtig

Der Mais wurde bereits lange vor der Entdeckung Amerikas von Indianern
Mittel- und Südamerikas kultiviert. Er braucht viel Wärme zum Gedeihen.
Durch Züchtung ist es erst heute gelungen, ihn als Futterpflanze überall in
Mitteleuropa anbaufähig zu machen. Seine männlichen Blüten stehen in
besonderen Rispen von den in Kolben vereinigten weiblichen Blüten ge-
trennt.

1 Wiesenschwingel *(Festuca pratensis)*   Süßgräser
ausdauernd, 30–120 cm hoch;   Wiesen, Trockenrasen;
Blätter alle flach, Blatthäutchen kurz gestutzt   Blüte: Juni–Juli

Der Wiesenschwingel ist ein gutes Futtergras und fast überall häufig. Den ebenfalls recht häufigen *Schafschwingel (Festuca ovina)* erkennt man an seinen haarförmig schmalen Blättern am Stengel und in der Rosette. Er gedeiht an den trockensten Standorten, auf Felsen und in Heiden, weil seine Wurzeln über einen halben Meter tief reichen.

2 Wiesenrispengras *(Poa pratensis)*   Süßgräser
ausdauernd, 20–90 cm hoch;   Wiesen, Weiden,
Blätter 1–4 mm breit,   Feldwege;
Blatthäutchen gestutzt   Blüte: Mai–Juni

Auch das Wiesenrispengras ist ein gutes Futtergras. Es besiedelt trockene Standorte, wo es bis über einen halben Meter tief wurzelt. Ein häufiges Unkraut auf Äckern, Gärten, Wegen und stark betretenen Plätzen ist das *Einjährige Rispengras (Poa annua)*, das durch sein helles Grün auffällt und sich an seinem 2–4 mm langen Blatthäutchen vom Wiesenrispengras unterscheidet. Es blüht das ganze Jahr hindurch.

3 Alpenrispengras *(Poa alpina)*   Süßgräser
ausdauernd, 20–50 cm hoch;   Alpenmatten;
Ährchen oft zu Brutknospen umgebildet   Blüte: Juni–Aug.

Im Hochgebirge trifft man oft ein Gras, in dessen Ährchen junge Keimlinge austreiben: das Alpenrispengras. Es handelt sich aber nicht um auskeimende Samen, sondern die Spelzen treiben aus. Dies ist eine Form von vegetativer Vermehrung. Durch das Gewicht der Keimlinge wird die Rispe zu Boden gezogen, und die Keimlinge können dort Wurzel schlagen.

4 Zittergras *(Briza media)*   Süßgräser
ausdauernd, 20–50 cm hoch;   Magerwiesen,
Ährchen hängend,   Trockenrasen;
im Umriß fast herzförmig   Blüte: Mai–Juni

Bekannt und beliebt für Sträuße ist das Zittergras. Leider trifft man es nicht mehr häufig. Es erträgt keine starke Düngung, weil es dann von höheren Gräsern in den Wiesen verdrängt wird. Im Mittelmeergebiet gibt es auch *Zittergrasarten* mit wesentlich größeren Ährchen.

5 Gemeines Knäuelgras *(Dactylis glomerata)*   Süßgräser
ausdauernd, 50–120 cm hoch;   Wiesen, Wälder;
Ährchen in mehrere Knäuel zusammengezogen   Blüte: Mai–Juli

Das Knäuelgras ist eines der am leichtesten kenntlichen Gräser. Es kommt in zwei nahe verwandten Rassen bei uns vor. Die eine wächst an sonnigen Standorten, die andere in schattigen Wäldern. Die Pflanze bildet ein wertvolles Futtergras.

1   2   4   5

1 Nickendes Perlgras *(Melica nutans)*   Süßgräser

ausdauernd, 30–60 cm hoch;   Wälder, Gebüsche;
Ährchen hängend, einzeln;   Blüte: Mai–Juni
Hüllspelzen braunrot

Das Nickende Perlgras ist ein hübsches Gras unserer Wälder. Als besonderes Kennzeichen besitzt es ein nur ganz kurz gestutztes Blatthäutchen. Das ähnliche *Einblütige Perlgras (Melica uniflora)*, das man meist in Massenbeständen antrifft, hat aufrechte Ährchen in einer verzweigten Rispe. An Felsen und auf Trockenrasen gedeiht auch das seltene *Wimperperlgras (Melica ciliata)*, dessen Deckspelzen weißzottig bewimpert sind.

2 Deutsches Weidelgras *(Lolium perenne)*   Süßgräser

ausdauernd, 10–60 cm hoch;   Viehweiden,
Ährchen mit der Schmalseite   Feldwege;
an der Ährenachse sitzend **(2a)**   Blüte: Mai–Okt.

Das Deutsche Weidelgras, auch *Lolch* genannt, ist ein typisches Gras stark betretener Flächen. Deshalb findet man es oft auf Fußballplätzen. Es bildet die Grundlage für den typischen englischen Rasen. In Mitteleuropa leidet es aber unter zu starkem Tritt, weil ihm auch das Klima etwas zu trocken ist. Es wird oft zusammen mit Weißklee für Rasenflächen angesät. Das *Italienische Raygras (Lolium multiflorum)*, das Grannen an den Spelzen trägt, wird in Feldern als Futtergras angebaut.

3 Gemeine Quecke *(Agropyron repens)*   Süßgräser

ausdauernd, 30–150 cm hoch;   Äcker, Gärten,
Ährchen mit der Breitseite   Straßenränder;
dem Stengel zugekehrt **(3a)**   Blüte: Juni–Aug.

Die Quecke kann in Kulturen ein besonders lästiges Unkraut sein. Sie wurzelt bis 80 cm tief und bildet weitreichende unterirdische Ausläufer. Reißt man sie aus, so bleiben doch noch Teile des Wurzelstocks im Boden und treiben neu aus. Der Name Quecke, der mit »quicklebendig« zusammenhängt, zeigt das an. Das Unkraut gedeiht sowohl an trockenen und sonnigen wie an feuchten Standorten. Auch die Überflutung an Ufern macht ihm nichts aus. Im Blütenstand, in dem die Ährchen abwechselnd links und rechts angeordnet sind, ist es dem Deutschen Weidelgras ähnlich, hat jedoch die Breitseite der Ährchen dem Stengel zugewandt, wie die Abbildung im Querschnitt zeigt.

4 Strandroggen *(Elymus arenarius)*   Süßgräser

ausdauernd, 60–120 cm hoch;   Dünen der Küste;
Blätter stechend, eingerollt, stark blaugrün   Blüte: Juni–Aug.

Zwei wichtige Gräser zur Befestigung der Sanddünen an der Küste sind Strandroggen und *Strandhafer (Ammophila arenaria)*. Der Strandhafer unterscheidet sich durch seinen rispigen Blütenstand und die schmaleren Blätter vom Strandroggen.

1 2 2a 3 3a 4

1 Schilfrohr *(Phragmites australis)*   Süßgräser
ausdauernd, 1–4 m hoch;   Sumpfwiesen,
Blätter 2–2,5 cm breit;   Röhricht;
Ährchen mit langen Haaren   Blüte: Juli–Sept.
zwischen den Spelzen

Das Schilfrohr ist das größte einheimische Gras. In seltenen Fällen kann es eine Höhe von 10 Metern, in den Tropen sogar 12 Meter erreichen. Es bildet lange kriechende Triebe mit sehr zahlreichen Seitentrieben. Dadurch können im flachen Wasser der Seen oder in nassen Wiesen dichte Bestände entstehen. Beim Begehen ist Vorsicht geboten, da die Blätter am Rande sehr scharf sind. An den Ufern sammelt sich im Schilfröhricht viel Schlamm an, so daß ein See dadurch im Laufe langer Zeiträume verlandet. Am Bodensee wurde das Vorrücken des Schilfs genau beobachtet; es betrug an einer Stelle in 100 Jahren über 100 m. Die Pflanze ist auf der ganzen Erde verbreitet und fehlt nur wenigen Gebieten.

2 Glatthafer *(Arrhenatherum elatius)*   Süßgräser
ausdauernd, 60–120 cm hoch;   Wiesen, Wegränder;
Stengel und Blattscheiden kahl   Blüte: Juni–Juli

Der Glatthafer ist ein gutes Futtergras. Er bildet in den tieferen Lagen den Hauptbestandteil der gut gedüngten Wiesen. In einer Mischung mit Kleearten ergibt er ein sehr gutes Heu. Oft wird er zur Begrünung von Straßenböschungen angesät. Zur Blütezeit kann man ihn mit dem *Flaumigen Wiesenhafer (Avena pubescens)* verwechseln. Dieser hat jedoch dicht behaarte Blattscheiden und ist lange nicht so häufig.

3 Weißes Straußgras *(Agrostis stolonifera)* Süßgräser
ausdauernd, 10–120 cm hoch;   Ufer, Äcker, Weg- und
mit langen Ausläufern;   Straßenränder;
Blatthäutchen 2–5 mm lang   Blüte: Juni–Juli

Das Weiße Straußgras findet sich überall da, wo frischer, noch nicht bewachsener Boden freigelegt wurde. Hier setzt es sich fest und breitet sich im Umkreis durch seine Ausläufer aus. Der Boden darf aber nicht zu trocken sein. Trockenen und sandigen Boden dagegen schätzt das ähnliche *Rote Straußgras (Agrostis tenuis)*. Man kann es an seinem kurzen, gestutzten Blatthäutchen vom Weißen Straußgras unterscheiden.

4 Gemeiner Windhalm *(Apera spica-venti)*   Süßgräser
einjährig, 30–100 cm hoch;   Äcker;
Blatthäutchen bis 6 mm lang;   Blüte: Juni–Juli
Ährchen mit langen Grannen

Der Gemeine Windhalm ist mancherorts noch ein häufiges Ackerunkraut. Man findet ihn hauptsächlich auf sandigem Boden. Zur Blütezeit kann er wogende Bestände bilden, die höher als die Getreidehalme sind. Seine Samen werden noch vor der Ernte reif. An einer einzelnen Pflanze reifen bis zu 12 000 Samen. Da er als Gras mit den Getreidearten näher verwandt ist, entgeht er auch der Wirkung vieler Unkrautbekämpfungsmittel.

1   2   3   4

1 Wiesenfuchsschwanz *(Alopecurus pratensis)*   Süßgräser

ausdauernd, 30–100 cm hoch;   feuchte Wiesen;
Ährchen eiförmig-elliptisch mit langer Granne   Blüte: Mai–Juni

Der Wiesenfuchsschwanz ist ein ertragreiches Futtergras auf nassen Böden.
Er kommt früher zur Blüte als das ähnliche Wiesenlieschgras.

2 Wiesenlieschgras *(Phleum pratense)*   Süßgräser

ausdauernd, 20–100 cm hoch;   Weiden, Rasen,
Ährchen mit der Form   Wegränder;
eines Stiefelknechts   Blüte: Juni–Aug.

Das Wiesenlieschgras hat einen ebenso dichten Blütenstand wie der Wiesenfuchsschwanz. Die einzelnen Ährchen sind im Umriß jedoch anders geformt (vgl. Abb. 1 und 2).

3 Breitblättriger Rohrkolben *(Typha latifolia)*   **Rohrkolbengewächse**

ausdauernd, 1–2 m hoch;   Röhricht von Teichen
Blätter 10–20 mm breit   und Seen;
    Blüte: Juli–Aug.

Im Blütenstand des Rohrkolbens sitzen unten die weiblichen und darüber
die männlichen Blüten. Letztere fallen später ab. Die Pflanze steht in manchen Gebieten unter Naturschutz.

4 Ästiger Igelkolben *(Sparganium erectum)*   Rohrkolbengewächse

ausdauernd, 30–50 cm hoch;   Ufer von Teichen und
Blütenköpfe in Rispen angeordnet   Bächen;
    Blüte: Juni–Aug.

5 Kleine Wasserlinse *(Lemna minor)*   **Wasserlinsengewächse**

ausdauernd, 2–10 mm groß;   Teiche, Seen;
Blatt mit nur einer Wurzel   Blüte: Apr.–Mai

Die Wasserlinsen gehören zu den kleinsten Blütenpflanzen. Nur sehr selten
kommen sie zur Blüte. Sie überwintern am Teichboden.

6 Aronstab *(Arum maculatum)*   **Aronstabgewächse**

ausdauernd, 15–40 cm hoch   feuchte Laubwälder;
    Blüte: Apr.–Juni

Der Aronstab hat eine eigenartige Blüteneinrichtung. Sein weißlichgrünes
Hüllblatt umfaßt im unteren Teil die männlichen und weiblichen Blüten.
Nur der dunkelviolette Kolben ragt sichtbar heraus. Der Kessel, in dem
die Blüten sitzen, ist durch eine Haarreuse nach oben abgedichtet. Durch
Aasgeruch und durch die höhere Temperatur im Kessel werden kleine
Fliegen hineingelockt, können aber nicht mehr heraus. Erst wenn die weiblichen Organe, und danach auch die männlichen, verblüht sind, verwelken
auch die Reusenhaare. Nun können die mit Pollen beladenen Fliegen
heraus, um vielleicht gleich in die nächste Falle zu geraten und dort die
weiblichen Blüten zu bestäuben. Die Pflanze ist giftig und gebietsweise
geschützt.

1 2 5 3 6 6 4

Familie Orchideen *(Orchidaceae)*

Die Familie der Orchideen sticht in vieler Hinsicht aus den übrigen Pflanzenfamilien hervor. Mit über 20000 meist tropischen Arten ist sie die umfangreichste Familie überhaupt. Jede Art hat ihre eigene Blütenform und Farbe. Allen gemeinsam ist der Aufbau der Blütenkrone aus drei äußeren und drei inneren Blütenhüllblättern. Diese sind nicht wie bei den Lilien sternförmig symmetrisch, sondern sie haben nur zwei spiegelbildliche Hälften. Auch ist der Fruchtknoten unterständig und oft gedreht. In seinem Innern wird eine große Zahl winziger Samen ausgebildet, die der Wind verbreitet. Diese Samen, von denen einer nur 0,000005 Gramm wiegen kann, enthalten keinerlei Nährstoffe für den Keimling. Deshalb ist der Keimling auf die Hilfe eines Pilzes als »Amme« angewiesen. Ohne Pilz können Orchideen nicht aufwachsen und gedeihen. Die meisten einheimischen Arten sind zeitlebens auf ihren Pilz angewiesen, manche haben sogar Blätter und Blattgrün zurückgebildet (Nestwurz).

Die Lebensgemeinschaft zwischen Pilz und Orchidee reagiert sehr empfindlich gegen Veränderungen des Bodens wie Düngung oder Entwässerung. Die meisten unserer heimischen Orchideen sind daher sehr stark gefährdet. Sie stehen alle unter Naturschutz und dürfen weder gepflückt noch ausgegraben werden. Das Ausgraben ist zudem sinnlos, da der Pilz im Garten nicht gedeiht. Wegen der zunehmenden Einengung ihrer Lebensräume bedarf es besonderer Maßnahmen (Naturschutzgebiete), um sie als Zierde unserer Flora in freier Natur erhalten zu können.

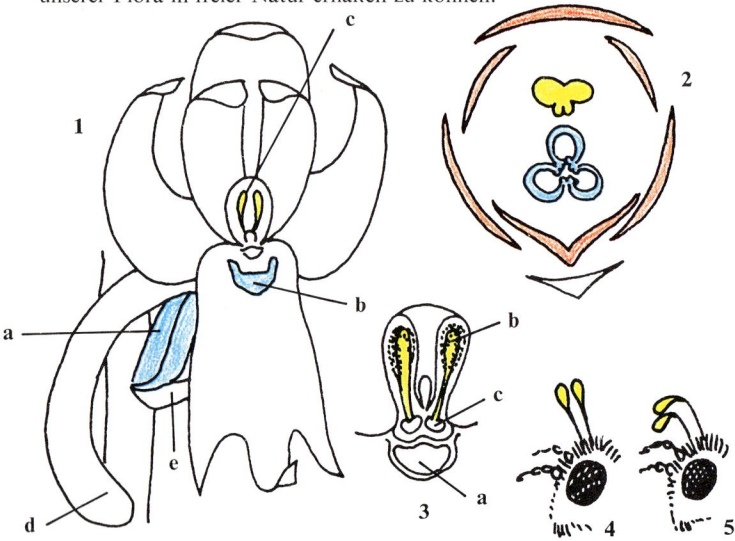

Orchideen: 1 Blüte von vorne gezeigt: **a** Fruchtknoten, **b** Narbe, **c** Staubblatt, **d** Sporn, **e** Tragblatt; **2** Blütendiagramm; **3** Staubblatt und Narbe: **a** Narbe, **b** Pollinium (verklebte Pollenmasse), **c** Haftscheibchen; **4** zwei Pollinien am Kopf eines Insekts; **5** nach einiger Zeit biegen sich die Pollinien nach vorne (vergl. Breitblättriges Knabenkraut, S. 328).

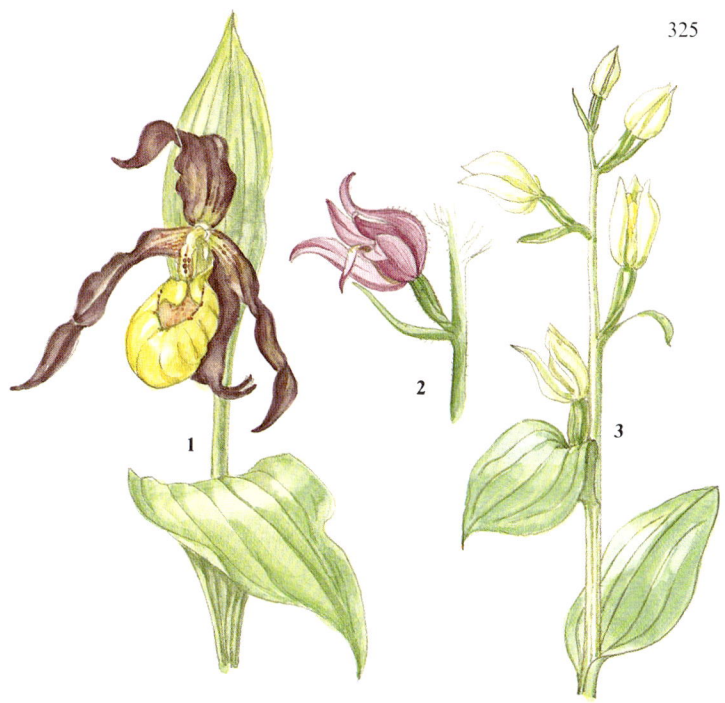

1 Frauenschuh *(Cypripedium calceolus)*   Orchideen

ausdauernd, 15–60 cm hoch   lichte Laub- oder Nadel-
    wälder; Blüte: Mai–Juni

Diese schönste Orchidee unserer Wälder ist streng geschützt. Man findet sie
nur auf kalkhaltigem Boden. Die pantoffelförmige, gelbe Lippe stellt für
besuchende Insekten einen Kessel dar, den sie nur auf einem schmalen Weg,
der am Griffel und an den zwei Staubblättern vorbeiführt, wieder verlassen
können. So wird die Pflanze bestäubt. Jeder Stengel trägt im allgemeinen
nur eine Blüte, selten zwei, sehr selten sogar drei.

2 Rotes Waldvögelein *(Cephalanthera rubra)*   Orchideen

ausdauernd, 20–60 cm hoch;   Kalkbuchenwälder, Wald-
Blätter lanzettlich-linealisch   ränder; Blüte: Mai–Juni

Auch das Rote Waldvögelein gedeiht nur auf kalkhaltigem Boden und ist
geschützt. Trotz der roten Blüten fällt es wenig auf, da es nur kurz blüht.

3 Weißes Waldvögelein   Orchideen
(Cephalanthera damasonium)

ausdauernd, 20–60 cm hoch;   Laub- und Nadelwälder
Blätter eiförmig   Blüte: Mai–Juni

Die Blüten des Weißen Waldvögeleins sind wie weiße Knospen. Auch zur
Blütezeit öffnen sie sich nur wenig. Die Pflanze ist geschützt.

1 Breitblättrige Sumpfwurz *(Epipactis helleborine)* Orchideen

ausdauernd, 20–90 cm hoch;   Laubwälder, Nadel-
Blätter breit, Stengel und   wälder, Waldwegrän-
Blattunterseite nicht auffallend violett   der; Blüte: Juni–Sept.

Die Breitblättrige Sumpfwurz braucht keine feuchten Standorte, wie ihr
Name vermuten läßt. Sie gehört zu den häufigsten Orchideen, ist aber auch
geschützt. Da sie sehr unscheinbar blüht, würde sie der Laie kaum als
Orchidee ansprechen. Ihre Blüten werden durch Wespen bestäubt. Der junge
Blütenstand ist oft stark von Blattläusen befallen.

2 Echte Sumpfwurz *(Epipactis palustris)*   Orchideen

ausdauernd, 30–60 cm hoch;   Flachmoore;
Lippe weiß, 10–20 mm lang   Blüte: Juni–Aug.

Diese geschützte Orchidee findet man in Quellmooren und Kalkflachmooren.
Mit ihrer weißen Blüte erinnert sie an tropische Arten.

3 Großes Zweiblatt *(Listera ovata)*   Orchideen

ausdauernd, 20–70 cm hoch;   Schafweiden, feuchte
Blätter breit eiförmig   Laubwälder;
                                              Blüte: Mai–Aug.

Die grünen Blüten des Zweiblatts werden von Schlupfwespen, Fliegen und
Käfern bestäubt. Die Blume ist geschützt.

4 Nestwurz *(Neottia nidus-avis)*   Orchideen

ausdauernd, 15–50 cm hoch;   Kalkbuchenwälder;
aufrecht; ohne grüne Blätter   Blüte: Mai–Juni

Diese Orchidee wird immer wieder mit den Sommerwurzarten oder dem
Fichtenspargel verwechselt. Die Sommerwurzarten stehen aber an sonnigen
Standorten, und der Fichtenspargel hat einen zuerst nickenden Stengel, der
später ganz schwarz wird (S. 204, 254). Die Nestwurz ist geschützt.

5 Zweiblättrige Kuckucksblume   Orchideen
(Platanthera bifolia)

ausdauernd, 15–60 cm hoch;   lichte Wälder,
Staubbeutel parallel stehend   Magerwiesen;
                                              Blüte: Mai–Juli

Diese geschützte Orchidee wird von Nachtfaltern bestäubt.

6 Grünliche Kuckucksblume   Orchideen
(Platanthera chlorantha)

ausdauernd, 20–70 cm hoch;   lichte Wälder,
Staubbeutel nach unten auseinanderlaufend   Trockenrasen;
                                              Blüte: Mai–Juni

Die Kuckucksblumen haben einen langen weißen bis grünlichen Sporn. In
ihm befindet sich Nektar. Beide hier genannten Arten tragen am Grunde
zwei breiteiförmige Blätter. Zur Blütezeit leuchten sie aus dem Waldesinnern
wie Kerzen. Auch die Grünliche Kuckucksblume ist geschützt.

1 Mückenhändelwurz *(Gymnadenia conopsea)*   Orchideen

ausdauernd, 20–80 cm hoch;   Trockenrasen, Alpen-
Blütensporn länger   matten, Moorwiesen;
als der Fruchtknoten   Blüte: Mai–Aug.

Die angenehm duftende Mückenhändelwurz gedeiht meist auf Kalkboden. Besonders in den Alpen trifft man sie erfreulicherweise noch häufig, doch ist auch diese Orchidee geschützt. Der lange Sporn ist in seinem hinteren Teil mit Nektar gefüllt. Dort kann er nur von langrüsseligen Insekten, z. B. Schmetterlingen, erreicht werden.

2 Schwarzes Kohlröschen *(Nigritella nigra)*   Orchideen

ausdauernd, 10–20 cm hoch;   Alpenmatten;
Blätter grasartig schmal   Blüte: Juni–Aug.

Das Schwarze Kohlröschen ist in seiner Verbreitung auf Gebirge beschränkt. Dort findet man es in Höhenlagen zwischen 800 und 2200 m. Es ist geschützt. Bekannt ist der wunderbare Vanilleduft dieser Pflanze. Bei näherer Betrachtung sieht man, daß die kleinen Blüten alle auf dem Kopf stehen. Ihr Fruchtknoten ist nämlich nicht, wie bei anderen Arten, gedreht, so daß die Blütenlippe nach oben zeigt.

3 Geflecktes Knabenkraut *(Dactylorhiza maculata)* Orchideen

ausdauernd, 15–65 cm hoch;   Magerrasen,
Stengelblätter kaum bis   lichte Kiefernwälder;
zum Blütenstand reichend,   Blüte: Juni–Aug.
allmählich kleiner werdend

An den oberseits gefleckten Blättern allein ist das Gefleckte Knabenkraut nicht sicher zu erkennen. Solche hat auch das Breitblättrige Knabenkraut. Beachtet man die allmählich kleiner werdenden Stengelblätter sowie die helle, meist weiße Grundfarbe der Blüten, so gelingt eine Bestimmung. Beide Arten sind aber recht vielgestaltig und bilden auch Kreuzungen. Eine einzelne Pflanze kann jährlich bis zu 180 000 Samen erzeugen. Wie alle Orchideen, ist auch diese Art geschützt.

4 Breitblättriges Knabenkraut   Orchideen
(Dactylorhiza majalis)

ausdauernd, 20–50 cm hoch;   nasse Wiesen, Moore;
Blütenfarbe dunkler als bei 3   Blüte: Mai–Juni

Das Breitblättrige Knabenkraut ist viel stärker an feuchte Standorte gebunden als das Gefleckte Knabenkraut. An dieser Pflanze wie auch an mancher anderen Orchideenart kann man den Mechanismus der Blütenbestäubung beobachten: Berührt ein Insekt mit seinem Kopf das Staubblatt mit seinen zwei keulenförmigen Körpern, so bleibt der Fuß dieser Keulen am Kopf des Insektes kleben, und sie werden zur nächsten Blüte mitgenommen. Inzwischen haben sie sich durch ihr Gewicht nach vorne gebogen und kommen in dieser Stellung genau mit der Narbe der nächsten Blüte in Berührung (S. 324, Abb. 5). Man kann das mit einem Bleistift nach-ahmen, wenn man ihn in eine noch nicht besuchte Blüte einführt. Die Pflanze ist geschützt.

1 Kugelknabenkraut *(Traunsteinera globosa)*   Orchideen
ausdauernd, 15–65 cm hoch;   Magerwiesen,
äußere Blütenhüllblätter mit langen Spitzen   Alpenmatten;
                                                     Blüte: Mai–Aug.

Beim Kugelknabenkraut sitzt der dichtgedrängte Blütenstand auf hohem Stengel. Seine Blätter sind blaugrün. Es wächst in Höhenlagen zwischen 1500 und 2500 m, selten tiefer, und ist geschützt. Die Pflanze wird heute in eine besondere Gattung gestellt, die aber mit der Gattung der Knabenkräuter (Orchis) nahe verwandt ist.

2 Gemeines Knabenkraut *(Orchis morio)*   Orchideen
ausdauernd, 10–40 cm hoch;   Magerwiesen;
Blütenhüllblätter mit grünen Adern   Blüte: Apr.–Juni

Das Gemeine Knabenkraut war in früheren Jahrhunderten bei uns häufig (gemein). Es braucht ungedüngten Boden und gedieh deshalb auf vielen Wiesen. Das Mähen schadete ihm nicht. Heute ist es schon so stark zurückgegangen, daß es eigentlich »Seltenes« Knabenkraut heißen müßte; es steht unter Naturschutz. Alle Knabenkräuter besitzen unterirdische Knollen, aus denen sie im Frühjahr austreiben. Nach dem Austrieb sind sie erschöpft. Dann muß eine neue Knolle mit Reservestoffen für das kommende Jahr gefüllt werden.

3 Großes Knabenkraut *(Orchis mascula)*   Orchideen
ausdauernd, 20–60 cm hoch;   Magerwiesen,
Sporn aufwärts gerichtet   lichte Wälder;
                                                Blüte: Apr.–Juni

Beim Großen Knabenkraut sind die oberen Blütenblätter nicht helmförmig angeordnet, sondern sie spreizen sich seitlich auseinander oder sind sogar nach hinten zurückgeschlagen. Die Pflanze steht unter Naturschutz. Sie ist nicht an kalkhaltigen Boden gebunden, auch auf kalkarmen Böden kommt sie vor. In ihren Ansprüchen an das Licht ist sie anpassungsfähig, wächst in voller Sonne wie auch in lichten Wäldern. Das Große Knabenkraut trägt am Blattansatz oft zahlreiche punktförmige oder strichförmige dunkle Flecken. Diese sind wesentlich feiner als beim Gefleckten oder beim Breitblättrigen Knabenkraut. Man kann an ihnen die Art auch ohne Blüten erkennen. Mit ihm verwandt ist das seltene *Bleiche Knabenkraut (Orchis pallens)*, das aber hellgelbe Blüten trägt.

4 Brandknabenkraut *(Orchis ustulata)*   Orchideen
ausdauernd, 10–30 cm hoch;   Magerwiesen,
Lippe weiß mit roten Punkten;   Trockenrasen;
Unterlippe 5–6 mm lang   Blüte: Mai–Juni u. Aug.

Die Knospen des Brandknabenkrauts sind außen dunkelviolett. Sind sie geöffnet, so fällt vor allem die weiße Grundfarbe der Lippe auf. Der unten helle, oben wie angebrannt aussehende dunkle Teil des Blütenstandes hat der Pflanze den Namen gegeben. Im Gebirge, wo es noch die meisten ungedüngten Wiesenflächen gibt, ist die unter Naturschutz stehende Pflanze am ehesten zu finden. Sonst ist sie in vielen Gebieten selten geworden. Sie hat zwei verschiedene Blütezeiten.

1 Helmknabenkraut *(Orchis militaris)*

Orchideen

ausdauernd, 25–50 cm hoch;
Blütenhelm außen hellrosa

Trockenrasen;
Blüte: Mai–Juni

Das Helmknabenkraut besiedelt nur Standorte mit kalkhaltigem Boden. Die Pflanze ist geschützt. Im allgemeinen trifft man sie etwas häufiger als das Purpurknabenkraut, gelegentlich auch an Bahndämmen oder Straßenböschungen.

2 Purpurknabenkraut *(Orchis purpurea)*

Orchideen

ausdauernd, 25–80 cm hoch;
Blütenhelm außen dunkelrot

lichte Laubwälder;
Blüte: Mai–Juni

Das größte und schönste Knabenkraut bei uns ist das unter Naturschutz stehende Purpurknabenkraut, das in wärmeren Gebieten auf kalkhaltigem Boden vorkommt. Es ist mit dem Helmknabenkraut näher verwandt und bildet dort, wo beide Arten zusammentreffen, Bastarde. Die breiten grundständigen Blätter fallen durch den Glanz ihrer Oberseite auf.

3 Fliegenragwurz *(Ophrys insectifera)*

Orchideen

ausdauernd, 15–50 cm hoch

Trockenrasen,
lichte Kiefernwälder;
Blüte: Mai–Juni

Die **Ragwurzarten** haben eine außerordentlich merkwürdige Anpassung an ihre Insektenbestäuber gefunden. Männlichen Arten der *Grabwespen* (Gattung *Gorytes*) wird durch Geruch, Färbung und Behaarung der Blüte ein Weibchen vorgespiegelt. Das Männchen fliegt diese Attrappe zur Begattung an und führt dabei die Bestäubung der Blüte durch. Die Ähnlichkeit der Blüte mit einem Insekt ist also keine zufällige Spielerei der Natur, sondern hat einen ganz bestimmten Zweck. Außer Grabwespen kommen einige weitere Insektenarten zur Bestäubung. Die Fliegenragwurz gedeiht nur an kalkreichen und sommerwarmen Standorten. Sie ist geschützt.

4 Hummelragwurz *(Ophrys holosericea)*

Orchideen

ausdauernd, 25–50 cm hoch;
Anhängsel der Lippe nach vorne gebogen

Trockenrasen;
Blüte: Mai–Juni

Die Hummelragwurz ist wie die Fliegenragwurz eine Täuschblume für Insekten. Hier sind es aber Männchen einer *Bienen*gattung *(Eucera)*, die darauf hereinfallen. Auch diese Art kommt nur an kalkreichen und sommerwarmen Standorten vor, gern in der Nähe von Gebüsch. Denn die Ragwurzarten stammen ursprünglich alle aus dem Mittelmeergebiet. Dort gibt es eine Reihe von weiteren, nahe mit der Hummelragwurz verwandten Arten. Es ist immer ein Erlebnis, einer blühenden Kolonie dieser Orchidee zu begegnen. Mit ihren breiten, samtenen Blüten und der Zeichnung auf der Lippe, die an einen Totenkopf erinnert, fällt die Pflanze ganz aus dem Rahmen dessen, was man an Blüten bei unserer heimischen Flora sonst gewöhnt ist. Sie steht deshalb unter Naturschutz.

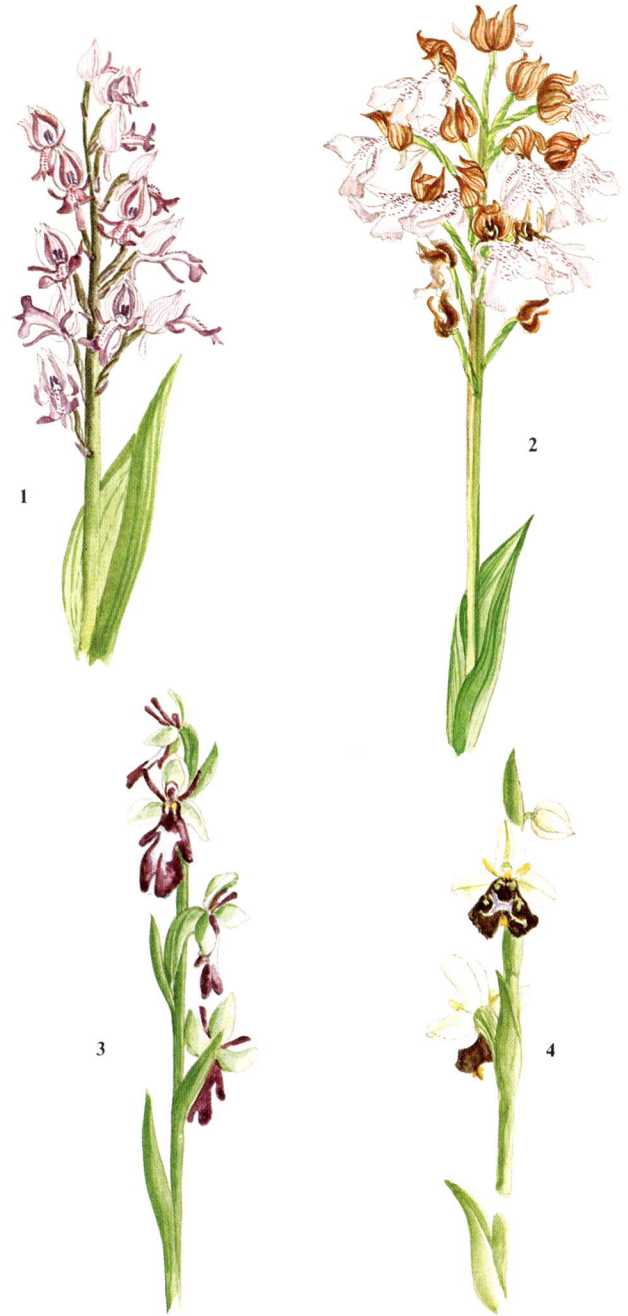

Register

336

338

342